Anja Leppin/Klaus Hurrelmann/Harald Petermann (Hrsg.)

Jugendliche und Alltagsdrogen

Anja Leppin/Klaus Hurrelmann/Harald Petermann (Hrsg.)

Jugendliche und Alltagsdrogen

Konsum und Perspektiven der Prävention

Mit Beiträgen von:
Anja Leppin, Klaus Hurrelmann, Harald Petermann, Petra Kolip, Harry Müller, Reinhard Fuchs, Martin Aßhauer, Reiner Hanewinkel, Volkhard Fischer, Waldemar Mittag, Matthias Jerusalem, Kerstin Walden

Luchterhand

Die Deutsche Bibliothek – CIP-Einheitsaufnahme

Jugendliche und Alltagsdrogen : Konsum und Perspektiven der Prävention / Anja Leppin ... (Hrsg.). Mit Beitr. von: Anja Leppin ... – Neuwied ; Berlin : Luchterhand, 2000
ISBN 3-472-03358-4

Umschlaggestaltung: arttec grafik simon & wagner, St. Goar
Druck und Bindung: Druckerei H. Heenemann GmbH & Co, Berlin
Printed in Germany, Juli 2000

♾ Gedruckt auf säurefreiem, alterungsbeständigem und chlorfreiem Papier

Inhalt

Prävention von Tabak- und Alkoholkonsum bei Jugendlichen

Vorwort

In dem Maße wie Gesundheitsförderung im letzten Jahrzehnt als »neues« Paradigma an Bedeutung und Popularität gewonnen hat, hat auch die Suchtpräventionsarbeit eine Renaissance erlebt. Allerdings geht es nun nicht mehr primär darum, über Sucht, süchtigmachende Substanzen und Suchtpotentiale aufzuklären. Stattdessen sollen Kinder und Jugendliche »stark gemacht«, ihre Kompetenzen sollen gefördert und Problembewältigungsoptionen erweitert werden. Durch die Stärkung solcher unspezifischen Fähigkeiten und Fertigkeiten, (»life skills« wie es in den originären US-amerikanischen Programmen heißt), wird – so die Annahme – indirekt auch eine effektive und stabile Abwehr gegen gesundheitsriskante Verhaltensweisen wie Rauchen und Alkoholkonsum bzw. Alkoholmißbrauch oder das Experimentieren mit illegalen Drogen aufgebaut. Gesundheitsfördernde Elemente wie diese haben sich inzwischen in vielen schulischen Suchtpräventionsprogrammen und -initiativen auch in Deutschland niedergeschlagen – sowohl theoretische Fundierung wie praktische Umsetzung sind jedoch nach wie vor oft defizitär, und eine systematische Überprüfung der Effektivität solcher Maßnahmen findet nur selten statt.

Der vorliegende Band möchte daher einen Beitrag zur Systematisierung und Professionalisierung der Gesundheitsförderungs- und Präventionsarbeit im Bereich »Tabak- und Alkoholkonsum bei Jugendlichen« leisten. Insofern Tabak und Alkohol als »gateway-Drogen«, also als »Übergangs- und Zugangssubstanzen« für den Konsum illegaler Substanzen dienen – vermag er in seinen Schlußfolgerungen auch über den engeren Bereich dieser beiden Substanzen hinausweisen. Als Grundlage für weiterführende Überlegungen zur Prävention gibt das Buch einen Überblick über den Status quo des Konsums legaler Drogen bei Jugendlichen sowie über den Stand der Forschung zur Ätiologie des Tabak- und frühen Alkoholkonsums. Daran anschließend werden konkrete neue Ansätze und Programme der schulischen Suchtprävention im Kontext eines breiten Gesundheitsförderungsansatzes vorgestellt und Ergebnisse zu ihrer Wirksamkeitsüberprüfung präsentiert. Die Befunde und Erkenntnisse sollen sowohl Anregungen für die weitere wissenschaftliche Debatte liefern wie der konkreten Praxis vor Ort als Hilfestellung dienen.

Das Buch richtet sich sowohl an Forscher/innen in den Gesundheitswissenschaften, der Psychologie, Pädagogik und Soziologie wie auch an Lehrer und Lehrerinnen, Sozialarbeiter und Sozialarbeiterinnen und Mitarbeiter/innen in der Jugendarbeit – an alle diejenigen, die sich mit der Theorie und Praxis suchtpräventiver Arbeit auseinandersetzen.

Anja Leppin
Klaus Hurrelmann
Harald Petermann

Schulische Suchtprävention: Status quo und Perspektiven

Anja Leppin, Klaus Hurrelmann und Harald Petermann

Wenn von Drogen und Drogenkonsum die Rede ist, werden in der Öffentlichkeit meist illegale Substanzen wie Heroin, Kokain, eventuell auch Marihuana oder neuerdings Ecstasy assoziiert.Vor allem die Mortalitätsstatistiken, die im Zusammenhang mit dem Gebrauch dieser Stoffe stehen, finden breite Publizität. Darüber wird das auf den ersten Blick weniger dramatische, weil schleichendere Gefährdungspotential gesellschaftlich tolerierter Alltagssubstanzen wie Tabak und Alkohol gerne übersehen. Abgesehen von den durchaus dramatischen langfristigen Folgen des Rauchens oder von Alkoholmißbrauch im Jugendalter, ist jedoch auch der Konsum und die Abhängigkeit von ›harten‹ Drogen nicht ohne den Einstieg über die Alltagssubstanzen zu verstehen. ›Drogenkarrieren‹ beginnen nicht mit dem Konsum von Heroin, sondern die Konsumsozialisation verläuft in aller Regel über den Gebrauch von Tabak- und Alkohol. Gleichwohl hier sicherlich weitere ätiologische Faktoren eine Rolle spielen, ist auch der Konsum illegaler Substanzen nicht ohne diese Initialphase zu erklären und primärpräventiv zu beeinflussen. Insofern hat eine Drogenpolitik, die nur auf illegale Substanzen abzielt und Alkohol und Nikotin dabei außen vor läßt, wenig Aussicht auf Erfolg.

Ein Blick auf das Gesamtbild der Konsumentwicklung von Tabak und Alkohol bei Jugendlichen über die letzten Dekaden ergibt ein durchaus erfreuliches Bild: Der Konsum von Alltagsdrogen ist deutlich zurückgegangen. So sank der Anteil der Raucher und Raucherinnen in den alten Bundesländern von 36% bei den 12-17jährigen von Anfang der 70er Jahre auf 26% am Ende der 90er. Von den 12-25jährigen tranken Anfang der 70er Jahre 42% mindestens einmal die Woche Bier, 25 Jahre später waren es nur noch 27% (BUNDESZENTRALE FÜR GESUNDHEITLICHE AUFKLÄRUNG, 1998). Fraglich ist allerdings, inwieweit die bisherigen Rückgänge tatsächlich auf präventive Bemühungen speziell für Kinder und Jugendliche zurückzuführen sind oder nicht eher einem generellen säkularen Trend in den westlichen Industrieländern zu verdanken sind (siehe hierzu den Beitrag von KOLIP in diesem Band).

In den neuen Bundesländern verlief die Entwicklung etwas anders: Bis Mitte der 80er Jahre wurden deutliche Anstiege in den Konsumraten verzeichnet, danach kam es vor allem beim Tabakkonsum ebenfalls zu Rückgängen. Nach der Wende – vermutlich als Folge des neuen ›Lebensstils‹ – stiegen die Konsumraten dann wieder, wobei die Raucherquoten der ostdeutschen Jugendlichen 1997 über denen westdeutscher Jugendlicher lagen (BUNDESZENTRALE FÜR GESUNDHEITLICHE AUFKLÄRUNG, 1998). Beim Alkoholkonsum gingen die Quoten von 1993 bis 1997 zurück, wobei ostdeutsche Jugendliche je nach Alkoholart zum Teil weniger (Bier und Wein), zum Teil (Spirituosen und alkoholische Mixgetränke) gleich viel konsumieren wie Jugendliche aus den westlichen Bundesländern (BUNDESZENTRALE FÜR GESUNDHEITLICHE AUFKLÄRUNG, 1988).

Trotz der grundsätzlich positiven Tendenz gibt es keinen Anlaß zur Entwarnung. Zum einen zeigt sich bei den Raucherquoten, daß der Abwärtstrend nicht nur bei den Jugendlichen der neuen Bundesländer gebrochen wurde: Zwischen 1993 und 1997 kam es auch in den alten Bundesländern zu einem erneuten Anstieg des Anteils der gelegentlichen und regelmäßigen Tabakkonsumenten unter den Jugendlichen (BUNDESZENTRALE FÜR GESUNDHEITLICHE AUFKLÄRUNG, 1998). In puncto Alkoholkonsum hat vor allem das tägliche oder mehrmals wöchentliche Trinken abgenommen, der gelegentliche Konsum am Wochenende ist jedoch nach wie vor weit verbreitet (BUNDESZENTRALE FÜR GESUNDHEITLICHE AUFKLÄRUNG, 1998). Darüber hinaus lassen sich auch Subgruppen ausmachen, die eine (relativ) höhere Anfälligkeit aufweisen. So läßt sich zum Beispiel eine Reduktion des Bierkonsums in den letzten Jahren zwar für die neuen Bundesländer insgesamt ausmachen (BUNDESZENTRALE FÜR GESUNDHEITLICHE AUFKLÄRUNG, 1988), eine Erhebung speziell für den großstädtischen Raum Leipzig zeigt für den gleichen Zeitraum jedoch eher Anstiege, die allerdings Mitte der 90er Jahre auch zum Stillstand gekommen zu sein scheinen (siehe hierzu den Beitrag von MÜLLER in diesem Band). Jungen neigen in puncto Alkoholkonsum zu riskanteren Konsummustern als Mädchen, und besonders belastete Gruppen trinken deutlich häufiger als Jugendliche mit geringer Belastung, das heißt Alkoholkonsum wird offensichtlich auch als Bewältigungsstrategie eingesetzt. Beim Rauchen scheint der Bildungsgrad bzw. der soziale Status eine wichtige Rolle zu spielen. Hauptschüler bzw. Mittelschüler (in den neuen Bundesländern) rauchen deutlich häufiger als Gymnasiasten (siehe hierzu die Beiträge von KOLIP und MÜLLER in diesem Band). Darüber hinaus machen internationale Vergleichsstudien deutlich, daß Deutschland beim Tabakkonsum immer noch einen oberen, beim Konsum von Alkohol einen mittleren Rang belegt (KING, WOLD, TUDOR-SMITH & HAREL, 1996). Nach wie vor bleibt also ein großes Potential für weitere präventive Arbeit erhalten.

1 Prävention von Drogenkonsum: Von der Informationsvermittlung zur Kompetenzförderung

Lange Zeit wurde in Deutschland darauf vertraut, mit einer an traditionellen Unterrichtsformen ausgerichteten und stark informationslastigen Gesundheitserziehung wirkungsvolle Prävention betreiben zu können. Information und Wissen sind jedoch allein nur selten in der Lage, sozial fest verankertes und mit der Alltagsbewältigung verknüpftes Verhalten verändern zu können. Nicht in jeder Situation ist es für einen jungen Menschen attraktiv und lebensweltlich sinnvoll, sich gesundheitsförderlich zu verhalten – zumindest dann nicht, wenn dieses Kriterium allein an medizinischen Definitionen ausgerichtet wird. Gesundheitsgefährdendes Verhalten ist eng mit alltäglichen Lebensroutinen verbunden. Das heißt, es ist in eine jugendspezifische Lebensweise einbezogen und erfüllt damit bestimmte zentrale Funktionen nicht nur für die konkrete Bewältigung von Alltagsproblemen sondern auch für die Lösung genereller Entwicklungsaufgaben wie Identitätsbildung, Ablösung von den Eltern, Aufbau von Freundesbeziehungen etc.. Wichtig ist vor allem die Suche nach der eigenen Identität – dies impliziert nicht zuletzt, sich gegen Erwartungen der Erwachsenen explizit abzugrenzen, dabei jedoch gleichzeitig bestimmte, als ›erwachsen‹ erlebte Verhaltensweisen zu imitieren. Gerade Zigaretten und Alkohol erfüllen diese Doppelfunktion fast perfekt. Der Konsum wird Jugendlichen offiziell verwehrt – durch Normen, die von der Erwachsenenwelt gesetzt werden. Durch unmittelbares Modellernen von Erwachsenen oder durch die Werbung wird der Gebrauch von vielen Jugendlichen jedoch gleichzeitig mit ›Erwachsensein‹ und Selbstbestimmung gleichgesetzt. Auch andere aktuelle und unmittelbar erfahrbare Bedürfnisse wie der Wunsch nach Anerkennung durch gleichaltrige Andere und nach neuen gemeinsamen Erfahrungen haben fast zwangsläufig eine größere Valenz als eine zeitlich viel entferntere Zielsetzung wie ›Gesundheit‹.

Bei schulischer Gesundheitsförderung und Prävention kann es also nicht darum gehen, abstraktes, abfragbares, prüfbares (Schubladen-)Wissen zu produzieren, das die Schülerinnen und Schüler kaum mit ihrer alltäglichen Lebenserfahrung und ihren konkreten Lebenszusammenhängen in Verbindung bringen können. Wenn der Konsum legaler und illegaler Substanzen zur Bewältigung von jugendspezifischen Entwicklungsaufgaben dient, dann müssen alternative Verhaltenswege aufgezeigt werden, die den gleichen Zweck erfüllen. Gelernt werden soll dabei nicht nur, das Vorhandensein oder die Option alternativer Einschätzungs- und Handlungsmöglichkeiten zu erkennen, sondern die Schülerinnen und Schüler sollen die konkrete Erfahrung machen, wie solche Strategien sich umsetzen und nutzen lassen.

Diese Erkenntnis hat sich in der Theorie und Praxis schulischer Prävention und Gesundheitsförderung inzwischen schrittweise durchgesetzt. Nachdem zeitweilig als Gegenpol zur kognitiven Wissensvermittlung die sogenannte »affektive Erziehung« propagiert wurde, die sich vor allem der Vermittlung von positiven Werten und der Förderung des Selbstwertgefühls verschrieben hatte, insgesamt aber auch kaum präventive Erfolge vorweisen konnte, wurde in den achtziger Jahren der »Ansatz zur Förderung sozialer Resistenz« (EVANS, ROZELLE, MITTLEMARK, HANSEN, BANE & HAVIS, 1978) populär. Durch konkrete Trainings soll die individuelle Widerstandsfähigkeit gegen Gruppendruck zum Substanzkonsum gestärkt werden. Diese Herangehensweise hat sich als recht erfolgreich erwiesen, wurde aber auch als zu begrenzt empfunden. Sehr viel breiter angelegt war dementsprechend der in der Folgezeit entstandene »Life-Skills-Ansatz« (BOTVIN, 1986; BOTVIN & TORTU, 1988), der heute die Präventionslandschaft dominiert. Hierbei geht es um nicht weniger als um die umfassende Vermittlung von Fähigkeiten, Alltagsanforderungen zu bewältigen, wobei jedoch immer wieder der Rückbezug zu den verschiedenen gesundheitsriskanten Verhaltensweisen gesucht wird. Die Grundannahme hierbei ist, daß eine erfolgreiche Prävention von Risikoverhalten nur durch die Förderung von personalen und sozialen Kompetenzen möglich ist, da erst bei Vorhandensein eines hinreichenden Verhaltensrepertoires Jugendliche überhaupt die Möglichkeit haben, sinnvolle Verhaltensalternativen zum Substanzkonsum zu wählen. Nach BOTVIN (1986) sollen Lebenskompetenzprogramme vor allem folgende Dimensionen fördern: die Fähigkeit zur erfolgreichen Auseinandersetzung mit Streß- und Angsterleben, die Fähigkeit mit anderen – auch in konfliktträchtigen Situationen – konstruktiv kommunizieren zu können, sowie prosoziales Verhalten zu zeigen, sich aber gleichzeitig auch gegen Gruppendruck zur Wehr setzen zu können. Auch die Fähigkeit, Entscheidungen zu treffen, Pläne zu entwerfen und durchzuführen sowie eine Verbesserung des Selbstkonzepts sollen in solchen Kompetenzförderungsprogrammen verbessert werden. Hinzu kommen verschiedene substanzspezifische Elemente, vor allem ein Training gegen den Gruppendruck zu rauchen oder Alkohol zu konsumieren und die Thematisierung gruppenspezifischer sozialer Normen bezüglich dieser Verhaltensweisen. Neuere US-amerikanische Evaluationsstudien sowie Meta-Analysen haben im Gegensatz zu den eher skeptisch stimmenden Befunden über frühere Präventionsansätze durchweg positive Ergebnisse gezeigt (BOTVIN, BAKER, DUSENBURY, BOTVIN & DIAZ, 1995; DURLAK, 1997; KÜNZEL-BÖHMER, BÜHRINGER & JANIK-KONECNY, 1993; PERRY, WILLIAMS, VEBLEN-MORTENSON et al., 1996; TOBLER & STRATTON, 1997). So berichteten TOBLER und STRATTON (1997) über ihre Meta-Analyse, daß sowohl die ausschließlich wissensbasierten wie auch die auf Selbstwertförderung ausgerichteten »affektiven Programme«, was die Prävention von Substanzkonsum anging, wirkungslos geblieben waren. Sowohl der Resistenzansatz wie der Lebenskompetenzansatz, konnten dagegen ihre Wirksamkeit nachweisen, wobei die Befunde für die Life-Skills-Programme insgesamt noch etwas besser ausfielen.

In den letzten Jahren hat es auch im deutschen Schulsystem deutlich mehr Anstrengungen in Richtung einer sowohl quantitativ als auch qualitativ verbesserten Gesundheitsförderung gegeben. Der Lebenskompetenzansatz hat an Bekanntheit gewonnen; immer seltener wird versucht, den warnenden Zeigefinger gegen Risikoverhaltensweisen zu heben, stattdessen ist häufiger die Rede davon, ›Kinder stark zu machen‹ und Ressourcen zu fördern. Dennoch muß die Situation nach wie vor als verbesserungsbedürftig charakterisiert werden. Trotz einzelner systematischer und koordinierter Anstrengungen wie z.B. der Modellversuch der Bund-Länder-Kommission »*Netzwerk gesundheitsfördernde Schulen*« scheint der positive Trend eher auf eine Fülle von Initiativen einzelner Schulen und/oder Lehrer und Lehrerinnen zurückzugehen als auf einen systematischen Wandel im deutschen Schulsystem. Auch fehlt vielen dieser Ansätze die theoretische Fundierung. Programminitiativen beziehen sich zwar häufig explizit auf den Lebenskompetenzansatz, sind aber nicht selten ad hoc selbst konstruiert und genügen nicht dem vorgesehenen Anforderungsprofil. Oft gibt es auch aufgrund mangelnder Kenntnisse über konkrete Umsetzungsmöglichkeiten Schwierigkeiten bei der Implementierung, so daß solche Initiativen nur von kurzer Dauer und begrenzter Wirkung sind.

Hinzu kommt in vielen Fällen, daß die Beurteilung der Wirkung solcher Maßnahmen auf der Ebene subjektiver Impressionen verbleibt. Systematische Prozeß- oder Outcome-Evaluationen sind nach wie vor rar. Sowohl hinsichtlich einer standardisierten Implementation wie auch der begleitenden Evaluation von Präventivmaßnahmen ist die angloamerikanische Forschung und Praxis der deutschen weit voraus. Vieles, was dort herausgefunden wurde, kann sicherlich auch hier Geltung beanspruchen, kulturelle Differenzen lassen jedoch einen bruchlosen Transfer problematisch erscheinen. Dies ist ein Defizit, das der vorliegende Band, wenn nicht völlig aufheben, dann doch etwas verringern möchte. Es werden eine Reihe von deutschen Programmansätzen vorgestellt, die einer systematischen Evaluation unterzogen wurden. Diese Studien zeigen, daß es auch in Deutschland möglich ist, durch eine konsequente Anwendung des Kompetenzförderungsansatzes nicht nur diese Ressourcen selbst zu stärken, sondern auch den ›normalen‹ alters- und entwicklungsbedingten Anstieg im Konsumverhalten zu reduzieren. Sie machen insofern Mut, diesen Ansatz weiter zu verfolgen. Die Befunde zeigen jedoch auch auf, wo nach wie vor Wissensdefizite bestehen und liefern selbst erste Hinweise für die Beantwortung der noch offenen Fragen. So ist z.B. immer noch fraglich, ob Life-Skills-Programme nicht nur Konsumverhalten eindämmen, sondern ob diese Effekte tatsächlich – wie behauptet – über eine Förderung von Kompetenzen und Ressourcen erreicht werden. Während solche Mediatoreffekte nach wie vor kaum untersucht sind, konnten verschiedene Studien immerhin zeigen, daß die Programme in der Tat einen positiven Einfluß auf die Ressourcenentwicklung von Jugendlichen haben (siehe hierzu vor allem die Beiträge von Aßhauer & Hanewinkel sowie Fischer & Petermann in diesem Band). Wenig Erkenntnisse liegen bisher auch darüber vor, welche Komponenten der Programme die zentralen, d.h. wirksamsten sind. Für die alltägliche schulische Praxis ist diese Frage nach der Essenz der Interventionsmaßnahmen aus zeitökonomischen Erwägungen von großer Bedeutung. Zukünftige Studien sollten hier einzelne Bausteine in ihrer Effektivität gegeneinander prüfen und miteinander vergleichen. Hierzu gehört auch die Frage, wie genau die Gewichtung zwischen allgemeinen, generell kompetenzorientierten Elementen und substanzspezifischen Programmbausteinen sein sollte. Der Enthusiasmus für den Kompetenzsteigerungsansatz hat zum Teil dazu geführt, sich auf Kosten der substanzspezifischen Komponenten auf die allgemeinen ›Skills‹ zu konzentrieren. Die Befunde aus dem Münchner ALF-Projekt (siehe Walden, dieser Band) sprechen jedoch dafür, daß dies voreilig sein könnte. Eine ausgewogene Mischung scheint nach wie vor angebracht, wobei weitere vergleichende Studien zeigen müßten, welche Dosierungen optimal sind. Wichtig scheint in jedem Fall eine sorgfältige Strukturierung und Standardisierung der vorgegebenen Programme sowie eine gründliche Vorbereitung der beteiligten Moderatoren, d.h. der Lehrer und Lehrerinnen (siehe z.B. Mittag & Jerusalem, dieser Band).

Eine weitere Frage betrifft den Geltungsbereich möglicher Präventionseffekte. So scheint sich abzuzeichnen, daß Programmeffekte nicht notwendig universell sind, das heißt für die gesamte Zielgruppe erreicht werden können, sondern daß bestimmte Personengruppen häufiger oder stärker profitieren als andere. Ein wichtiger differenzierender Faktor ist das Geschlecht. Mädchen scheinen auf die Programme tendenziell eher anzusprechen und zu reagieren als Jungen (siehe hierzu besonders die Beiträge von Mittag & Jerusalem sowie Walden, dieser Band). Geschlechtsspezifisch konzipierte Programmvarianten sind schon häufig gefordert (Helfferich, 1995; Kolip, 1997), aber bisher selten praktiziert worden. Diesem Aspekt sollte bei der zukünftigen Programmentwicklung erheblich mehr Aufmerksamkeit geschenkt werden. Deutlich geworden ist aus der bisherigen Forschung auch, daß vor allem noch abstinente Schüler und Schülerinnen profitieren, die Programme also tatsächlich genuin präventiv wirken (siehe u.a. Mittag & Jerusalem, dieser Band). Jugendliche, die bereits Konsumenten sind, bedürfen offensichtlich anderer, spezieller interventiver Bemühungen als sie die eher allgemein orientierten Kompetenzprogramme bieten können. Umgekehrt bedeutet dies für die Kompetenzförderungsprogramme, bereits sehr früh im Lebenslauf anzusetzen. Wahrscheinlich ist der Weg, bereits in der Grundschule zu starten, hier der richtige (siehe den Beitrag von ASSHAUER & HANEWINKEL, dieser Band).

2 Die Schule als »gesundheitsfördernde Institution«: Chancen und Grenzen

Die vorgestellten Programme sind ausnahmslos im schulischen Kontext verortet. Wenn es um Chancen und Optionen suchtpräventiver Arbeit geht, muß demnach neben dem inhaltlichen Input auch die strukturelle Einbettung dieser Programminhalte mitreflektiert werden.

Welche Rolle kann der Institution Schule als Träger und Kontext gesundheitsfördernder Maßnahmen realistischerweise zukommen? In der öffentlichen Diskussion werden diese Möglichkeiten in der Regel sehr hoch eingeschätzt. Keine andere Institution bietet bis weit ins zweite Lebensjahrzehnt Zugang zu fast allen Kindern und Jugendlichen – die Tatsache, daß die große Mehrheit aller Gesundheitsförderungsmaßnahmen und Präventionsprogramme für unter 20jährige an Schulen durchgeführt wird, spricht für sich. Unzweifelhaft hat die Schule großen sozialisatorischen Einfluß. Sie strukturiert einen relevanten Teil des Lebenszusammenhangs in der Altersphase zwischen 6 und 16, und Lehrer und Lehrerinnen sind oft zentrale Bezugspersonen von Kindern und Jugendlichen und deshalb aus einem ganzheitlichen Prozeß der Gesundheitsförderung nicht wegzudenken.

Der Präventionsort Schule steht jedoch auch in Konkurrenz zu anderen Lebensbereichen wie Familie, Freunde, Freizeit und Massenmedien, deren Einfluß zum Teil größer ist und auch früher ansetzt. Darüber hinaus sind die Möglichkeiten der Schule aber auch insofern zu relativieren, als ihre Rolle den Schülern und Schülerinnen gegenüber durchaus ambivalent sein kann und von vielen Kindern und Jugendlichen selbst als Belastungsfaktor erlebt wird. Dieses Belastungspotential resultiert primär aus ihrer Funktion als Instanz zur Vermittlung von Wissen und zur Vergabe von Zertifikaten, das heißt als gesellschaftliche Selektionsinstanz. Die Fokussierung auf abfragbares, prüfbares Wissen führt zu einer Organisation des Lernens, das in seiner extrem kognitiven Orientierung andere Dimensionen menschlichen Lebens wie die emotionale oder motorische Ebene vernachlässigt und deshalb für Kinder und Jugendliche nicht immer leicht bewältigbar ist. Die Relevanz, die Noten und Zeugnissen innerhalb und außerhalb der Schule zugeschrieben wird, führt wiederum zu einer einseitigen Ausrichtung des Selbstwertgefühls der Schülerinnen und Schüler an der kognitiven Leistung. Für diejenigen, die den geforderten Ansprüchen nicht genügen, wird der Schulbereich potentiell eher zum selbstwertmindernden denn zum selbstwertfördernden Faktor. In einer repräsentativen Längsschnittstudie an 1450

Jugendlichen (NORDLOHNE, 1992) konnte z.B. nachgewiesen werden, daß schulische Versagensereignisse wie Versetzungsgefährdung, Sitzenbleiben oder Schulwechsel wegen schlechter Noten zu einer erhöhten subjektiven Streßbelastung im Sinne verstärkter negativer Emotionen sowie einem höheren Ausmaß an psychosomatischen Symptomen führten.

Die Grenzen schulischer Gesundheitsförderung werden deutlich, wenn man sich beispielhaft eine Situation vorstellt, wo Lehrer oder Lehrerinnen, die Schülern mit der Vergabe von schlechten Noten deutlich machen müssen, daß sie ›nicht gut genug‹ sind, andererseits im Rahmen eines umfassenden schulischen Gesundheitsförderungskonzepts versuchen, Strategien zur Selbstwertsteigerung mit diesen Schülern einzuüben. Hier besteht ein potentieller Widerspruch, ein Spannungszustand zwischen den verschiedenen Aufgaben der Schule, der bei der Einschätzung von Möglichkeiten der schulischen Gesundheitsförderung nicht ignoriert werden darf, da er möglichen positiven Effekten zwangsläufig Grenzen setzt.

Einschränkend wirkt der schulische Kontext auch in Hinblick auf die mögliche Dosierung solcher Programmansätze. Gemessen an der herrschenden Praxis sind die präsentierten Programme bereits als umfangreich zu bezeichnen, dennoch handelt es sich letztlich um niedrigdosierte Interventionen. Standardcurricula und vorgegebene Lernziele für den Fachunterricht beschränken zwangsläufig das Ausmaß schulischer Bemühungen um weitergehende Zielsetzungen.

Neben diesem grundsätzlichen Problem spielt auch die konkrete Ausgestaltung des sozialen Umfelds, in dem solche Programme implementiert werden, eine Rolle. Wo Schul- und Klassenklima, vor allem aber die Beziehung zwischen Lehrern und Schülern als defizitär erlebt werden, werden ressourcenorientierte Präventionsprogramme, die auf einer Bereitschaft zur konstruktiven Auseinandersetzung beruhen, nur schwer erfolgreich durchführbar sein (siehe LEPPIN, HURRELMANN & FREITAG, 1994). Hier müßte eine Veränderung der sozialen Infrastruktur Teil der Gesundheitsförderungsmaßnahme werden. Evaluationen gesundheitsfördernder Programme sollten solche sozialen und infrastrukturellen Randbedingungen in ihre Erhebung einbeziehen und eine mögliche Moderatorwirkung solcher Faktoren kontrollieren (siehe den Beitrag von LEPPIN & HURRELMANN, dieser Band).

Auch kompetenzorientierte Programme, die an den konkreten Lebensbezügen der Jugendlichen ansetzen und konkrete Handlungsalternativen für potentiell gesundheitsschädliches Verhalten aufzeigen, können also letztlich nur Anstöße zu einer wirklich umfassend verstandenen Gesundheitsförderung in der Schule geben. Wenn solche Programme nur von wenigen Lehrern und Lehrerinnen einer Schule getragen werden, wenn sie punktuell bleiben und keine Auswirkungen auf die sozialen Strukturen innerhalb der Schule haben, wird auch ihre Wirkung eher gering sein bzw. schnell verpuffen. Wirksame Präventionsprogramme müssen fächerübergreifend sein und als kontinuierliche strukturelle und curriculare Aufgabe verstanden werden. Ganz wichtig ist vor allem, daß gesundheitsfördernde Maßnahmen nicht allein auf das Verhalten der Schülerinnen und Schüler ausgerichtet bleiben. Eine Präventions- und Interventionsstrategie, die sich ausschließlich auf die Verhaltensebene und damit auf das Individuum konzentriert, verfehlt ihr Objekt und damit letztlich auch ihr Ziel. Versucht werden muß daher, wo nötig, immer auch die Verhältnisse in der Schule unter präventiven Gesichtspunkten zu betrachten, angefangen von der räumlichen und ökologischen Gestaltung und den Arbeitsbedingungen bis hin zum sozialen Umgang im System Schule. Dabei müssen auch Lehrer und Lehrerinnen ihrerseits als Zielgruppe und nicht nur als Initiatoren oder Vermittler von gesundheitsfördernden Maßnahmen verstanden werden.

Schule ist und bleibt ein zentraler Kontext für präventive und gesundheitsfördernde Maßnahmen. Sie sollte jedoch nicht zum Alibi- und Stellvertreterschauplatz werden, an dem alle in anderen gesellschaftlichen Kontexten, wie z.B. der Familie, entstandenen Defizite aufgefangen, korrigiert und kompensiert werden können – eine solche Erwartungshaltung könnte schulische Gesundheitsförderung auch unter den günstigsten Umständen kaum gerecht werden. Insofern müssen schulische Ansätze immer auch als Teil einer umfassenderen Strategie zur Gesundheitsförderung begriffen werden. Nur in einem übergreifenden System von Prävention und Intervention, das auch Familie und Gemeinwesen integriert, kann das Sub-System Schule seine Rolle als Instanz der Gesundheitsförderung sinnvoll entfalten.

3 Der Inhalt des Bandes

Der Band ist in drei Abschnitte gegliedert. Am Anfang steht eine Bestandsaufnahme des Konsums von Tabak und Alkohol bei Jugendlichen in den alten und neuen Bundesländern. Petra KOLIP beschreibt hier zunächst für die alten Bundesländer die Entwicklungstrends jugendlichen Konsums über die letzten Jahrzehnte. Dabei geht sie speziell auf Geschlechts-, Alters- und Bildungsunterschiede im Konsumverhalten ein und präsentiert neben den Daten zum Zigaretten- und Alkoholkonsum auch Befunde zum Meinungsbild, das Jugendliche über legale Drogen haben, also zu Einstellungen und Bewertungen, die über Tabak und Alkohol vorherrschen. Die Interpretation und Einordnung der Datenlage geschieht im Kontext der kritischen Frage, welche Erfolge bisherige Präventionsarbeit vorzuweisen hat und wo zukünftige Ansatzpunkte zu suchen sind. Harry MÜLLER geht der gleichen Frage aus der Perspektive der neuen Bundesländer nach. Auch hier werden aktuelle Daten mit früheren Entwicklungstrends in Beziehung gesetzt, und die Faktoren Alter, Geschlecht und Bildung finden besondere Berücksichtigung als differenzierende Merkmale. Darüberhinaus werden die Auswirkungen gesellschaftlicher Transformationsprozesse auf individuelle Erfahrungs- und Verarbeitungsprozesse von Jugendlichen speziell beleuchtet. Besondere Aufmerksamkeit wird hierbei der Frage des Zusammenhangs von Substanzkonsum und Belastungserleben bei Jugendlichen aus den neuen Bundesländern gewidmet.

Im zweiten Abschnitt wird dann die Frage aufgegriffen, welche Faktoren dazu beitragen, daß Jugendliche beginnen zu rauchen oder Alkohol zu konsumieren und vielleicht auch zu mißbrauchen. Beide Beiträge zu diesem Thema verfolgen den Entwicklungsverlauf des Substanzkonsums, diskutieren die Bedeutsamkeit verschiedener Prädiktoren zur Vorhersage dieser Entwicklung und beschäftigen sich dabei auch mit der Frage, inwieweit das Experimentieren mit den Substanzen Tabak und Alkohol zu den normalen und normativen Entwicklungsanforderungen des Jugendalters gehört. Der Beitrag von Anja LEPPIN beschreibt die vielfältigen und heterogenen Ansätze zur Erklärung der Ätiologie von jugendlichem Alkoholkonsum und Alkoholmißbrauch. Das komplexe Bedingungsgefüge biologischer, sozialer und individualpsychologischer Einflußprozesse hat sich in den theoretischen Modellen zur Vorhersage von Konsumverhalten bisher nur unzureichend niedergeschlagen. Die meisten Studien beschränken sich auf einen spezifischen Blickwinkel; nur wenige versuchen, dem Ätiologieprozeß multifaktoriell auf die Spur zu kommen. Ähnliches läßt sich auch für die Vorhersage von Tabakkonsum feststellen – wie aus dem Beitrag von Reiner FUCHS deutlich wird. Auch hier gibt es eine Fülle verschiedenster Erklärungsansätze, zum großen Teil ähnlich bzw. parallel denen zur Vorhersage von Alkoholkonsum. Integrative Modelle sind jedoch bisher die Ausnahme. Der Autor skizziert den Gewöhnungsprozeß vom kindlich-jugendlichen Experimentierverhalten mit Zigaretten bis hin zum ›abhängigen‹ Rauchen und analysiert dabei die phasenspezifische Relevanz einzelner Prädiktoren. Hierzu gehört z.B. die Rolle sozialer Einflüsse von Eltern und Peers für die Experimentier- und Gewöhnungsphase oder die streßregulatorische Funktion des Tabakkonsums und deren neuroregulatorische Vermittlung in der Entstehung von Abhängigkeit.

Der Schwerpunkt des Bandes schließlich liegt im dritten Abschnitt, der sich mit der Prävention von Konsum und Mißbrauch befaßt. Hier werden neuere deutsche Suchtpräventionsprogramme für den Einsatzbereich ›Schule‹ vorgestellt, die sich dem Kompetenzförderungsansatz verschrieben und entsprechende Programme in den letzten Jahren an deutschen Schulen implementiert und evaluiert haben. Neben einer ausführlichen Beschreibung der jeweiligen Programminhalte und Programmdurchführung, geht es dabei vor allem um eine Darlegung und kritische Diskussion der jeweiligen Evaluationsbefunde. Darüber hinaus wird in allen Beiträgen auf die spezifischen Methodenprobleme bei der Evaluation schulischer Präventionsprogramme eingegangen.

Martin ABHAUER und Rainer HANEWINKEL präsentieren in ihrem Beitrag Befunde aus einer der bisher noch seltenen Studien über Lebenskompetenzförderung bei Grundschülern und -schülerinnen. Durchgeführt wurde das Programm »*Fit und stark fürs Leben*« an schleswig–holsteinischen Schulen, wobei hier die Befunde einer Outcome-Evaluation für Schüler und Schülerinnen der Klassenstufen 3 und 4 vorgestellt werden. Lehrerbeurteilungen ergaben, daß in den Interventionsklassen ein geringeres Maß sozialer Probleme sowie weniger ängstlich-depressives und delinquentes Verhalten bei Kindern zu finden war als in den Kontrollklassen, die kein Kompetenzförderungsprogramm erhalten hatten. Die Interventionsschüler zeigten darüber hinaus negativere Einstellungen zum Rauchen, und auch eine Reduktion im gelegentlichen Zigarettenkonsum konnte festgestellt werden.

Volkhard FISCHER und Harald PETERMANN demonstrieren in ihrem Beitrag den Erfolg des Leipziger Suchtpräventionsprogramms. In einer Drei-Jahres-Längsschnittstudie mit zweimaliger Intervention in einer Stichprobe von MittelschülerInnen und GymnasiastInnen der Klassenstufen 7-9 können die Autoren zum einen zeigen, daß ihr Programm protektive Ressourcen der Jugendlichen wie Selbstwertgefühl, Kontrollüberzeugungen und soziale Kompetenz verbessern konnte. Darüber hinaus war die Intervention aber auch in der Lage, Einstellungen zu Drogen sowie das Konsumverhalten selbst positiv zu beeinflussen, das heißt vor allem Abstinenz zu stabilisieren, wobei ein Teil dieser Effekte auch über längere Zeit aufrechterhalten werden konnten.

Waldemar MITTAG und Matthias JERUSALEM stellen Befunde zur Prävention von Alkohol- und Medikamentenkonsum aus ihrer Brandenburger Interventionsstudie an Gesamtschulschülern und -schülerinnen der Klassenstufen 7-9 vor. Hier zeigten sich die stärkeren und stabileren Effekte auf das Konsumverhalten eindeutig für die Mädchen. Darüber hinaus ergaben zielgruppenspezifische Analysen, daß bereits konsumierende Jugendliche kaum noch von einem solchen kompetenzorientierten Breitbandprogramm profitieren, offensichtlich also anderer interventiver Ansätze bedürfen. Durch einen Vergleich zweier Varianten hinsichtlich der Programmimplementationen konnten die Autoren darüber hinaus auch die Überlegenheit einer standardisierten gegenüber einer eher unstrukturierten Programmkonzeption nachweisen.

Das von Kerstin WALDEN vorgestellte Münchner ALF-Projekt, das in 5. Klassen der Stadt und des Landkreises München durchgeführt wurde, konzentriert sich auf die sonst oft vernachlässigte Gruppe der HauptschülerInnen. Berichtet werden Befunde für den Tabakkonsum. Effekte zeigten sich auch hier vor allem für die Mädchen, was die Autorin auf eine durch das Programm verbesserte Standfestigkeit bzw. eine größere Selbstsicherheit zurückführt. Relevant für die weitere Entwicklung von Präventionsansätzen ist darüber hinaus der mit dieser Studie nachgewiesene Erfolg einer sucht- bzw. substanzspezifischen Programmvariante im Vergleich zu einem völlig unspezifischen Ansatz.

Der letzte Beitrag des Bandes von LEPPIN und HURRELMANN beschäftigt sich mit einem in der Forschung zu schulischen Prävention und Gesundheitsförderung bisher vernachlässigten Thema: Welche Rolle spielen schulklimatische Kontextfaktoren für den Erfolg oder Mißerfolg gesundheitsfördernder Maßnahmen? In einer Längsschnittuntersuchung mit Schülern und Schülerinnen achter und neunter Klassen der Stadt Dortmund wurde geprüft, inwieweit die Wirkungen eines kompetenzfördernden Programms auf den Zigarettenkonsum von der wahrgenommenen Schulumwelt, in der ein solches Programm implementiert wird, abhängig ist. Für das Programm konnte eine präventive Wirkung nachgewiesen werden. Differenzierte Analysen ergaben aber, daß das wahrgenommene Schulklima hierbei eine wichtige Rolle spielte. Die Programmeffekte wurden zum Teil durch ein positives Klima erst ermöglicht, zum Teil konnte aber auch ein ungünstiges Klima durch das Programm kompensiert werden.

Der vorliegende Band verdankt seine Entstehung primär dem enagierten Einsatz der beteiligten Autorinnen und Autoren. Ermöglicht wurde er jedoch nicht zuletzt durch die zahlreichen Lehrer und Lehrerinnen aus Bayern, Brandenburg, Nordrhein-Westfalen, Sachsen und Schleswig-Holstein, die ihren Schülern und Schülerinnen mehr als nur Fachwissen vermitteln wollten und deshalb mit viel Einsatz und Engagement die aufwendigen Präventionsprogramme neben ihrem normalen Unterricht durchgeführt haben. Ihnen sei, ebenso wie den zahlreichen Schülern und Schülerinnen, die an den verschiedenen Studien mitgewirkt haben, an dieser Stelle besonders herzlich gedankt!

Für die technische Unterstützung bei der Fertigstellung des Buches möchten sich die Herausgeber darüber hinaus bei Alexandra MÜNSTER und Reinhard SAMSON bedanken.

4 Literatur

BOTVIN, G.J. (1986). Substance abuse prevention research: Recent developments and future directions. *Journal of School Health, 56*, 369-374.

BOTVIN, G.J. & TORTU, S. (1988). Preventing adolescent substance abuse through life skills training. In R.H. Price, E.L. Cowen, R.P. Lorion & J. Ramos-Kay (Eds.), *Fourteen ounces of prevention* (pp. 98-110). Washington: American Psychological Association.

BUNDESZENTRALE FÜR GESUNDHEITLICHE AUFKLÄRUNG (1998). *Die Drogenaffinität Jugendlicher in der Bundesrepublik Deutschland 1997. Eine Wiederholungsbefragung der Bundeszentrale für gesundheitliche Aufklärung*. Köln: BZgA.

DURLAK, J.A. (1997). *Successful prevention programs for children and adolescents*. New York: Plenum Press.

EVANS, R.I., ROZELLE, R.M.,., MITTLEMARK, M.B., HANSEN, W.B., BANE, A.L. & HAVIS, J. (1978). Deterring the onset of smoking in children: Knowledge of immediate physiological effects and coping with peer pressure, media pressure, and parent modeling. *Journal of Applied Social Psychology, 8*, 126-135.

HELFFERICH, C. (1995). Ansätze geschlechtsbezogener Prävention und Gesundheitsförderung im Kindes- und Jugendalter. In P. Kolip, K. Hurrelmann & P.-E. Schnabel (Hrsg.), *Jugend und Gesundheit: Inverventionsfelder und Präventionsbereiche* (S. 135-156). Weinheim: Juventa.

KING, A., WOLD, B., TUDOR-SMITH, C. & HAREL, Y. (1996). *The health of youth. A cross-national survey*. Kopenhagen: World Health Organization.

KOLIP, P. (1997). Das gleiche ist nicht dasselbe: Zur Notwendigkeit geschlechtsspezifischer Suchtprävention im Jugendalter. *Unterrichtswissenschaft, 25*, 150-160-

KÜNZEL-BÖHMER, J., BÜHRINGER, G. & JANIK-KONECNY, T. (1993). *Expertise zur Primärprävention des Substanzmißbrauchs. Band 29 der Schriftenreihe des Bundesministeriums für Gesundheit*. Baden-Baden: Nomos.

LEPPIN, A., HURRELMANN, K. & FREITAG, M. (1994). Schulische Gesundheitsförderung im Kontext von Klassenklima und sozialem Rückhalt durch die Lehrer. *Zeitschrift für Pädagogik, 40*, 871-889.

NORDLOHNE, E. (1992). *Die Kosten jugendlicher Problembewältigung. Alkohol-, Zigaretten- und Arzneimittelkonsum im Jugendalter*. Weinheim: Juventa.

TOBLER, N.S. & STRATTON, H.S. (1997). Effectiveness of school-based drug prevention programs: A meta-analysis of the research. *The Journal of Primary Prevention, 18*, 71-128.

Verbreitung von Tabak- und Alkoholkonsum unter Jugendlichen

Tabak- und Alkoholkonsum bei Jugendlichen: Entwicklungstrends, Prävalenzen und Konsummuster in den alten Bundesländern

Petra Kolip

Dem Konsum von Alkohol und Tabak Jugendlicher gilt seit langem die Aufmerksamkeit schulischer Gesundheitserziehung und Prävention. In den vergangenen 20 Jahren konnten hier erfreuliche Veränderungen beobachtet werden, denn der Gebrauch dieser Substanzen ist rückläufig. Der folgende Beitrag gibt einen Überblick über die Entwicklung des Alkohol- und Tabakkonsums Jugendlicher in den alten Bundesländern, und er zeichnet die Konsummuster in verschiedenen Subgruppen nach. Wie in vielen anderen Bereichen der Gesundheitsberichterstattung auch, muß dabei (leider) auf verschiedene Datenquellen zurückgegriffen werden, da sich eine längsschnittliche Jugendgesundheitsberichterstattung bislang noch nicht etabliert hat und die vorliegenden Studien nur zu jeweils spezifischen Fragestellungen Auskunft geben. Ein Vergleich der Befunde oder ein Bezug der Ergebnisse aufeinander ist deshalb nur eingeschränkt möglich, da die Studien unterschiedliche Altersspannen untersuchen, die interessierenden Variablen unterschiedlich operationalisieren oder unterschiedliche Bezugszeiträume wählen (vgl. NORDLOHNE, 1992). Diese Heterogenität ist mit ein Grund dafür, weshalb in verschiedenen Publikationen diametral entgegengesetzte Aussagen z.B. zur Angleichung der Geschlechter im Konsumverhalten oder zum Einstiegsalter getroffen werden. So kommt HURRELMANN (1998) in seiner Auswertung retrospektiver Angaben zu den ersten Probiererfahrungen zu dem Schluß, daß sich der Einstieg in den Tabakkonsum drastisch vorverlagert hat: »Die Vorverlagerung des Einstiegsalters auf inzwischen 9 oder sogar 8 Lebensjahre deutet auf den ›instrumentellen Nutzen‹ des Tabakkonsums schon für Kinder hin« (HURRELMANN, 1998, S. 6). Die Bundeszentrale für gesundheitliche Aufklärung kommt demgegenüber in einer Auswertung der Raucheranteile in verschiedenen Altersgruppen zu einem entgegengesetzten Schluß: »Diese deutlich rückläufigen Zahlen bedeuten, daß jugendliche Raucher heute im Durchschnitt später mit dem Rauchen beginnen als 1979« (BZGA, 1994, S. 32). Die Ursache dieser divergierenden Einschätzung liegt in den zugrunde liegenden Variablen: Während HURRELMANN Angaben einzelner Jugendlicher zu ihren ersten Probiererfahrungen wertet, betrachtet die BZGA nur regelmäßige oder gelegentliche KonsumentInnen und berechnet aus deren Angaben das durchschnittliche Einstiegsalter.

Ähnliches läßt sich für die These der Angleichung der Geschlechter aufzeigen. Diese läßt sich nur dann halten, wenn eine eingegrenzte Altersgruppe – die 12- bis 13jährigen – betrachtet wird. Nur zu Beginn der Pubertät, wenn der Entwicklungsvorsprung der Mädchen besonders deutlich ausgeprägt ist, haben die Mädchen tendenziell höhere Prävalenzraten – dies gilt vor allem für den Tabakkonsum –, aber je älter die Jugendlichen sind, desto mehr überwiegen die Prävalenzraten der Jungen jene der Mädchen (HELFFERICH, 1994).

1 Datenquellen

Da die Befunde der verschiedenen Studien zwar ähnliche Ergebnismuster wiederspiegeln, im Detail aber nicht vergleichbar sind, wird im folgenden nur auf einige wenige Datenquellen zurückgegriffen. Es sind dies zum einen periodische Querschnittsstudien der Bundeszentrale für gesundheitliche Aufklärung für Angaben zu den Prävalenzen und die Entwicklung des Konsums und zum anderen eine Studie des Sonderforschungsbereiches 227 für ergänzende Fragestellungen (z.B. zum schulformenspezifischen Konsum). Im einzelnen liegen diesem Beitrag folgende Studien zugrunde:

Die *Drogenaffinitätsstudie* der Bundeszentrale für gesundheitliche Aufklärung (BZGA, 1998) wird seit 1973 in regelmäßigen Abständen mit vergleichbarer Methodik durchgeführt und erlaubt deshalb Aussagen über die Entwicklung des Substanzgebrauchs. Zielgruppe der Befragung sind die 12- bis 25jährigen, die zur Häufigkeit des Konsums legaler und illegaler Drogen, sowie zu Einstellungen, Konsummotiven und dem sozialen Kontext des Konsums befragt werden. Der aktuellste Datensatz bezieht sich auf das Jahr 1997, der zum zweiten Mal die neuen Bundesländer berücksichtigt.[1] Die Erhebung beruht auf einer mehrstufigen Zufallsauswahl und gilt als repräsentativ.

Die *Aktionsgrundlagen* der Bundeszentrale für gesundheitliche Aufklärung (BZGA, 1992) werden seit 1975 periodisch durchgeführt, um die Maßnahmen der Bundeszentrale planen bzw. evaluieren zu können. Befragt wird die deutsche Bevölkerung ab 14 Jahren in den alten Bundesländern. Auch diese Erhebung beruht auf einer mehrstufigen Zufallsauswahl und ist repräsentativ. Die Ergebnisse liegen in Tabellenbänden vor und geben u.a. Aus-

[1] Die Darstellung der Entwicklungstrends bezieht sich im folgenden Beitrag allerdings nur auf die alten Bundesländer; für Prävalenzraten und Entwicklungstrends in der ehemaligen DDR bzw. in den neuen Bundesländern siehe den Beitrag von Müller, in diesem Band.

kunft über die Konsummuster der 14- bis 19jährigen. Diese Befragung ergänzt die Drogenaffinitätsstudie z.B. um Aussagen zur Konsummenge. Der aktuellste Band bezieht sich auf das Jahr 1990.

Der *Jugendgesundheitssurvey* ist eine Befragung des Sonderforschungsbereiches 227,[2] die im Schuljahr 1992/93 in den 7., 8. und 9. Klassen aller Regelschularten durchgeführt wurde. Je Jahrgang wurden etwa 800 Schülerinnen und Schüler in den neuen und alten Bundesländern befragt (KOLIP, 1997). Zahlreiche Fragen beziehen sich auf gesundheitliches Risikoverhalten, u.a. Rauchen und Alkoholkonsum. Die im folgenden dargestellten Ergebnisse beziehen sich nur auf die 12- bis 16jährigen Jugendlichen aus den alten Bundesländern (*N*=1552); der Mädchenanteil in dieser Stichprobe beträgt 51%.

2 Tabakkonsum

2.1 Entwicklungstrends

Die Drogenaffinitätsstudie der Bundeszentrale für gesundheitliche Aufklärung (1998) gibt Aufschluß über die Entwicklung des Tabakkonsums über mehr als 20 Jahre. Wie der Vergleich der periodischen Querschnittstudien zeigt, ist der Anteil ständiger und gelegentlicher RaucherInnen in der Altersgruppe 12 bis 25 Jahre nahezu kontinuierlich zurückgegangen (vgl. Abbildung 1). Sagten 1973 noch 62% der 18- bis 25jährigen und 36% der 12- bis 17jährigen, daß sie rauchen, waren es 1997 nur noch 49% resp. 26%. Allerdings ist in der jüngeren Altersgruppe auffällig, daß nach einem kontinuierlichen Rückgang bis 1993 die Raucherquoten 1997 erstmalig wieder angestiegen sind, und zwar um fünf Prozentpunkte. Von 1973 bis 1997 ist der Anteil der Nichtraucher konstant gestiegen: von 20% im Jahre 1973 hat er sich auf 42% im Jahre 1997 in der Altersgruppe 12 bis 25 Jahre mehr als verdoppelt. Etwa zwei Drittel der Raucher bezeichnen sich als »ständige« Raucher, ein Drittel der Befragten raucht gelegentlich.

Ein Geschlechtervergleich zeigt, daß der Rückgang in den Raucherquoten bei beiden Geschlechtern parallel verläuft. Rauchten 1973 54% der 12- bis 25jährigen Jungen und 47% der gleichaltrigen Mädchen, waren es 24 Jahre später 43% der Jungen und 38% der Mädchen. Auch der leichte Anstieg der Raucherquoten zwischen 1993 und 1997 läßt sich bei beiden Geschlechtern gleichermaßen beobachten.

[2] Der Jugendgesundheitssurvey wurde im Rahmen des Teilprojektes B 1 unter der Leitung von Prof. Dr. Klaus Hurrelmann durchgeführt.

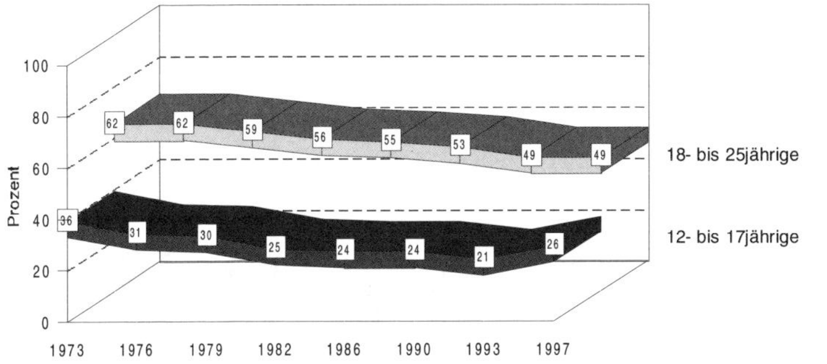

Abbildung 1: Entwicklung der Anteile ständiger und gelegentlicher RaucherInnen in der Altersgruppe 12 bis 25 Jahre in den alten Bundesländern (Quelle: BZGA, 1998).

2.2 Altersspezifische Konsummuster

Die Drogenaffinitätsstudie zeigt erwartungsgemäß, daß der Anteil der Raucherinnen und Raucher mit dem Alter steigt. Während sich nur 7% der 12- und 13jährigen als ständige oder gelegentliche Raucher bezeichnen, sind es bei den 14- bis 15jährigen bereits 28% und in der ältesten Altersgruppe, den 24- bis 25jährigen, 51% (vgl. Abbildung 2). Der Anteil derjenigen, die noch nie eine Zigarette geraucht haben (im folgenden »Nieraucher«) beträgt in der Altersgruppe 12 bis 17 Jahre 56%, in der Altersgruppe 18 bis 25 Jahre nur noch 33%. Wie Abbildung 2 zudem verdeutlicht, ändert sich der Konsumstatus nach dem 17. Lebensjahr nur noch wenig. Retrospektive Befragungen zum Einstiegsalter zeigen denn auch, daß das Durchschnittsalter der ersten Raucherfahrung bei 13,9 (Jungen) bzw. 14,1 Jahren (Mädchen) liegt (BZGA, 1998). Verglichen mit 1979 beginnen Jugendliche durchschnittlich später mit dem Tabakkonsum, denn der Anteil derjenigen, die beim Erstkontakt jünger als 14 Jahre alt sind, ist von 48% im Jahre 1986 auf 36% im Jahre 1997 gesunken.

Wie die Drogenaffinitätsstudie des Jahres 1993 zeigt (BZGA, 1994), nimmt die Stärke des Konsums mit dem Alter zu. Die Jugendlichen, die gelegentlich oder ständig rauchen, konsumieren durchschnittlich 14.5 Zigaretten pro Tag. Die Zahl der im Schnitt gerauchten Zigaretten steigt von 9.3 bei den 12- bis 17jährigen auf 15.9 bei den 12- bis 25jährigen. Der Anteil derer, die mehr als 20 Zigaretten pro Tag rauchen, steigt von 11% bei den 12- bis 17jährigen auf 42% bei den 21- bis 25jährigen (zu altersspezifischen

Prävalenzraten siehe auch BAYERISCHES STAATSMINISTERIUM FÜR ARBEIT UND SOZIALORDNUNG, FAMILIE, FRAUEN UND GESUNDHEIT, 1997; NORDLOHNE, 1992).

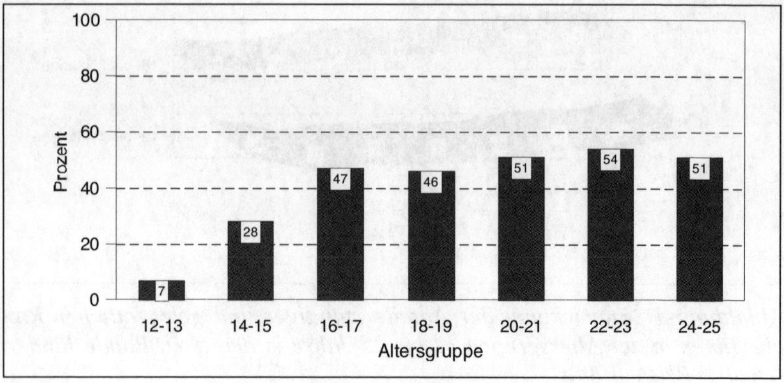

Abbildung 2: Anteil der ständigen und gelegentlichen RaucherInnen nach Altersgruppen (alte Bundesländer 1997; Quelle: BZGA, 1998).

2.3 Geschlechtsspezifische Konsummuster

In den vergangenen Jahren ist immer wieder die These vertreten worden, die Geschlechter hätten sich beim Tabakkonsum angeglichen, genauer: die Emanzipationsbestrebungen hätten dazu geführt, daß Mädchen in ihren Konsumgewohnheiten die Jungen eingeholt hätten (z.B. SILBEREISEN, 1998). Aus diesem Eindruck wird gefolgert, daß eine geschlechtsspezifische Differenzierung von Präventionsprogrammen nicht notwendig sei. Sicherlich sind die Geschlechtsunterschiede geringer geworden (VON STÜNZNER, 1992). Aber abgesehen davon, daß sich selbst hinter identischen Prävalenzraten wahrscheinlich unterschiedliche Motivlagen verbergen (HELFFERICH, 1994), muß man festhalten, daß die These von der völligen Angleichung der Geschlechter selbst auf der Ebene des Probierkonsums nicht haltbar ist. Berücksichtigt man zudem die Qualität und Intensität des Konsums, werden die Unterschiede zwischen Mädchen und Jungen noch wesentlich deutlicher (HELFFERICH, 1994). Abbildung 3 illustriert die Befunde zum geschlechtsspezifischen Rauchstatus in der Altersgruppe 12 bis 25 Jahre, die der Drogenaffinitätsstudie 1993 entnommen sind.[3] Der Anteil der Gelegenheitsraucher ist bei beiden Geschlechtern annähernd gleich groß, aber mehr Jungen

[3] Die jüngste Drogenaffinitätsstudie enthält leider keine detaillierte Aufbereitung der Daten nach Geschlecht.

(29%) als Mädchen (24%) geben an, ständige Raucher zu sein. Deutliche Unterschiede zeigen sich auch bei den Nierauchern: Während 43% der Mädchen angeben, noch nie eine Zigarette geraucht zu haben, sind es bei den Jungen nur 34%.

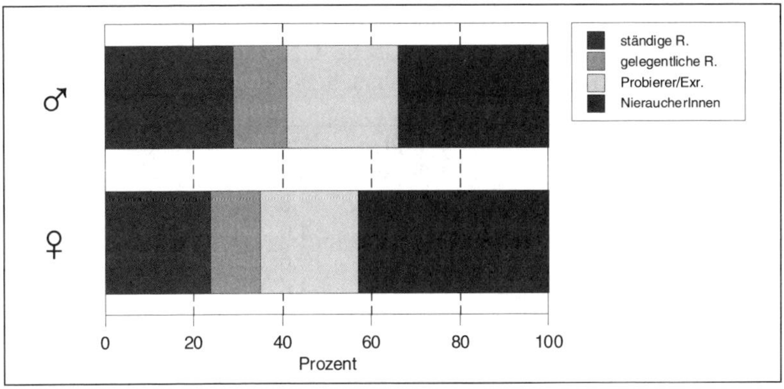

Abbildung 3: Tabakkonsum in den alten Bundesländern 1993 nach Konsumstatus und Geschlecht in der Altersgruppe 12 bis 25 Jahre (Quelle: BZGA, 1994).

Auch bezüglich der Intensität des Konsums zeigen sich Unterschiede: Während männliche Raucher durchschnittlich 15.2 Zigaretten konsumieren, rauchen die Raucherinnen im Schnitt 13.7 Zigaretten pro Tag. Der Anteil derer, die mehr als 20 Zigaretten rauchen, ist bei den Jungen mit 39% höher als bei den Mädchen (31%; siehe hierzu auch SIMON, TAUSCHER & GESSLER, 1997).

Wie die Befragungen im Rahmen der Effektivitätsstudien der Bundeszentrale für gesundheitliche Aufklärung zeigen (BZGA, 1992), unterscheiden sich die Geschlechter auch in der Art der konsumierten Tabakprodukte. So rauchen mehr Jungen als Mädchen filterlose oder selbstgedrehte Zigaretten, während Mädchen leichte Zigaretten bevorzugen. Für den Tabakkonsum läßt sich also festhalten, daß die Geschlechtsunterschiede umso größer werden, je härter das Konsummuster und je älter die untersuchte Stichprobe ist (ähnliche Befunde, wenn auch z.T. für andere Altersgruppen oder regionale Stichproben, berichten u.a. BAYERISCHES STAATSMINISTERIUM FÜR ARBEIT UND SOZIALORDNUNG, FAMILIE, FRAUEN UND GESUNDHEIT, 1997; NORDLOHNE, 1992; für internationale Vergleichsdaten siehe TUDOR-SMITH, ROBERTS & KINGDON, 1999; KING, WOLD, TUDOR-SMITH & HAREL, 1996).

2.4 Schulformenspezifische Konsummuster

Die Studien der BZGA geben keine Auskunft über die schulformenspezifischen Muster des Tabakkonsums. Hierzu kann aber auf den Jugendgesundheitssurvey zurückgegriffen werden. Im Unterschied zu den zuvor genannten Studien ist hier die Altersspanne geringer, denn es wurden lediglich 12- bis 16jährige Jugendliche befragt. Tabelle 1 gibt den Anteil der Raucher, Probierer und Nieraucher in den einzelnen Schulformen wider.

	Hauptschule	Realschule	Gymnasium	Gesamtschule
NieraucherInnen	41,7	49,8	57,2	42,2
Probiert/ExraucherInnen	37,1	34,0	32,7	45,7
gelegentliche RaucherInnen	9,9	10,6	5,9	7,8
regelmäßige RaucherInnen	11,3	5,6	4,2	4,3
	χ^2=46,78; Cramers v=.10, *p* .001			

Tabelle 1: Rauchstatus in der Altersgruppe 12 bis 16 Jahre nach Schulform (Jugendgesundheitssurvey, nur alte Bundesländer; Angaben in Prozent, N=1551)

Wie sich der Tabelle entnehmen läßt, ist der Anteil der Nieraucher mit 57,2% im Gymnasium am größten, mit 41,7% ist er in der Hauptschule am geringsten. Ein umgekehrtes Ergebnis zeigt sich bei den regelmäßigen Raucherinnen und Rauchern: Ihr Anteil ist in der Hauptschule mit 11,3% am größten und mit 4,2% im Gymnasium am geringsten. Real- und Gesamtschulen nehmen eine mittlere Position ein. Die Unterschiede sind statistisch signifikant.

2.5 Tabakkonsum nach Geschlecht, Jahrgangsstufe und Schulform

Wie die Analysen gezeigt haben, steigt der Tabakkonsum nicht nur mit dem Alter an, es finden sich zudem höhere Prävalenzraten bei den Jungen und den HauptschülerInnen. Um differentiellen Effekten nachzuspüren, wurden die Daten des Jugendgesundheitssurveys nach Geschlecht, Schulform und Jahrgangsstufe ausgewertet. In Tabelle 2 sind die Ergebnisse detailliert aufgeführt, Abbildung 4 illustriert zudem für die einzelnen Subgruppen den Anteil der Jugendlichen, die noch nie geraucht haben.

		Hauptschule			Realschule			Gymnasium		
		7.	8.	9.	7.	8.	9.	7.	8.	9.
Mädchen	nie geraucht	55,0	42,3	33,8	63,6	53,8	44,4	66,7	60,7	47,3
	probiert/ Exraucherin	31,3	35,9	32,4	24,7	29,5	25,9	28,4	26,2	35,5
	gelegentliche Raucherin	10,0	9,0	13,2	11,7	9,0	21,0	4,9	8,3	6,5
	regelmäßige Raucherin	3,8	12,8	20,6	0,0	7,7	8,6	0,0	4,8	10,8
Jungen	nie geraucht	49,4	36,6	34,0	54,2	45,1	35,4	71,1	53,8	43,4
	probiert/ Exraucher	42,2	41,9	37,2	41,7	43,7	41,5	24,1	38,5	44,7
	gelegentlicher Raucher	4,8	11,8	10,6	1,4	5,6	13,8	1,2	5,1	9,2
	regelmäßiger Raucher	3,6	9,7	18,1	2,8	5,6	9,2	3,6	2,6	3,6

Tabelle 2: Rauchstatus in der Altersgruppe 12 bis 16 Jahre nach Geschlecht, Schulform und Jahrgangsstufe (Jugendgesundheitssurvey; N=1435; Angaben in Prozent)

Die Abbildung verdeutlicht, daß die Zahl der NieraucherInnen in allen Schulformen und bei beiden Geschlechtern von der 7. bis zur 9. Jahrgangsstufe kontinuierlich abnimmt. Die Differenz beträgt von der 7. bis 9. Klassenstufe jeweils etwa 20 Prozentpunkte und ist damit die entscheidende Variable für die Beschreibung der Prävalenzraten. Es wird ebenfalls deutlich, daß die Abstinenten unter den HauptschülerInnen seltener sind als in den beiden anderen Schulformen. GymnasiastInnen scheinen besonders geschützt zu sein: Der Anteil der NieraucherInnen ist hier in der 9. Klasse etwa so hoch wie in der Hauptschule in der 7. Klasse. Besonders gefährdet sind nach diesen Befunden vor allem die Hauptschülerinnen und Hauptschüler, denn sie weisen bereits in der 7. Klasse Konsummuster auf, die Schülerinnen und Schüler des Gymnasiums erst zwei Jahre später erreichen.

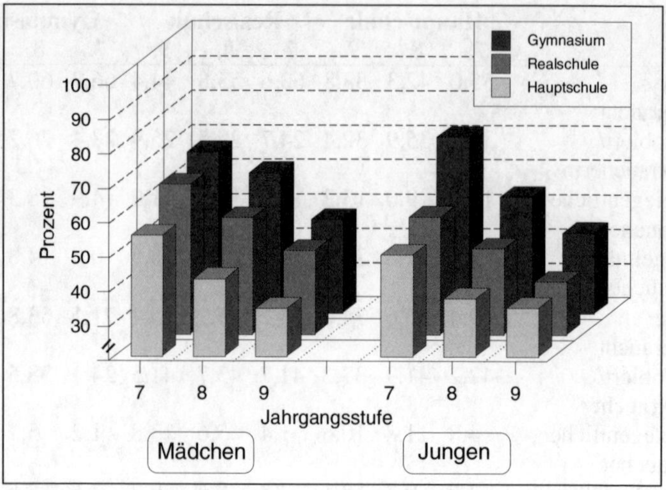

Abbildung 4: Anteil der Nieraucher nach Geschlecht, Jahrgangsstufe und Schulform in der Altersgruppe 12 bis 16 Jahre (Jugendgesundheitssurvey; N=1435)

Anmerkung: Da der Anteil der GesamtschülerInnen in der Stichprobe sehr gering ist, wird auf diese Subgruppe in der Darstellung verzichtet.

2.6 Beurteilung regelmäßigen Zigarettenkonsums durch Jugendliche

Um eine Einschätzung darüber zu erhalten, welches Image regelmäßige Raucherinnen und Raucher haben, wurde den Jugendlichen im Jugendgesundheitssurvey ein semantisches Differential mit zehn Gegensatzpaaren vorgelegt. Die Befragten wurden gebeten, auf einer fünfstufigen Skala jemanden zu beschreiben, der regelmäßig Zigaretten raucht. Im folgenden werden die Mittelwerte der NieraucherInnen (*n*=749) mit denen der regelmäßigen RaucherInnen (*n*=104) kontrastiert (vgl. Abbildung 5).

Während sich die Beurteilungen der NieraucherInnen mit zwei Ausnahmen (mutig/mutlos, risikofreudig/zurückhaltend) um den Skalenmittelpunkt bewegen, tendieren die regemäßigen RaucherInnen eher zum positiven Pol. Raucherinnen und Raucher beurteilen Raucher eher als anziehend und interessant, als entspannt, risikofreudig, aktiv und schwungvoll. Ähnlich wie die NieraucherInnen beurteilen sie Raucher als ungesund, allerdings fällt ihr Urteil moderater aus als das der NieraucherInnen. Nur bei einem Item unterscheiden sich die beiden Gruppen nicht signifikant voneinander: Raucher wie Nieraucher beurteilen regelmäßig rauchende Jugendliche als risikofreudig. Alle weiteren Gruppenunterschiede (*T*-Tests) sind auf dem 1%-Niveau signifikant.

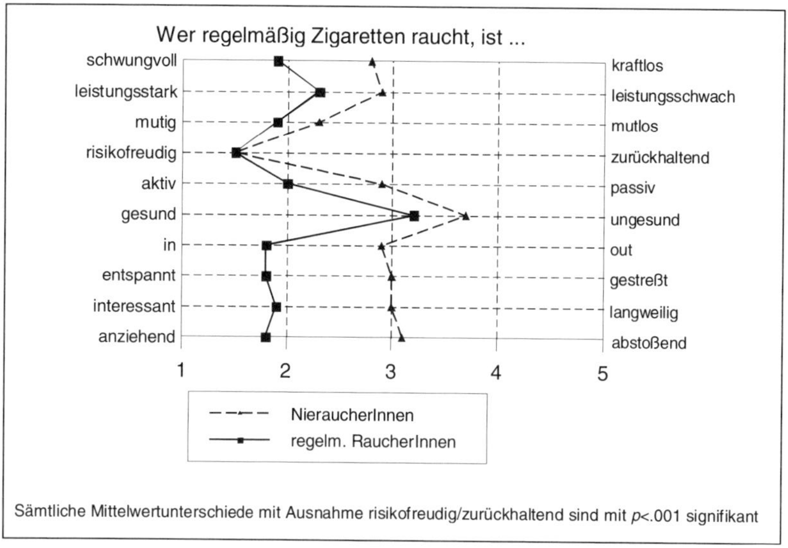

Abbildung 5: Beurteilung regelmäßiger ZigarettenraucherInnen durch NieraucherInnen und regelmäßige RaucherInnen (Jugendgesundheitssurvey)

3 Alkoholkonsum

3.1 Entwicklungstrends

Obwohl Deutschland weltweit nach wie vor an der Spitze beim Alkoholkonsum liegt (BREITENACHER, 1997), läßt sich für die Gruppe der Jugendlichen ein Rückgang der Konsumhäufigkeit in den letzten 20 Jahren beobachten. Abbildung 6 illustriert die Befunde der Drogenaffinitätsstudie zum Alkoholkonsum (BZGA, 1998). Hier zeigt sich, daß für alle Getränkearten die Prävalenzraten gesunken sind: Tranken 1973 noch 42% der 12- bis 25jährigen mindestens einmal pro Woche Bier, waren es 24 Jahre später nur noch 27%. Der regelmäßige Wein und Sektkonsum hat sich von 21% auf 10% halbiert, und auch der Konsum von Spirituosen ist von 17% auf 5% gesunken. Dieser Rückgang konzentriert sich nicht auf einzelne Altersgruppen, sondern läßt sich für jede Altersstufe aufzeigen.

Auffällig ist auch, daß sich der Alkoholkonsum in den vergangenen zehn Jahren von Werktagen auf das Wochenende verlagert hat. Den Jugendlichen scheint es zunehmend wichtig zu sein, in der Woche für ihren Arbeitsplatz (Schule oder Ausbildung) »fit« zu sein. Für diese These spricht auch, daß sich die Trinkmengen am Wochenende erhöht haben – vor allem bei den Spirituosen –, während die Menge des konsumierten Alkohols an den Werktagen abgenommen hat.

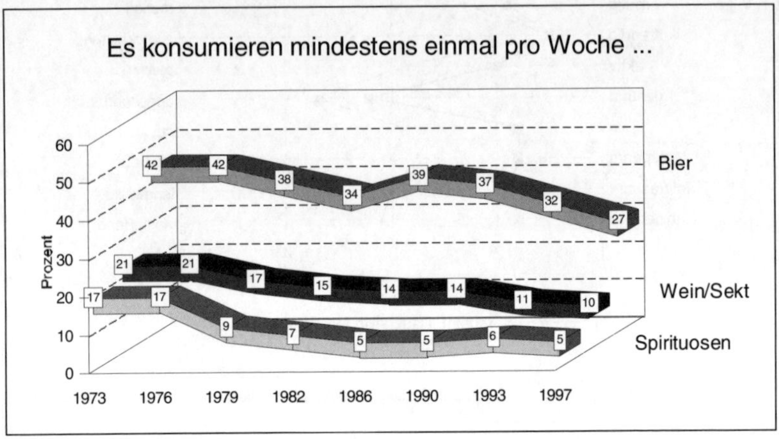

Abbildung 6: Entwicklung des Konsums von Bier, Wein/Sekt und Spirituosen in der Altersgruppe 12 bis 25 Jahre in den alten Bundesländern (Quelle: BZGA, 1998).

3.2 Altersspezifische Konsummuster

Ähnlich wie beim Tabakrauchen nimmt der Konsum von Alkohol mit dem Alter erwartungsgemäß zu, wie die Drogenaffinitätsstudie 1993 zeigt (BZGA, 1994).[4] Abbildung 7 zeigt den Anteil derjenigen, die in unterschiedlichen Altersgruppen mindestens einmal pro Woche Bier, Wein/Sekt oder Spirituosen trinken. Bei den 12- bis 13jährigen ist der Alkoholkonsum noch selten, aber bis zum 20. Lebensjahr steigen die Prävalenzraten für regelmäßigen Alkoholkonsum deutlich an. Die Bundeszentrale für gesundheitliche Aufklärung schloß 1994 aus ihren Befunden, daß der Einstieg in regelmäßi-

[4] Die Drogenaffinitätsstudie 1997 unterscheidet leider nur zwei Altersgruppen (12 bis 17 Jahre und 18 bis 25 Jahre); der altersspezifische Anstieg läßt sich aber erwartungsgemäß auch auf dem aggregierten Niveau beobachten.

gen Alkoholkonsum heute später erfolgt, daß sich die Konsumgewohnheiten aber schneller als früher stabilisieren.

Das am häufigsten konsumierte Getränk ist Bier. In der Altersgruppe 14 bis 17 Jahre trinken immerhin 18% der Jugendlichen regelmäßig Bier, bei den 18- bis 20jährigen sind es 41%. Der regelmäßige Weinkonsum steigt von 4% bei den 14- bis 17jährigen auf 14% bei den 18- bis 20jährigen. 5% der 14- bis 17jährigen und 8% der 18- bis 20jährigen geben an, mindestens einmal pro Woche Spirituosen zu konsumieren.

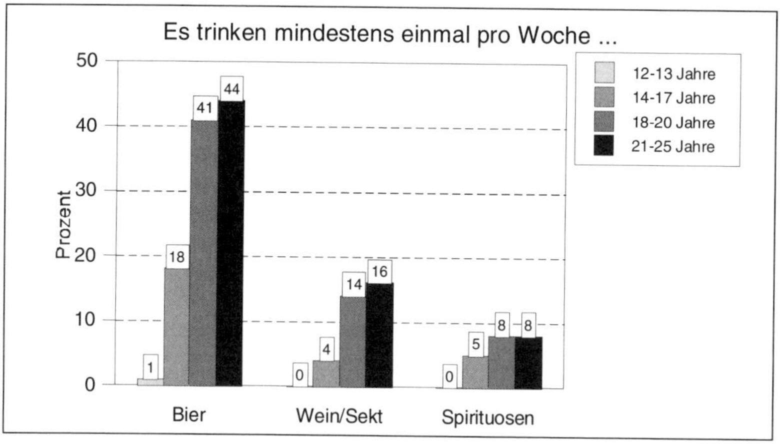

Abbildung 7: Mindestens wöchentlicher Konsum von Bier, Wein/Sekt und Spirituosen in den alten Bundesländern 1993 nach Altersgruppen (Quelle: BZGA, 1994).

3.3 Geschlechtsspezifische Konsummuster

Geschlechtsunterschiede lassen sich auf unterschiedlichen Ebenen identifizieren. Zum einen ist der Anteil derer, die überhaupt regelmäßig Alkohol trinken, bei den jungen Frauen geringer (BZGA, 1992). Zum anderen unterscheiden sich Mädchen und Jungen in den präferierten Alkoholsorten. Am auffälligsten ist der Unterschied beim Bierkonsum (vgl. Abbildung 8): Während 43% der Jungen und Männer zwischen 12 und 25 Jahren angeben, mindestens einmal pro Woche Bier zu trinken, sind es bei den Mädchen und Frauen nur 11% (BZGA, 1998). Beim Wein- und Sektkonsum überwiegen die Mädchen (14% bei den Mädchen vs. 6% bei den Jungen), während beim Spirituosenkonsum die Prävalenzraten der Jungen mit 8% dreimal so hoch sind wie jene der Mädchen (3%; ähnliche Befunde, wenn auch für z.T.

andere Altersgruppen oder regionale Stichproben, berichten z.B. BAYERISCHES STAATSMINISTERIUM FÜR ARBEIT UND SOZIALORDNUNG, FAMILIE, FRAUEN UND GESUNDHEIT, 1997; KOLIP, 1997; KRAUS & BAUERNFEIND, 1997; NORDLOHNE, 1992; für internationale Vergleichsdaten SIEHE TUDOR-SMITH, ROBERTS & KINGDON, 1999; KING, WOLD, TUDOR-SMITH & HAREL, 1996).

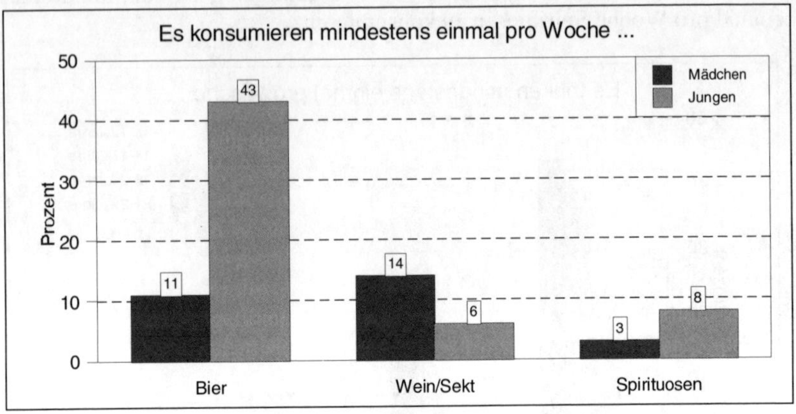

Abbildung 8: Mindestens wöchentlicher Konsum von Bier, Wein/Sekt und Spirituosen in den alten Bundesländern 1997 nach Geschlecht (Quelle: BZGA, 1998)

Weiterhin sind deutliche Geschlechtsunterschiede bei den alkoholbedingten Rauscherlebnissen zu beobachten (BZGA, 1998). 56% der 12- bis 25jährigen Mädchen hatten noch nie einen Rausch, bei den Jungen sind es nur 42%. Während 19% der Jungen angeben, häufiger als sechsmal einen Rausch gehabt zu haben, ist dieser Anteil mit 7% bei den Mädchen deutlich geringer. Dieser Unterschied zeigt sich bereits in den jüngeren Altersgruppen (vgl. KOLIP, 1997) und belegt die These HELFFERICHS (1994), daß der Jungenanteil umso größer ist, je härter das Konsummuster ist. Für diese These sprechen auch die Unterschiede im riskanten Konsum. So trinken mehr Jungen (20%) als Mädchen (1%) unter 20 Jahren mehr als 140g Alkohol pro Woche (BZGA, 1992). Auch beim Alkoholmißbrauch und der Alkoholabhängigkeit im Jugendalter zeigen sich ausgeprägte Geschlechtsunterschiede. So zeigt eine Studie des MAX-PLANCK-INSTITUTS FÜR PSYCHIATRIE an einer Münchner Stichprobe, daß 8,9% der 16- bis 17jährigen Jugendlichen nach den Kriterien des DSM-IV als alkoholmißbrauchend eingestuft werden müssen (HOLLY, TÜRK, NELSON, PFISTER & WITTCHEN, 1997). Das am häufigsten auftretende Symptom ist in dieser Altersgruppe der Alkoholgebrauch mit körperlicher Gefährdung. Das Geschlechterverhältnis in der Altersgruppe 14 bis 24 Jahre beträgt 1 : 3.4 zuungunsten der Jungen. Darüber hinaus werden 3,9% der 16- bis 17jährigen als alkoholabhängig diagnostiziert (Hauptsymptome: Toleranzentwicklung, Kontrollverlust). Das Geschlechterverhältnis beträgt in der Gesamtstichprobe 1 : 4.

3.4 Schulformenspezifische Konsummuster

Wider Erwarten lassen sich für die 12- bis 16jährigen Jugendlichen keine Unterschiede zwischen den verschiedenen Schulformen bei den allgemeinen Indikatoren des Alkoholkonsums feststellen. Tabelle 3 gibt zum einen den Anteil derer wider, die angeben, regelmäßig bzw. gelegentlich Alkohol zu trinken. Für den gelegentlichen Konsum zeigen sich zwar tendenziell höhere Prävalenzraten bei den Haupt- und RealschülerInnen, die Unterschiede erreichen jedoch nicht die statistische Signifikanzgrenze. Zum anderen wird der Anteil derjenigen Jugendlichen aufgeführt, die angeben, noch nie einen Rausch gehabt zu haben. Auch hier zeigen sich tendenzielle Unterschiede in der Richtung, daß der Anteil der Rauscherfahrenen bei den Haupt- und RealschülerInnen höher ist; aber auch für diesen Befund gilt, daß er statistisch nicht signifikant wird.

	Hauptschule	**Realschule**	**Gymnasium**	**Gesamtschule**	
regelmäßiger Konsum	2,4	1,6	1,8	0	χ^2=3,31; v=.04. n.s.
regelmäßiger und gelegentlicher Konsum	41,7	41,1	36,4	36,2	χ^2=3,96; v=.05. n.s.
nie einen Alkoholrausch gehabt	44,9	47,8	54,3	54,8	χ^2=4,37; v=.08. n.s.

Tabelle 3: Anteil der regelmäßigen und gelegentlichen AlkoholkonsumentInnen sowie der Jugendlichen, die noch nie einen Rausch hatten in der Altersgruppe 12 bis 16 Jahre nach Schulform (Jugendgesundheitssurvey, nur alte Bundesländer; Angaben in Prozent, N=1551)

3.5 Alkoholkonsum nach Geschlecht, Jahrgangsstufe und Schulform

Auch die Befunde zum Alkoholkonsum wurden im Jugendgesundheitssurvey nach Geschlecht, Jahrgangsstufe und Schulform ausgewertet. Tabelle 4 gibt den Konsumstatus wider, in Abbildung 9 ist der Anteil der Abstinenten aufgeführt.

Die Befunde verdeutlichen, daß auch für den Alkoholkonsum das Alter eine zentrale Rolle spielt. Der Anteil der Abstinenten sinkt von 30,8% bei den Siebtklässlern auf 9,7% bei den Schülerinnen und Schülern der 9. Klasse. Anders als beim Tabakkonsum ist die Schulform von geringerer Bedeutung, mit lediglich einer Ausnahme, die aber wahrscheinlich ein Zufallsergebnis ist: Bei den männlichen Schülern der 8. Klasse ist der Anteil der Abstinenten im Gymnasium wesentlich höher als in den anderen Schulformen.

		Hauptschule			Realschule			Gymnasium		
		7.	8.	9.	7.	8.	9.	7.	8.	9.
Mädchen	nie getrunken	25,0	21,8	4,4	31,2	20,5	7,4	28,4	13,1	9,7
	probiert	50,0	35,9	39,7	49,4	50,0	25,9	54,3	48,8	26,9
	gelegentliche/ regelmäßige Konsumentin	25,0	42,3	55,9	19,5	29,5	66,7	17,3	38,1	63,4
Jungen	nie getrunken	36,1	17,2	14,9	33,3	11,3	4,6	31,0	24,4	10,5
	probiert	34,9	41,9	27,7	43,1	49,3	24,6	51,2	51,3	32,9
	gelegentlicher/ regelmäßiger Konsument	28,9	40,9	57,4	23,6	39,4	70,8	17,9	24,4	56,6

Tabelle 4: Alkoholstatus in der Altersgruppe 12 bis 16 Jahre nach Geschlecht, Schulform und Jahrgangsstufe (Jugendgesundheitssurvey; N=1435; Angaben in Prozent)

Anmerkung: Da der Anteil der GesamtschülerInnen in der Stichprobe sehr gering ist, wird auf diese Subgruppe in der Darstellung verzichtet.

Zwar lassen sich für die Lebenszeitprävalenz keine schulformenspezifischen Unterschiede ausmachen, auf der Ebene der Frequenz der konsumierten Getränke zeigen sich aber Differenzen (siehe hierzu CZEKAY & KOLIP, 1996): So geben 13,6% der HauptschülerInnen an, mindestens einmal pro Woche Bier zu trinken, während es bei den GymnasiastInnen nur halb soviel Jugendliche sind (7,8%). Auch beim Spirituosenkonsum überwiegen die HauptschülerInnen im Vergleich zu den GymnasiastInnen (4,6% vs. 2,5% mindestens einmal wöchentlicher Konsum).

Für den Alkoholkonsum lassen sich interessante geschlechtsspezifische Variationen aufzeigen (siehe Abbildung 9). In der 7. Klasse ist in allen Schulformen der Anteil der abstinenten Jungen größer als der der abstinenten Mädchen. Besonders deutliche Unterschiede zeigen sich in der Hauptschule mit einer Differenz von mehr als 10 Prozentpunkten. Dieser Befund läßt sich darauf zurückführen, daß Mädchen durchschnittlich zwei Jahre früher in die Pubertät eintreten. Aufgrund dieses Entwicklungsvorsprungs orientieren sie sich in ihrem Kontakt mit Jungen an älteren Jugendlichen, die regelmäßigere Erfahrungen mit Alkohol haben und Mädchen in die Konsumgelegenheiten einbinden.

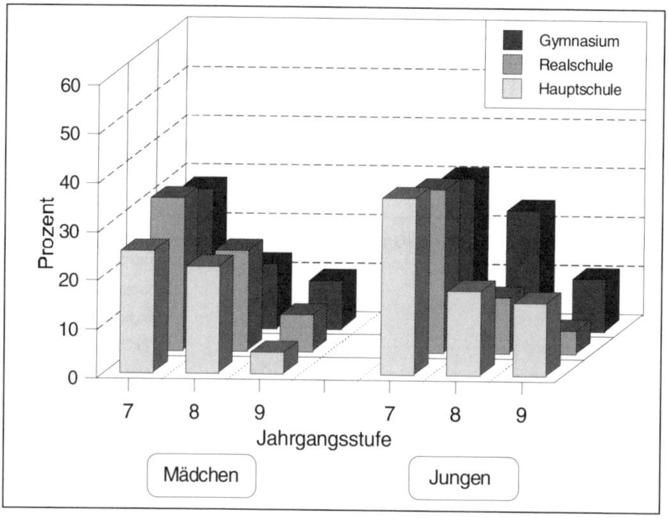

Abbildung 9: Anteil der Alkoholabstinenten nach Geschlecht, Jahrgangsstufe und Schulform in der Altersgruppe 12 bis 16 Jahre (Jugendgesundheitssurvey; N=1435)

3.6 Beurteilung regelmäßigen Alkoholkonsums durch Jugendliche

Wie beim Zigarettenkonsum erfaßten wir im Jugendgesundheitssurvey das Image des Alkoholkonsums mit einem semantischen Differential, das die gleichen Gegensatzpaare umfaßte. Im folgenden werden die Aussagen der abstinenten Jugendlichen (*n*=300) mit denen der regelmäßig Alkohol trinkenden Jugendlichen (*n*=28) kontrastiert (vgl. Abbildung 10).

Verglichen mit dem Image regelmäßiger RaucherInnen fällt die Beurteilung regelmäßiger AlkoholkonsumentInnen deutlich negativer aus. Die Einschätzung der regelmäßigen AlkoholkonsumentInnen liegen etwa in der Skalenmitte, während die Beurteilungen durch die Abstinenten negativ geprägt sind. Regelmäßig alkoholkonsumierende Jugendliche werden als abstoßend, langweilig, gestreßt, ungesund, passiv, leistungsschwach, kraftlos und out beschrieben. Mit Ausnahme eines Items (risikofreudig/zurückhaltend) unterscheiden sich die beiden Gruppen in ihren Urteilen signifikant voneinander ($p<.001$). Während gelegentlicher Alkoholkonsum gesellschaftlich gutgeheißen wird, erfahren regelmäßige KonsumentInnen durchaus negative Beurteilungen, da hier die Suchtkomponente offensichtlich anders als beim Tabakkonsum stärker betont und sanktioniert wird.

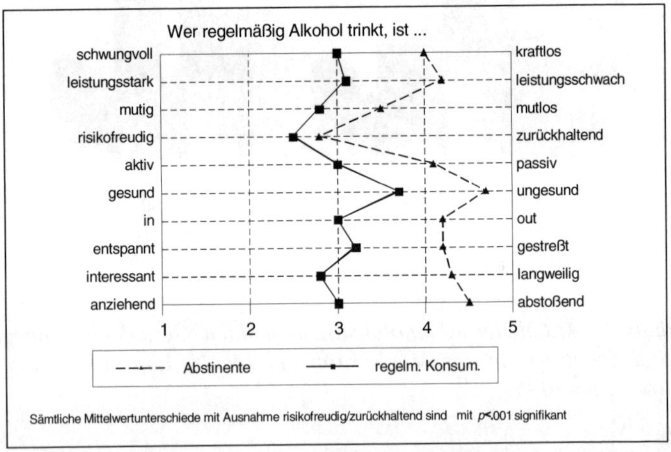

Abbildung 10: Beurteilung regelmäßiger AlkoholkonsumentInnen durch Abstinente und regelmäßige AlkoholkonsumentInnen (Jugendgesundheitssurvey)

4 Zusammenfassung

Die längsschnittlichen Analysen zeigen, daß sowohl der Alkohol- als auch der Tabakkonsum Jugendlicher in den vergangenen zwei Dekaden deutlich zurückgegangen ist. Bei einigen alkoholischen Getränken haben sich die Prävalenzraten sogar halbiert. Zudem ist sowohl für den Alkohol- als auch für den Tabakkonsum festzustellen, daß der Einstieg wesentlich später erfolgt und Jugendliche insgesamt moderatere Konsummuster aufzeigen.

Die Gründe für diesen Rückgang sind sicherlich vielfältig; inwieweit er auf den Erfolg gesundheitserzieherischer oder suchtpräventiver Bemühungen zurückzuführen ist, muß an dieser Stelle erst einmal offenbleiben, zumal der Anstieg der Raucherquoten von 1993 bis 1997 zu Skepsis Anlaß gibt. Zwar ist seit Ende der 80er Jahre – angeregt durch die Ottawa-Charta zur Gesundheitsförderung der Weltgesundheitsorganisation – ein »Boom« im Bereich schulischer Suchtprävention zu verzeichnen, dieser hat sich bislang jedoch kaum in den Prävalenzraten niedergeschlagen. Vielmehr scheinen sich die Konsummuster seit Mitte der 80er Jahre nur noch wenig zu verändern bzw. steigen beim Tabakkonsum in der jüngsten Zeit sogar an, während in den zehn Jahren zuvor deutliche Rückgänge zu beobachten waren. Die Reduzierung der Prävalenzraten geht vermutlich vor allem auf ein insgesamt verändertes Gesundheitsbewußtsein sowohl bei Erwachsenen als auch bei Jugendlichen zurück. Dieser säkulare Trend schlägt sich bei Erwachsenen allerdings nur im Zigaretten- nicht im Alkoholkonsum nieder. Hier spielt möglicherweise die breite Akzeptanz des Alkohols als legale Droge und die enge Einbettung des Alkoholkonsums in soziale Kontexte eine Rolle. Bei Jugendlichen haben sich die Konsumraten aber sowohl beim Tabak als auch beim Alkohol verändert. Während es in der Erwachsenenbevölkerung also kaum gelungen ist, andere Konsummuster bezüglich Alkohol zu etablieren, kann das geänderte Gesundheitsbewußtsein von Jugendlichen auf den Alkoholkonsum übertragen werden. Schulische und außerschulische Präventionskonzepte können sich diesen Trend zunutze machen und ihre Angebote in ein breiteres Konzept zur Förderung eines positiven Gesundheitsbewußtseins einbetten. Es ist allerdings fraglich, ob sich diese veränderten Konsumgewohnheiten der Jugendlichen bis ins Erwachsenenalter fortsetzen. Angesichts der gesellschaftlichen und sozialen Präsenz des Alkohols kann die Stabilität der Konsummuster bezweifelt werden. Vielmehr ist anzunehmen, daß sich spätestens mit dem vollständigen Eintritt in die Erwachsenenwelt (Erwerbstätigkeit, Familiengründung) regelmäßigere Konsummuster etablieren, da der soziale Druck, Alkohol zu konsumieren, mit der Änderung der sozialen Settings vermutlich zunimmt. Aus diesem Grund sollten Präventionsprogramme als ein weiteres Ziel die

Stabilisierung gemäßigter Konsummuster im Erwachsenenalter in ihren Zielkatalog aufnehmen.

Aus den dargestellten Ergebnissen läßt sich die Vermutung ableiten, daß der größte Teil der Jugendlichen heute einen weniger gesundheitsriskanten Umgang mit dem Körper pflegt. Zwar gibt es nach wie vor Subgruppen, die z.B. durch exzessiven Alkoholkonsum oder Gewalthandlungen auffallen, diese machen aber nur einen kleinen Teil dieser Bevölkerungsgruppe aus (siehe hierzu auch KOLIP, 1997). Der überwiegende Teil der Jugendlichen zeigt im Umgang mit den legalen Drogen moderate Konsummuster, die deutlich machen, daß die persönliche Fitness bei Jugendlichen eine große Bedeutung hat. Diese Annahme spiegelt sich in der negativen Bewertung des regelmäßigen Alkoholkonsums und im indifferenten Image des Zigarettenrauchens aus der Sicht der NieraucherInnen wider. Die positive Bewertung des Zigarettenrauchens durch die regelmäßigen RaucherInnen hingegen läßt sich zumindest zum Teil auf den Versuch der Reduktion kognitiver Dissonanz zurückführen. Möglicherweise geben sie aber auch Apriori-Bewertungsunterschiede wider, die die Schwelle zur Etablierung regelmäßiger Konsumgewohnheiten senken (siehe hierzu auch das Konzept der Tabakdistanz von KERSCH, 1998). Der auf den ersten Blick erstaunliche Befund, daß das Zigarettenrauchen insgesamt positiver bewertet wird als regelmäßiger Alkoholkonsum – obwohl der Alkoholkonsum im Jugendalter üblicher ist als der Konsum von Zigaretten –, ist wahrscheinlich auf die Formulierung der Items zurückzuführen. Der eigene Alkoholkonsum, selbst wenn er regelmäßig erfolgt, wird allenfalls als »gelegentlicher Konsum« wahrgenommen. Die Frage nach der Beurteilung von Personen, die regelmäßig Alkohol konsumieren wird hingegen wahrscheinlich auf Alkoholmißbrauchende und Alkoholabhängige bezogen. Die negativen Beurteilungen regelmäßigen Alkoholkonsums spiegeln also eher die Sanktionierung mißbräuchlicher Konsummuster als eine Wahrnehmung und Bewertung des eigenen Konsumverhaltens wider.

Auch wenn die Prävalenzraten rückläufig sind, bedeutet dies noch lange nicht, daß das »Präventionspotential« ausgeschöpft ist. Internationale Vergleichsstudien wie die Studie *Health Behavior in School-aged Children (HBSC)* belegen, daß Deutschland beim Tabakkonsum eine obere und beim Konsum von Alkohol eine mittlere Position einnimmt (KING et al., 1996; TUDOR-SMITH et al., 1999). Die in diesem Kapitel dargestellten Befunde zeigen, daß Präventionskonzepte vom Gießkannenprinzip Abstand nehmen und Differenzierungen einführen müssen – und zwar für Alkohol und Tabak in jeweils unterschiedlichen Bereichen. Für beide Substanzen ist der Faktor Alter relevant, aber während beim Alkohol das Geschlecht eine zentrale Rolle spielt, die darauf verweist, daß Jungen wesentlich häufiger zu riskanten Konsummustern neigen, lassen sich für den Tabakkonsum weitaus weniger Geschlechtsunterschiede ausmachen (auch wenn sie für die Härte des

Konsums nach wie vor bestehen). Für den Tabakkonsum ist die Schulform die bedeutsamere Variable. Der Befund, daß regelmäßige und gelegentliche RaucherInnen in Hauptschulen doppelt so häufig anzutreffen sind wie in Gymnasien, spricht dafür, die Kontextabhängigkeit des Zigarettenkonsums stärker in den Blick zu nehmen. Dabei ist weniger die Schulform selbst die zentrale Variable, sondern sie spiegelt soziale Milieus wider, die ihrerseits ein wichtiger Einflußfaktor für den Konsum sind.

Für beide Substanzen gilt, daß der Konsum mit dem Alter zunimmt. Die ersten Erfahrungen mit regelmäßigem – wenn auch nur gelegentlichem – Konsum scheinen nach den vorliegenden epidemiologischen Befunden beim Alkohol etwas früher zu erfolgen, wie Konsumerfahrungen mit Alkohol überhaupt üblicher sind als Erfahrungen mit Tabakprodukten. Nach dem 13. Lebensjahr nimmt der Anteil der regelmäßig Alkohol oder Tabak konsumierenden Jugendlichen deutlich zu. Dies bestätigt die Strategie, spätestens in der 5. Jahrgangsstufe mit präventiven Interventionen zu beginnen. So wird es möglich, bereits vor dem Einstieg in regelmäßigen Konsum Grund zu legen für einen angemessenen, regelgeleiteten Umgang mit Alkohol bzw. für eine Stabilisierung der Tabakabstinenz.

5 Literatur

BAYERISCHES STAATSMINISTERIUM FÜR ARBEIT UND SOZIALORDNUNG, FAMILIE, FRAUEN UND GESUNDHEIT. (1997). *Gesundheitsverhalten von Jugendlichen in Bayern.* München: Bayerisches Staatsministerium für Arbeit und Sozialordnung, Familie, Frauen und Gesundheit.

BREITENACHER, M. (1997). Alkohol. Zahlen und Fakten zum Konsum. In Deutsche Hauptstelle gegen die Suchtgefahren (Hrsg.), *Jahrbuch Sucht '98* (S. 9-18). Geesthacht: Neuland.

BZGA – BUNDESZENTRALE FÜR GESUNDHEITLICHE AUFKLÄRUNG (1992). *Aktionsgrundlagen 1990 der BzgA. Teilbände Rauchen, Alkoholkonsum.* Köln: BzgA.

BZGA – BUNDESZENTRALE FÜR GESUNDHEITLICHE AUFKLÄRUNG (1994). *Die Drogenaffinität Jugendlicher in der Bundesrepublik Deutschland. Wiederholungsbefragung 1993/94.* Köln: BzgA.

BZGA – BUNDESZENTRALE FÜR GESUNDHEITLICHE AUFKLÄRUNG (1998). *Die Drogenaffinität Jugendlicher in der Bundesrepublik Deutschland 1997. Eine Wiederholungsbefragung der Bundeszentrale für gesundheitliche Aufklärung.* Köln: BzgA.

CZEKAY, S. & KOLIP, P. (1996). Geschlechts- und schulformspezifischer Alkoholkonsum 12- bis 16jähriger Jugendlicher: Prävalenz, Konsummuster und Einstiegsalter. *Sucht, 42*, 20-29.

FISCHER, V. & RÖHR, M. (1998). Jugendlicher Alkoholkonsum: Gibt es ein suchtprotektives Persönlichkeitsmuster? In P. Kolip (Hrsg.), *Programme gegen Sucht* (S. 183-195). Weinheim: Juventa.

HELFFERICH, C. (1994). *Jugend, Körper und Geschlecht. Die Suche nach sexueller Identität.* Opladen: Leske & Budrich.

HOLLY, A., TÜRK, D., NELSON, C.B., PFISTER, H. & WITTCHEN, H.-U. (1997). Prävalenz von Alkoholkonsum, Alkoholmißbrauch und –abhängigkeit bei Jugendlichen und jungen Erwachsenen. *Zeitschrift für Klinische Psychologie, 26*, 171-178.

HURRELMANN, K. (1998). Tabakprävention und Tabakentwöhnung bei Kindern und Jugendlichen. *Sucht, 44*, 4-14.

KERSCH, B. (1998). »Tabakdistanz« – ein Evaluationskriterium unterrichtlicher Suchtpräventionsmaßnahmen bei 13- bis 16jährigen Schülerinnen und Schülern. *Sucht, 44*, 15-25.

KING, A., WOLD, B., TUDOR-SMITH, C. & HAREL, Y. (1996). *The health of youth. A cross-national survey*. Kopenhagen: World Health Organization.

KOLIP, P. (1997). *Geschlecht und Gesundheit im Jugendalter. Die Konstruktion von Geschlechtlichkeit über somatische Kulturen.* Opladen: Leske & Budrich.

KRAUS, L. & BAUERNFEIND, R. (1997). Konsumtrends von illegalen Drogen und Alkohol in der Bevölkerung 1990 – 1995. In Deutsche Hauptstelle gegen die Suchtgefahren (Hrsg.), *Jahrbuch Sucht ´98* (S. 103-122). Geesthacht: Neuland.

NORDLOHNE, E. (1992). *Die Kosten jugendlicher Problembewältigung. Alkohol-, Zigaretten- und Arzneimittelkonsum im Jugendalter.* Weinheim: Juventa.

SILBEREISEN, R.K. (1998). Differenzierungen und Perspektiven für Prävention aus entwicklungspsychologischer Sicht. In P. Kolip (Hrsg.), *Programme gegen Sucht* (S. 70-85). Weinheim: Juventa.

SIMON, R., TAUSCHER, M. & GESSLER, A. (1997). *Suchtbericht Deutschland 1997*. Baltmannsweiler: Schneider.

TUDOR-SMITH, C., ROBERTS, C. & KINGDON, A. (1999). Die Prävalenz von Alkohol und Tabakkonsum im Jugendalter: Internationale Perspektiven. In P. Kolip (Hrsg.), *Programme gegen Sucht* (S. 137-152). Weinheim: Juventa.

VON STÜNZNER, W. (1992). *Psychosoziale Bedingungen des Rauchens. Sekundärstatistische Analysen von Querschnittserhebungen zum Tabakrauchen zum Verständnis der Veränderung von Prävalenzraten.* Frankfurt/M.: Peter Lang.

Zum Drogenkonsum bei der Schuljugend in den neuen Bundesländern

Harry Müller

Seit der Einheit bewirkte der gesellschaftliche Transformationsprozeß in den neuen Bundesländern unter der dortigen Bevölkerung erwartungsgemäß verschieden geartete Wandlungen bei sozial vermittelten individuellen Verhaltensweisen. Von Anfang an war das auch hinsichtlich des Gebrauchs von Alltagsdrogen, insbesondere von illegalen Drogen durch Jugendliche zu befürchten. Für Haschisch, Heroin und andere illegale Drogen gab es für junge Leute in der ehemaligen DDR bis 1990 keinen Markt. Nun aber war mit der Übernahme von Daseinsbedingungen, wie sie sich bis dato in den alten Bundesländern für die Bevölkerung boten, auch im Osten zu rechnen. Viele staatlich verordnete Hemmschwellen entfielen, das Gefühl neuer individueller Freizügigkeiten machte auch Bahn für »westlich« orientierte Verbrauchsgewohnheiten, wie sie besonders für Jugendliche attraktiv sein konnten. Das bezog sich erstrangig auf moderne Formen der Motorisierung und des Besitzes von High-Tech-Geräten zur Nutzung von Medienangeboten bei der Freizeitgestaltung sowie auf modische Kleidung. Die neuen Chancen und Risiken in der Lebensgestaltung, die durch alternative Konsumorientierungen und eine wirksame Werbung möglich wurden, ließen aber auch bei jüngeren Gruppen der Jugend einen Anstieg in der Nutzung von freigehandelten Drogen, beispielsweise von Tabak und Alkohol vermuten. Bei diesen Substanzen war es zumindest innerhalb der Schuljugend bis zum Ende der DDR-Zeit zu einer gewissen Beruhigung in der Zuwendungsbereitschaft gekommen (vgl. die Datennachweise beim Zigaretten- und Alkoholgebrauch weiter unten). Aus dem zu erwartenden neuen Negativtrend ergab sich zwingend die gesellschaftliche Erfordernis breit angelegter Vorsorgemaßnahmen im Schuljugendalter. Dazu zählt auch die planmäßige Prävention im Rahmen von Gesundheitsförderung in den allgemeinbildenden Schulen. Hier bot sich der versuchsweise praktische Einsatz einschlägiger Programme an, die in den alten Bundesländern entwickelt und erprobt worden waren. Damit verknüpft war die Möglichkeit, ihre Anwendung im Osten mit Blick auf Praktikabilität und Wirkung wissenschaftlich zu begleiten. So wurden an der Universität Leipzig in Kooperation mit der Universität Bielefeld bereits 1992 Forschungsprojekte der DFG (SONDERFORSCHUNGSBEREICH 227) ins Leben gerufen, die im Rahmen von drei dreijährigen Förderphasen das Ziel verfolgten, eine auf längere Zeit angesetzte Evaluation von unterrichtlichen Präventionsprogrammen vorzunehmen. Zielgruppen waren Kinder und Jugendliche unterschiedlicher Alterspositionen (10 bis 16 Jahre) an Regelschulen (Mittelschulen und Gymnasien) im Freistaat Sachsen. Die empirischen Begleituntersuchungen waren strukturell wie inhaltlich an den Gegenständen der Programmevaluation orientiert. Neben Analysen zur sozialen und personalen Bedingtheit des Substanzkonsums wurde auch der Gebrauch von Drogen in regelmäßigen Abständen eingeschätzt. Die epidemiologischen Analysen im Altersverlauf waren als solche nur wissenschaftliche Begleitmaßnahmen, stellten aber eine wichtige Bezugsebene bei der Wirkungseinschätzung präventiver Maßnahmen dar. Die vorgefundenen Meßergebnisse zum Gebrauch von Substanzen wie Tabak, Alkohol und illegalen Drogen wurden als wesentliche Evaluationskriterien genutzt. Sie erwiesen sich als geeignet, präventive Wirkungen im Zeitraum des Programmeinsatzes summativ exakt zu bestimmen (vgl. PETERMANN, MÜLLER, KERSCH & RÖHR, 1997; PETERMANN & FISCHER, dieser Band). Die im folgenden vorgestellten Forschungsergebnisse beziehen sich allesamt auf die in Leipzig vorgenommenen Messungen, sind also nur bedingt auf die Gesamtsituation in den neuen Bundesländern übertragbar. Diese Begrenztheit bietet allerdings den Vorteil einer exakten Vergleichbarkeit der gefundenen Daten. Sie lassen Aussagen zum Gebrauchsverhalten Schuljugendlicher bis zum 16. Lebensjahr (Klasse 10) zu.

1 Untersuchungsdesign

Entwicklungspsychologisch relevant sind die Meßreihen insbesondere dann, wenn sie Aussagen über den *intra*individuellen Verlauf der Gebrauchsgewohnheiten gestatten, wie dies bei Längsschnittstudien der Fall ist. Auch Evaluationsstudien zu Programmwirkungen kommen nicht ohne Anwendung einer personbezogenen Längsschnittstrategie aus. Bereits in den Studien zur dritten Förderphase (1992-1994) zeigte sich bei der Fortführung der Analyse von zwei Geburtsjahrgängen (Kohorten), daß epidemiologische Daten nicht einfach dem Lebensalter (Klassenstufe) zugeordnet werden können. Eine determinierende Funktion haben auch der Geburtenjahrgang selbst mit je spezifischen Lebenserfahrungen der zugehörigen Individuen im Entwicklungsverlauf bis zum Zeitpunkt der Messung sowie die Situationskennzeichen (z.B. Bildungsweg, aktuelle Freizeitangebote, Gewohnheiten im sozialen Umfeld, psychosoziale Belastungen, Konsumangebote), die das Verhalten zum Zeitpunkt der Messung bestimmen. Jahrgang und Meßzeitpunkt sind zeitgeschichtlich bedingte Phänomene. In der Entwicklungspsychologie spielte die Diskussion um den Zusammenhang von Alter, Meßzeitpunkt und Kohorte seit den siebziger Jahren eine zunehmende Rolle. In den wissenschaftlichen Überlegungen setzte sich seitdem die Forderung durch, Entwicklungsmessungen in den Kontext einer Strategie von Kohortensequenzanalysen einzuordnen (vergl. BALTES & NESSELROADE, 1979; WOHLWILL 1977). Die vom Leipziger Forschungsprojekt initiierten Forschungen waren einer solchen Strategie traditionell verpflichtet, zugleich bot eine mehr als sechsjährige Forschungstätigkeit die seltene Chance, einen häufig nur theoretisch postulierten Ansatz auch praktisch zu realisieren. In zwei Förderphasen des Sonderforschungsbereiches 227 kamen seit 1993 vier Längsschnitte aus vier Kohorten der Jahrgänge 1978, 1980, 1982, 1984 mit je 2 bis 4 Schuljahresendmessungen bei den sechsjährlichen Meßzeiträumen 1993 bis 1998 zustande (vgl. Abbildung 1). In der Regel erfolgten die Programminterventionen in der Mitte eines Schuljahres, was je eine Messung vor und eine nach den Eingriffen erforderlich machte. Dem Ansatz zufolge lassen sich epidemiologische Merkmale in drei verschiedenen Entwicklungsformen analysieren:

1. Nach Alter und Kohorte, wenn man den Zeitpunkt der Messung nicht berücksichtigt (Vergleich von Längsschnitten);
2. Nach Alter und Meßzeitpunkt, wenn man die Kohorte nicht berücksichtigt (Quersequenz);
3. Nach Kohorte und Meßzeitpunkt, wenn man das Alter nicht berücksichtigt (time-lag oder Zeitwandel).

In den folgenden Analysen finden hauptsächlich kohortensequentielle und testzeitsequentielle Darstellungen Berücksichtigung (s. Abbildungen 2 bis 4).

- Bei den *Kohortensequenzen* kommt es darauf an, wie sich ein bestimmtes Gebrauchsverhalten der Stichprobe einer Kohorte von der Ausgangslage an über die verschiedenen Klassenstufen hin in Relation zu den Werten einer vergleichbaren Kohorte entwickelt. Beispielsweise geht es hier um einen Vergleich des Längsschnitts der Klassen 7 bis 9 des Jahrgangs 1980 mit dem Längsschnitt der Klassen 7 bis 9 des Jahrgangs 1982 in den einzelnen Alterspositionen: Klasse 7, Klasse 8, Klasse 9.
- Bei den *Testzeitsequenzen* wird untersucht, welches Gebrauchsverhalten Probanden einer bestimmten Alterstufe zu unterschiedlichen Testzeitpunkten haben. Dabei kann nicht berücksichtigt werden, welche Kohortenbesonderheiten den Variationen zugrunde liegen. Diese Art Analysen geben aber in besonderer Weise darüber Auskunft, welchen Einfluß zeitgeschichtliche (transformationsbezogene) Bedingungen auf das Gebrauchsverhalten haben.

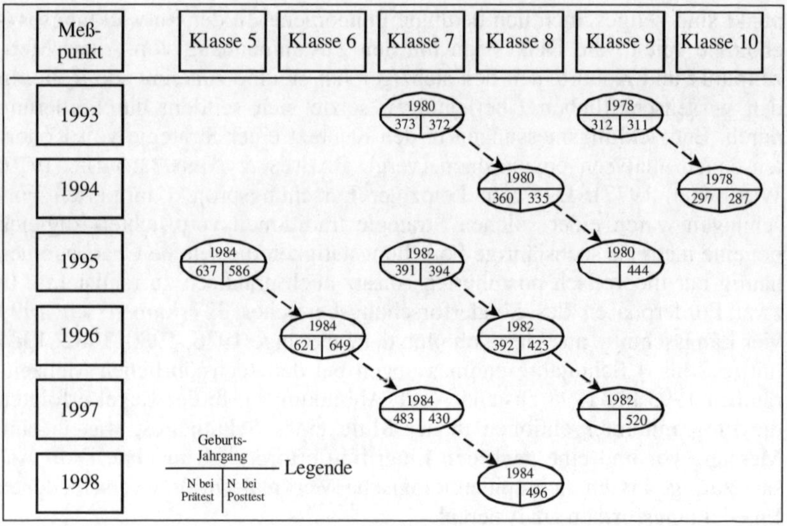

Abbildung 1: Leipziger Untersuchung von 1993 bis 1998 nach Prinzipien einer Kohorten-Sequenz-Analyse

Im folgenden soll dies bildhaft am Beispiel des Tabakrauchens, des Alkoholtrinkens und bestimmten Beziehungen zu illegalen Drogen veranschaulicht werden. Wie bereits erwähnt, werden als jährliche Meßpunkte die Untersuchungsergebnisse am *Ende einer Klassenstufe* herangezogen.

2 Zigarettenrauchen

Rückblick: Eine Analyse des Zigarettenrauchens unter der Schuljugend aus der Zeit vor der Wende, die vom damaligen LEIPZIGER ZENTRALINSTITUT FÜR JUGENDFORSCHUNG (ZIJ) erarbeitet wurde, macht deutlich, daß gewohnheitsmäßiges Rauchen vor allem bei Schülerinnen und Schülern in den siebziger und Anfang der achtziger Jahre schon einmal auffällig zugenommen hatte, was vor allem auf die Verhaltensänderungen der Mädchen zurückzuführen war. In Tabelle 1 geht es um die Entwicklung des Rauchens unter der Schülerschaft von Klassenstufe 8 bis Klassenstufe 10 im Ergebnis von zwei umfangreichen Längsschnittstudien. Der erste Längsschnitt erfaßt eine Kohorte, die sich 1970 in der 8. Klasse befand (Geburtsjahrgang 1956 – Intervallstudie 1), der zweite Längsschnitt (Geburtsjahrgang 1966 – Intervallstudie 2) betrifft eine 10 Jahre später geborene Kohorte, die sich 1981 in der 8. Klasse befand (vgl. REIßIG 1989, S. 221). Hier wird deutlich:

Die jüngere Kohorte hatte bereits in Klasse 8 einen Anteil von 11% täglich Rauchenden und erreichte bei 16jährigen in Klasse 10 ein Gewohnheitsraucherpotential von 40%. Zehn Jahre zuvor hatten sich Gleichaltrige nur zu 14% zu einem solchen Rauchertyp entwickelt. Demnach war es schon zu Beginn der achtziger Jahre auf dem Hintergrund veränderter Rauchgewohnheiten in der Gesellschaft zu einem historisch begründeten Schub gekommen, der damals den Anstoß zum Start geeigneter Präventivmaßnahmen gab.

Jahrgang	Klasse 8		Klasse 9		Klasse 10		N
	U.-Jahr	Raucher	U.-Jahr	Raucher	U.-Jahr	Raucher	
1956 gesamt	1970	6	1971	12	1972	14	1109
darunter:							
männlich		10		17		13	
weiblich		3		3		16	
1966 gesamt	1981	11	1982	23	1983	40	884
darunter:							
männlich		12		25		40	
weiblich		9		20		34	

Tabelle 1: Anteil der Gewohnheitsraucher in % unter Schülerinnen und Schülern in 8.-10. Klassen von Polytechnischen Oberschulen der DDR mit Kohortenvergleich der Geburtsjahrgänge 1956 und 1966 in den Untersuchungsjahren (U.-Jahr) 1970-72 und 1981-83

In Tabelle 2 werden ebenfalls einige Forschungsergebnisse aus den Jahren 1972 bis 1983 vorgestellt, die dem speziellen Vergleich des Gewohnheitsrauchens unter (15-16jährigen) Schülerinnen und Schülern aus 10. Klassen dienen. Nach 1983 zählte zwar das Rauchverhalten der Jugend auch weiter zu den Forschungsgegenständen des ZIJ, aber die Schülerschaft wurde leider nicht mehr einbezogen. Die Repräsentativuntersuchungen bei Schuljugendlichen setzten dann nochmals 1992 unter der Leitung des DEUTSCHEN JUGENDINSTITUTS E.V. (DJI), Außenstelle Leipzig, ein. In den Jahren danach gibt es lediglich eigene Untersuchungsergebnisse, wie sie in diesem Beitrag vorgestellt werden. Im Ergebnis der Studien bei über 16jährigen Jugendlichen stellte sich heraus, daß sich die bis Mitte der achtziger Jahre gewachsene Zahl der Gewohnheitsraucher bis zum Ende der DDR wieder rückläufig auf das Niveau von 1972 bewegte. Bestätigt wird dies durch die Befunde der Schülerstudie von 1992, wo die Quote der Gewohnheitsraucher bei 16% lag (siehe Tabelle 2). Diese recht positive Tendenz muß man den Auswirkungen von in breitem Umfang praktizierten Präventionsmaßnahmen zur Förderung des Nichtrauchens in der damaligen DDR zugute halten (vgl. REIßIG 1994). Es kam zur Verstärkung der öffentlichen Kontrolle des

Rauchens und des Verbots jeglicher Tabakwerbung einschließlich der strikten Untersagung des Verkaufs von Tabakwaren an Kinder und Jugendliche im staatlichen Einzelhandel.

Untersuchungsjahr:	1972	1978	1983	1992	1994
Gewohnheitsraucher [%]	24	36	40	16	27
N Stichprobe	948	1180	672	1054	287
Quelle	ZIJ	ZIJ	ZIJ	DJI	Uni Leipz.

Tabelle 2: 15-16jährige Gewohnheitsraucher vor und nach Vollzug der deutschen Einheit (Zeitreihenergebnisse bei Leipziger Schülerinnen und Schülern aus Klasse 10)

Und nun zu den eigenen epidemiologischen Forschungsergebnissen in den Kohorten-Sequenz-Analysen:

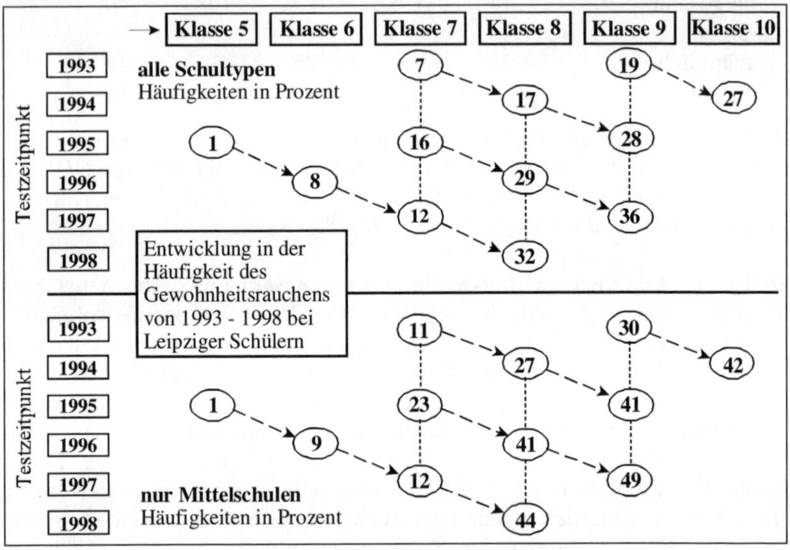

Abbildung 2: Entwicklungen in der Häufigkeit des Gewohnheitsrauchens 1993-1998

Der Gebrauch von Zigaretten nimmt im Beobachtungszeitraum, also von 1993 bis 1998, zu. Nach Abbildung 2 steigt beim *Jahrgang 1980* die Zahl der Schüler und Schülerinnen, die gewohnheitsmäßig (3-4mal wöchentlich oder fast täglich) rauchen, von 7% in Klasse 7 über 17% in Klasse 8 auf 28% in Klasse 9 an. Bei der Kohorte des *Jahrgangs 1982* zeigt sich ein

Wachstum von 16% in Klasse 7 über 29% auf 36% in Klasse 9. Hinsichtlich der Testzeitsequenzen ist aus Abbildung 2 zu erkennen, daß die Zahl der Raucher in den Schulaltersstufen der Klassen 8 und 9 signifikant anwächst, je später die Werte gemessen wurden.

Es muß angenommen werden: Jüngere Jahrgänge sind lebensaltersmäßig früher unter den freizügigen Bedingungen der Nachwendezeit aufgewachsen und haben daher zeitiger mit dem gewohnheitsmäßigen Rauchen begonnen. Am deutlichsten drückt sich dieser zeitgeschichtlich bedingte Wandel bei Jugendlichen aus, die eine Mittelschule (Kombination von Real- und Hauptschulzug) besuchen. In den 9. Klassen stieg hier die Zahl der Gewohnheitsraucher bei den Messungen in den Jahren 1993, 1995, 1997 von 28% über 41% auf 49% signifikant an. Beim jüngsten Jahrgang 1984 scheint sich diese rasante Vorverlagerung des Rauchverhaltens etwas zu beruhigen, zumindest gilt das für die Werte bis zur 7. Klasse.

Wie in jeder untersuchten Kohorte zeigen sich allerdings im Jahre 1998 im Längsschnitt gewaltige Steigerungen von 12% auf 32% von Klasse 7 zu Klasse 8 bei der Gesamtstichprobe (Mittelschulen: 12% auf 44%; darunter: Hauptschüler 72%, Realschüler 36%). Das scheint ein entwicklungstypischer Fakt zu sein, ein Ausdruck dafür, daß man wie bei den anderen Jahrgängen zuvor mit 14 Jahren »erwachsen« wird. Bei dieser Altersschwelle mag es sich um ein typisch ostdeutsch-traditionelles Entwicklungsphänomen handeln – obwohl diese Annahme an dieser Stelle nicht verifiziert werden kann. 1955 wurde nämlich in der damaligen DDR erstmalig als Veranstaltung für Vierzehnjährige die »Jugendweihe« eingeführt, an der in den Folgejahren ein Großteil der in Frage kommenden Jahrgangsangehörigen teilnahm. Die Jugendweihe markierte in ihren Inhalten die »Schwelle zum Erwachsensein«. Auch heute noch nehmen in den neuen Bundesländern, auch in Sachsen, große Teile der konfessionell nicht gebundenen Jugendlichen aus 8. Klassen an solchen Feierlichkeiten teil, wobei deren Inhalte die ehemals politisch-ideologische Zielrichtung verloren haben. Zugleich wird aus Abbildung 2 deutlich, welche Rolle der Bildungsgrad spielt (z.B. welcher Schultyp absolviert wird, welches Zensurenniveau besteht). Was aber die Kohortenunterschiede anbelangt, so muß zumindest davon ausgegangen werden, daß die später Geborenen auch weiterhin einen häufigeren Gebrauch von Zigaretten aufweisen. Die zeitgeschichtlich bedingte (durch den Transformationsprozeß ausgelöste) Progression scheint beim Rauchen tendenziell noch nicht zum Stillstand gekommen zu sein. Gleichgezogen haben vor allem wieder die Mädchen. Allerdings ist die Tendenz nicht mehr so augenfällig wie in den Jahren zuvor, aber dennoch bemerkenswert. Von den täglich Rauchenden in Klasse 8 konsumierten 1998 die Jungen im Mittel 11 Zigaretten, die Mädchen dagegen 9,7 Zigaretten täglich. Zwei Jahre zuvor rauchten die Mädchen in der gleichen Klassenstufe 8 im Mittel noch 8,9 Stück pro Tag. Es werden heute auch in anderen Klassenstufen insgesamt mehr Zigaretten geraucht als 1993. Die 15jährigen Gewohnheitsraucher (Klasse 9) konsumierten 1993 im Mittel täglich 9,7 Zigaretten, 1997 11 Zigaretten. Als Gewohnheitsraucher gilt ein Proband dann, wenn er im letzten Vierteljahr häufiger als dreimal wöchentlich oder täglich geraucht hat. Gelegenheitsraucher sind solche, die das im gleichen Zeitraum mehrmals monatlich bis zweimal in der Woche getan haben. Als Nichtraucher wurden diejenigen eingestuft, die angaben, in den letzten 3 Monaten absolut nicht geraucht zu haben. Über die Entwicklung des Nichtrauchens informiert Tabelle 3. Dazu ein Hinweis: In Klasse 5 der Kohorte 1984 haben im Jahr 1995 55% der Schüler und Schülerinnen keine Zigarettenerfahrungen. 35% der Befragten gaben an, zumindest probiert zu haben: 50% der Mittelschüler und 28% der Gymnasiasten; 56% der Jungen und 35% der Mädchen. 7% der Schülerinnen und Schüler der 5. Klasse rauchten gelegentlich und 1% regelmäßig.

Jahrgang	Klasse	5	6	7	8	9	10
1978	gesamt					**70**	**58**
darunter	männlich					*65	*56
	weiblich					78	61
1980	gesamt			**82**	**73**	**56**	
darunter	männlich			80	71	60	
	weiblich			86	75	49	
1982	gesamt			**73**	**55**	**51**	
darunter	männlich			76	*61	54	
	weiblich			71	47	48	
1984	gesamt	**90	**76**	**58**	**50**		
darunter	männlich	*85	74	*55	47		
	weiblich	96	78	62	53		

* Geschlechtsunterschiede sind signifikant
** in Klasse 5 Nichtraucher (einschließlich solcher, die schon mal probiert hatten)

Tabelle 3: Entwicklung des Nichtrauchens (Tabakabstinenz) von Klasse 5 bis Klasse 10 (1993-1998). Angegeben ist der Anteil der Nichtraucher in %.

Zur Unterstützung der präventiven Maßnahmen wurden zahlreiche Studien zur Analyse von *sozialen Bedingungen des Rauchverhaltens* durchgeführt. Danach spielt das Zigarettenrauchen zur subjektiven Bekräftigung des Sozialverhaltens in der Gleichaltrigengruppe in Verbindung mit dem Bedürfnis nach sozialer Geltung und Geselligkeit eine wichtige Rolle. Nicht unterschätzt werden darf in diesem Zusammenhang die Orientierung am sozialen Modell. Hier wirkt schon frühzeitig das Elternhaus als ein Initialfaktor, sowohl für Nichtrauchen als auch für das Gewohnheitsrauchen (siehe Tabelle

4). Je mehr Personen zu Hause rauchen, desto häufiger tun dies auch die Kinder der Familie. Nur bei 27% der Mittelschüler (11% der Hauptschüler) und bei 47% der Gymnasiasten wird zu Hause nicht geraucht. Erwartungsgemäß trifft dies auch auf die Freundschaftsbeziehungen der jungen Leute zu. Raucher bevorzugen Beziehungen, wo ebenfalls geraucht wird. Diese Verhältnisse wirken wiederum als Bedingungen für das individuelle Verhalten. Das Nichtrauchen erweist sich erneut in verstärktem Maße als wichtiges Präventionsziel.

zu Hause rauchen...	Rauchverhalten der Kinder [%]			N
	Nichtraucher	Gelegenheitsraucher	Gewohnheitsraucher	
alle / mehrere	35	12	53	165
einer	52	22	26	144
keiner	63	15	22	184
$p = .0000$ $\chi^2 = 59.0$				
unter den Freunden rauchen...				
alle	18	9	73	93
mehrere	43	21	36	271
einer	81	14	5	37
keiner	89	10	1	92
$p = .0000$ $\chi^2 = 164{,}0$				
gesamt	50	17	33	493

Tabelle 4: Rauchen im Elternhaus und im Freundeskreis als Bedingungen für das Rauchverhalten der Jugendlichen, Klasse 8/ 1998 – alle Schultypen

3 Alkoholgebrauch

Bereits zu DDR-Zeiten kam es in den siebziger und besonders in den achtziger Jahren innerhalb der Gesamtbevölkerung zu einem deutlichen Anstieg des Pro-Kopf-Verbrauchs an alkoholischen Getränken, verbunden mit einer Zunahme von Alkoholmißbrauch und Alkoholkrankheiten. Davon waren nach Studien des Zentralinstituts für Jugendforschung auch Jugendliche betroffen (vgl. REIßIG 1990, S. 118 ff.). Sozial unerwünschte Trinkgewohnheiten konnten vor allem bei männlichen Jugendlichen ab 17 Jahren (Lehrlinge in gewerblichen Berufen, junge Arbeiter in der Industrie, in der Bau- und Landwirtschaft) ermittelt werden. 1983 wurde bei Kindern und Jugendlichen aus Leipziger Schulen für den ersten nennenswerten Alkoholgenuß ein Durchschnittsalter von 12,4 Jahren bei den Jungen und 13,2 Jahren bei den Mädchen ermittelt. 1974 tranken nach einer Studie zum Gesundheitsverhalten von Jugendlichen nur 38% der Absolventen der 10. Klassen mindestens einmal wöchentlich Alkohol; 1983 betrug dieser Anteil in der Längsschnittstudie 2 bei einer vergleichbaren Altersgruppe bereits 52%. Beim Einstieg spielte das Bier als Durststiller und Stimmungsstimulator bei Geselligkeiten (vor allem in der eigenen Familie) eine erstrangige Rolle, die es auch nach der politischen Wende trotz eines veränderten Angebots an Alkoholika beibehielt. Als wesentliche Bedingungen für den mehr oder weniger verantwortungsbewußten Umgang mit Alkohol auf gesamtgesellschaftlicher Ebene wurden eine weitgehend stabile Angebotssituation und damit die ständige allgemeine Verfügbarkeit des Genußmittels Alkohol neben einem entsprechend geringen Problembewußtsein in der Bevölkerung genannt. 60% der Acht-und-Neun-Klässler hatten versucht, in Geschäften alkoholische Getränke zu kaufen, aber nur bei einem Viertel wurde durch die Verkäufer ordnungsgemäß die Vorlage des Personalausweises verlangt. Um die Wendezeit 1990 hatten sich die Gebrauchgewohnheiten beim Alkohol stabilisiert. In 8. Klassen konnte beim *Quartalsgebrauch aller alkoholischen Getränkearten* (Bier, Wein, Schnaps, Likör, Mischgetränke) lediglich ein Drittel aller Schülerinnen und Schüler als völlig abstinent gelten. Wie dies bei den Vierzehnjährigen aus nachwachsenden jüngeren Jahrgängen bestellt ist, beschreibt Tabelle 5. Mindestens ab 1996 gibt es in 8. Klassen im Quartalsmaßstab weniger Alkoholabstinente.

Jahrgang	Studie	Messung	Alkohol-Abstinente	darunter: männlich	darunter: weiblich
1976	ZIJ/DJI Leipzig	1991	35	35	34
1980	UNI Leipzig	1994	34	35	32
1982	UNI Leipzig	1996	27	28	27
1984	UNI Leipzig	1998	28	28	28

Tabelle 5: Anteil der Alkoholabstinenten (%) am Ende der 8. Klasse aus unterschiedlichen Jahrgängen und Meßzeitpunkten ab 1991 (alle Schultypen)

Zu den eigenen Forschungsergebnissen:
Am Ende der 5. Klasse gaben 1995 18% der Befragten an, noch nie und 77% nur »zu besonderen Anlässen« getrunken zu haben. Es ist also in der jüngsten untersuchten Altersposition von 95% relativer Abstinenz auszugehen. Bei 1% lag regelmäßiger Gebrauch vor. Dieser Anteil steigerte sich über 4% in der 6. Klasse und 6% in der 7. auf 9% in der 8. Klassenstufe.

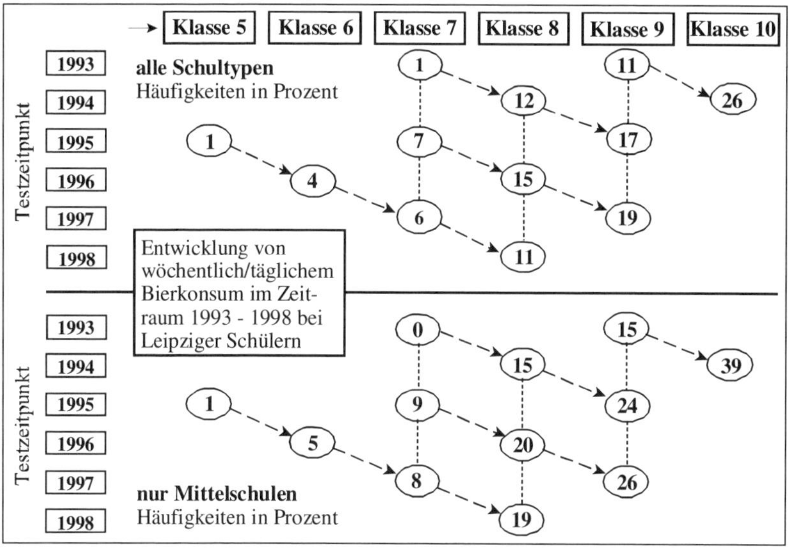

Abbildung 3: Entwicklung von wöchentlich/täglichem Bierkonsum 1992-1998

Die Verlaufscharakteristik für den Alkoholgebrauch ist im allgemeinen der des Zigarettenrauchens ähnlich. Die Entwicklung wird am Beispiel der Trinkfrequenz von Bier verdeutlicht (siehe Abbildung 3). Die Häufigkeiten regelmäßigen Biertrinkens [1-2mal wöchentlich bis fast täglich] nehmen im Altersverlauf zu: In der Kohorte 1980 von 1% über 12% auf 17%; in der Kohorte 1982 von 7% über 15% auf 19%. Aus diesen Ergebnissen der Kohortensequenz geht hervor, daß mit Klasse 8 generell eine starke Gebrauchsentwicklung einsetzt. Über dem Durchschnitt liegen die Verlaufstendenzen bei Mittelschülern, denen deshalb bei den Präventionsmaßnahmen besondere Aufmerksamkeit zu widmen war. Die Testzeitsequenzen sind Anlaß zur begründeten Vermutung, daß in der Nachwendezeit auch eine gewisse Vorverlagerung des Alkoholgebrauchs stattgefunden hat. In der Klassenstufe 9 lag die Biertrinkerquote in der Gesamtstichprobe 1993 bei 11%, 1995 bei 17% und 1997 bei 19%. Die Mittelschüler rangierten in derselben Zeitreihe mit 15%, 24%, 26%. Dieses bis 1996/97 beobachtete und zeitgeschichtlich bedingte Phänomen einer generellen Quotensteigerung ergibt sich beim Geburtenjahrgang 1984 (jüngste Kohorte) nicht mehr, was erwarten läßt, daß die Nachwende-Ausweitung, gemessen an der Häufigkeit regelmäßigen Biertrinkens, kohortensequentiell mittlerweile zum Stillstand gekommen ist. Der quantitative Sprung von Klasse 7 zu Klasse 8 kommt nach wie vor zum Ausdruck, aber in Klasse 8 der jüngsten Kohorte werden die zwei Jahre zuvor konstatierten Werte des Jahrgangs 1982 nicht überboten. Daß diese Erscheinung auf die zwischenzeitliche Tatsache eines insgesamt geringeren Bierkonsums in Deutschland nach 1994 zurückzuführen ist (vgl. BREITENACHER 1997, S. 14), kann allerdings nicht behauptet werden.

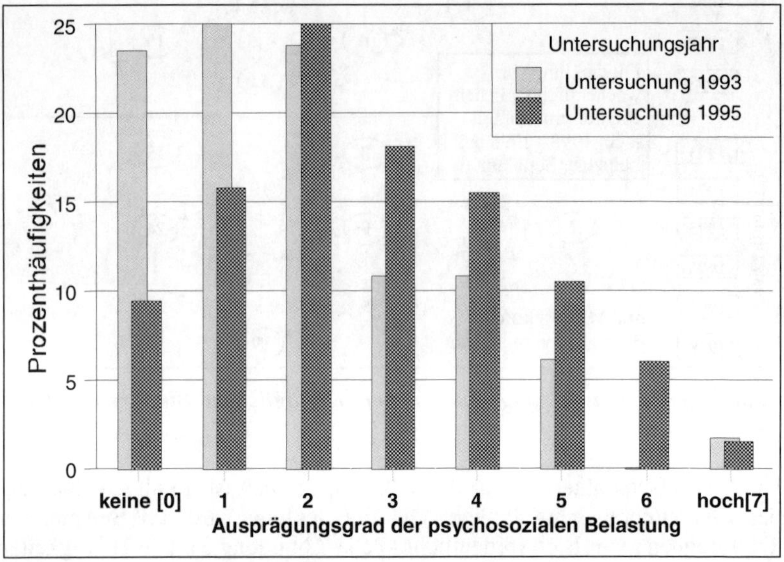

Abbildung 4: Psychosoziales Belastungserleben im Vergleich Mittelschulen, Klassenstufe 9, Untersuchungsjahre 1993 und 1995

Sicherlich spielen bei der deutlichen Vorverlagerung des Alkoholgebrauchs eine Vielzahl von Bedingungen eine Rolle. Makrosozial ist die gleichzeitige Verstärkung des Potentials an psychosozialen Belastungen bei jungen Leuten einzukalkulieren. Zwischen derartigen Belastungen und verstärktem Alkoholkonsum sind mehrfach Korrelationen nachgewiesen worden (vgl. MÜLLER & KERSCH 1996). Merkmale von empirisch erfaßten Belastungen sind: Schulstreß, schlechte Zensuren, häufige Auseinandersetzungen mit Lehrern, Streit im Elternhaus, ständiger Geldmangel, Selbstmordabsichten und unangenehme Lebensereignisse. »Vieltrinker« in 9. Klassen beispielsweise gehören mit einem Anteil von 35% zu den hoch Belasteten, während dies bei den Alkohol-Abstinenten nur 16% sind. 43% der Abstinenten weisen keinen Belastungspunkt auf. Selbstverständlich führt aber auch der eigene Alkoholkonsum in diesem Alter zu vielen Fehlverhaltensweisen, die zu Hause und in der Schule Probleme zur Folge haben.

Wie sich die Belastungen in ihrer Gesamtheit bei Mittelschülern der Klassenstufe 9 im Zeitvergleich von 1993 zu 1995 verstärken, zeigt die Abbildung 4. Sehr gut erkennbar ist eine stark nach rechts verschobene Verteilung der Werte von 1995. Rechts liegt der Punkt für extrem hohe Belastung. Maßgeblich beteiligt ist eine Merkmalsverstärkung bei Schulstreß, häuslichem Streit, Suizidabsichten, aber auch bei Zukunftssorgen und allgemeiner Lebensunzufriedenheit.

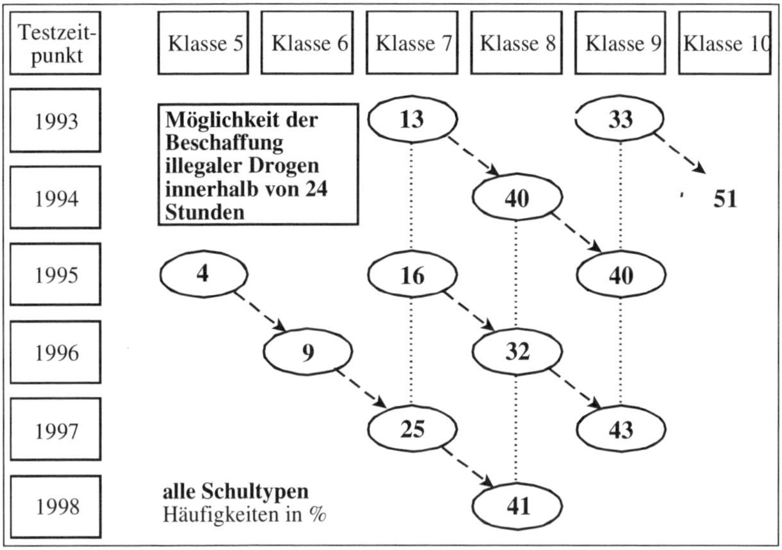

Abbildung 5: Entwicklung der Häufigkeit von Beschaffungsmöglichkeiten illegaler Drogen 1993-1998

4 Gebrauch illegaler Drogen

Das Interesse am Gebrauch von illegalen Drogen (Haschisch, Ecstasy) nimmt zu. Dabei üben frühe Erfahrungen mit Zigaretten eine stark vermittelnde Funktion aus. Das beginnt beim Wissen über eine Beschaffung dieser Substanzen (innerhalb eines Tages). 41% der Schüler und Schülerinnen aus 8. Klassen verfügten 1998 über solche Informationen. Bei denen, die 1995 in Klasse 5 bereits Gebrauchserfahrungen mit Zigaretten hatten, liegt der Anteil in Klasse 7 bei 24%, bei denen *ohne* solche Erfahrungen nur bei 13%. In Klasse 9 gaben 1997 43% der 15jährigen Jugendlichen (Klasse 9) an, sich kurzfristig illegale Drogen beschaffen zu können, 1993 waren das in der gleichen Altersposition erst 33%. Wie sich die Häufigkeiten bei der Beschaffungsmöglichkeit im gesamten Untersuchungszeitraum entwickelten, geht aus den Werten in Abbildung 5 hervor. An der Spitze der Beschaffungsquellen stehen Freunde, Cliquenmitglieder und Bekannte aus der Disko. In Klasse 7 (1997) sind 9% interessiert, *Haschisch* zu probieren. Das sind im Verhältnis zur 9. Klasse relativ wenig Jugendliche. Dort interessierten sich 1997 24% für ein Probieren von Haschisch. Als reale Probierer kommt selbstverständlich nur ein kleinerer Teil der Schüler und Schülerinnen in Frage. So hatten 1998 in den 8. Klassen 11% Haschischerfahrungen, aber nur 4% zählten zu den regelmäßigen Nutzern. Unter den SchülerInnen, die in der 5. Klasse bereits geraucht hatten, äußerten in der 7. Klasse 18% das Bedürfnis, Haschisch zu probieren; unter den ehemaligen Nichtrauchern jedoch nur 3%.

Klasse	Meßpunkt Monat/Jahr	Neugier: Wirkung von Ecstasy kennenlernen [%]	Interesse: kostenloses Ecstasy probieren [%]
Geburtsjahrgang 1984			
6	07/96	15,1	7,8
7	07/97	26,0	17,9
8	07/98	30,1	18,6
Geburtsjahrgang 1982			
8	07/96	30,3	19,9
9	07/97	28,0	24,1

Tabelle 6: Entwicklung der Affinität zu Ecstasy (Neugier und Interesse); alle Schultypen

Ähnlich sind die Entwicklungsbedingungen bei der Affinität zu *Ecstasy*. Dieses Merkmal wurde von Klasse 6 an diagnostiziert und erlaubt eine Beschreibung der Gebrauchsentwicklung von einem relativ frühen Stadium an (Tabelle 6). Vor 1996 hatte Ecstasy in den neuen Bundesländern nur eine geringe bis gar keine Rolle gespielt; 1998 haben bereits 4% der Angehörigen aus 8. Klassen Gebrauchserfahrungen mit Ecstasy. Diese relativ niedrigen Häufigkeiten dürfen nicht darüber hinwegtäuschen, daß bei größeren Gruppen der Schuljugend eine ernstzunehmende Affinität gegenüber dieser Modedroge besteht, was auf eine größere potentielle Nutzergruppe hinweist. Jugendliche aus 9. Klassen gaben 1997 zu 28% an, Lust zu haben, das Gefühl der Wirkung dieser Droge kennenzulernen. Aber auch schon in Klasse 8 der jüngsten Kohorte dokumentierten 1998 bereits 30% der Befragten ihre Neugier, Ecstasy-Wirkung zu fühlen. Wie aus Abbildung 6 zu entnehmen ist, betrifft das 37%, die in Klasse 5 bereits Zigaretten-Erfahrungen aufwiesen, gegenüber 24%, die in Klasse 5 bezüglich Zigaretten unerfahren waren. 21% der Zigaretten-Erfahrenen der Klasse 5 würden, wenn es nichts kostet, später in Klasse 8 Ecstasy nehmen; von den Nichtrauchern dagegen nur 14%. Ein Jahr zuvor in Klasse 7 hatten sich diese Früherfahrungen noch stärker ausgewirkt. Hier in Klasse 7 sind auch die Unterschiede statistisch signifikant ($\chi^2 = 17{,}9$; $p < .05$). Dieser Zusammenhang von frühem Tabakgebrauch und späterem Wunsch, illegal gehandelte Drogen zu nutzen, rechtfertigt frühzeitige präventive Maßnahmen, die sich auf legale Drogen beziehen.

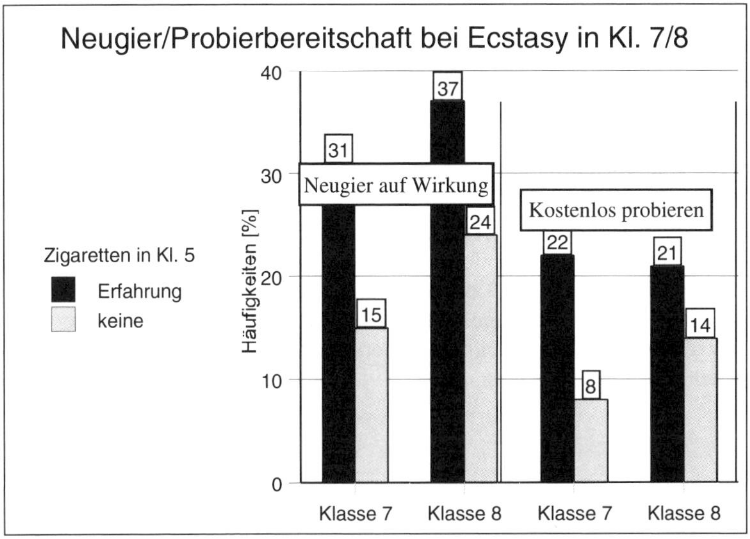

Abbildung 6: Zigarettenerfahrungen in Klasse 5 als Bedingung für die Entwicklung von Affinität zu Ecstasy in den Klassen 7 und 8

5 Zusammenfassung

Langzeituntersuchungen bei der Leipziger Schuljugend in den Jahren 1993 bis 1998 bestätigen die Erwartung, daß sich der Konsum von Alltagsdrogen in der Altersspanne von 10 bis 16 Jahren kontinuierlich ausweitet. Als bemerkenswerte Schwelle kann das 14. Lebensjahr (im Verlauf von Klasse 8) gelten, wo die Häufigkeiten vor allem im Gebrauch von Zigaretten und Alkohol rapide ansteigen. Besonders betroffen sind Schülerinnen und Schüler in Mittelschulen (Real- und Hauptschulzweige), während der Gebrauch von legalen Substanzen unter den Gymnasiasten weniger ins Gewicht fällt. Durch den Vergleich unterschiedlicher Geburtenjahrgänge zu fortschreitenden Meßpunkten werden Progressionen im Substanzgebrauch bemerkbar, die mit den Bedingungen des gesellschaftlichen Transformationsprozesses nach der deutschen Einheit zu erklären sind. Davon betroffen sind die nachgewachsenen jüngeren Jahrgänge. Die Vorverlagerungen im Gebrauchsverhalten sind vor allem beim Zigarettenkonsum nachweisbar, die bis zum vorläufigen Abschluß der in sich geschlossenen Studien (1998) noch anhalten. Die Affinität zu illegalen Drogen hat sich in ähnlicher Weise verstärkt, wobei sich das Ausmaß beim realen Gebrauch noch in Grenzen hält. Auf eine Gefährdung der Schuljugend speziell durch die zu erwartende Nutzung von Ecstasy muß mit Nachdruck hingewiesen werden. Angezeigt sind daher langfristig angelegte Präventionsmaßnahmen, wie sie in den Leipziger Studien im genannten Untersuchungszeitraum mit Erfolg erprobt wurden.

6 Literatur

BALTES, P.B. & NESSELROADE, J.R.(1979). Cohort effects in developmental psychology, In P.B. Baltes & J.R. Nesselroade (Hrsg.), *Longitudinal research in the study of behavior and development* (S.61-87). New York: Academic Press.

BREITENACHER, M. (1997). Alkohol – Zahlen und Fakten zum Konsum. *Jahrbuch Sucht ´98*. Geesthacht: Neuland

MÜLLER, H. & KERSCH, B. (1996). Problembelastungen – Drogengebrauch – Prävention. In R. Möller, Abel, G. Neubauer & K. Treumann (Hrsg.), *Kindheit, Familie und Jugend: Ergebnisse empirischer Forschung* (S. 130-141). Münster; New York: Waxmann.

MÜLLER, H. (1997). Die Intervallstudien am Zentralinstitut für Jugendforschung. In E. Brislinger, B. Haustein & E. Riedel (Hrsg.), *Jugend im Osten. Sozialwissenschaftliche Daten und Kontextwissen aus der DDR sowie den neuen Bundesländern (1969 bis 1995*) (S. 117-124). Berlin: Trafo-Verlag Weist.

NORDLOHNE, E. (1992). *Die Kosten jugendlicher Problembewältigung: Alkohol, Zigaretten- und Arzneimittelkonsum im Jugendalter.* Weinheim/ München: Juventa

REIßIG, M. (1994). Suchtmittelgebrauch. In W. Bien u.a. (Hrsg.), *Cool bleiben – erwachsen werden im Osten: Ergebnisse der Leipziger Längsschnittstudie (Bd. 1)* (S. 187-217). München: DJI Verlag Deutsches Jugendinstitut.

REIßIG, M. (1989). Die Entwicklung des Rauchverhaltens Jugendlicher. *Zeitschrift für Ärztliche Jugendkunde, 80*, 220-227

REIßIG, M. (1990. Jugend und Alkohol – Zum Trinkverhalten Jugendlicher. *Zeitschrift für Ärztliche Jugendkunde, 81*, 117-127

RUDINGER, G. & LANTERMANN, E.-D. (1978). Probleme der Veränderungsmessung in individuellen und gruppentypischen Entwicklungsverläufen. In R. Oerter (Hrsg.), *Entwicklung als lebenslanger Prozeß* (S. 178-227). Hamburg: Hoffmann & Campe.

PETERMANN, H., MÜLLER, H., KERSCH, B. & RÖHR, M. (1997). *Erwachsen werden ohne Drogen.* Weinheim/München: Juventa

WOHLWILL, J.F. (1977). *Strategien entwicklungspsychologischer Forschung*. Stuttgart: Klett-Cotta.

Ätiologie von Tabak- und Alkoholkonsum bei Jugendlichen

Alkoholkonsum und Alkoholmißbrauch bei Jugendlichen: Entwicklungsprozesse und Determinanten

Anja Leppin

Das Jugendalter wird allgemein als eine Übergangsphase betrachtet, in der biologische und psychische Reifungsprozesse beschleunigt werden und zum Abschluß kommen. Jugendliche lösen sich aus der Abhängigkeit von ihren Eltern und versuchen, eine autonome Identität zu entwickeln; es wird mit neuen Rollen experimentiert, neue Verhaltensweisen und Attitüden werden ausprobiert und auf ihre Funktionalität getestet. Hierzu gehört auch das Experimentieren mit psychoaktiven Substanzen wie Tabak und Alkohol. Die Motivlagen Jugendlicher für den Konsum sind insofern häufig lebensphasenspezifisch und hängen eng mit der Bewältigung von Entwicklungsaufgaben zusammen. Abgrenzung gegen die Welt und die Ansprüche der Erwachsenen bei gleichzeitiger Imitation des Erwachsenenstatus, Identitätsstiftung durch Gemeinschaftserlebnisse in der Peer-Gruppe sind z.B. solche jugendphasenspezifischen Motivlagen, die im Laufe der Adoleszenz an Gewicht verlieren und sich später auflösen (SEIFFGE-KRENKE, 1994).

Insofern ist auch Abstinenz nicht per se mit guter psychosozialer Anpassung und Wohlbefinden gleichzusetzten. SHEDLER und BLOCK (1990) fanden in ihrer Längsschnittstudie z.B., daß Abstinenz bei Jugendlichen ein Marker für soziale Isolation sein kann und daß Experimentierer ein größeres Maß an psychischer Gesundheit aufwiesen als völlig Abstinente. Diese Sichtweise widerspricht einer Auffassung, die jeden Gebrauch von Alkohol im Jugendalter als Mißbrauch klassifiziert, wie dies z.B. »zero-tolerance«-Positionen tun. Solche Definitionen von »normalem« Konsum einerseits, problematischem Konsum andererseits sind außerdem angesichts der – im Gegensatz zum Tabakkonsum – überaus breiten gesellschaftlichen Akzeptanz von Alkohol in westlichen Industrieländern wohl unrealistisch. In diesem Sinn kann das Erlernen eines verantwortungsvollen Umgangs mit einer Substanz wie Alkohol durchaus als Entwicklungsaufgabe des Jugendalters betrachtet werden (NEWCOMB & BENTLER, 1989; SILBEREISEN, 1997). Abstinenz ist somit eher ein explizites Ziel für die frühe bis mittlere Adoleszenz; danach scheint es realistischer, einen verantwortungsvollen, das heißt gemäßigten und situativ eingeschränkten Gebrauch zu propagieren.

Wenn allerdings die entwicklungsmäßigen Voraussetzungen für einen verantwortungsvollen Gebrauch bzw. zur Verarbeitung der Substanzerfahrung fehlen, ist der Konsum auf jeden Fall problematisch. Dies gilt für den Gebrauch von Alkohol bei Kindern vor der Pubertät ebenso wie für den regelmäßigen Gebrauch oder den Konsum größerer Mengen bei Jugendlichen. Regelmäßiger oder exzessiver Alkoholkonsum gerade im frühen Jugendalter kann zu Entwicklungsstörungen führen. In der späten Kindheit/ dem frühen Jugendalter laufen Reifungs- und Veränderungsprozesse sowohl im Neurotransmittersystem wie im Verhaltensrepertoire ab, die zu einer anderen und potentiell konsequenzenreicheren Reaktion auf Alkohol als bei Erwachsenen führen. So treten physiologische Effekte ebenso wie organische Schäden schneller als bei Erwachsenen ein, und auch die Zeitspanne vom Mißbrauch bis hin zur Abhängigkeit ist gegenüber dem erwachsenen Organismus verkürzt (WITT, 1994).

BAUMRIND und MOSELLE (1985) gehen davon aus, daß besonders die psychosoziale Entwicklung durch den Konsum psychoaktiver Substanzen gefährdet werden kann, so z.B. indem Rollendefinitionen verschwimmen und Transitionsvorgänge verzögert werden. Vor allem die für diese Phase besonders wichtigen Prozesse der Realitätstestung werden ihrer Auffassung nach beeinträchtigt. Anforderungen aus der Umwelt wird mit Hilfe des Alkohols ausgewichen und ein Gefühl von Freiheit und Unabhängigkeit vorgetäuscht, das in Wirklichkeit abhängiges und regressives Verhalten fördert und die Entwicklung eines stabilen Selbstkonzepts verhindert, indem exzessive Kontrollvorstellungen mit vollständiger Hilflosigkeit alternieren. KANDEL et al. (1997) untersuchten eine Stichprobe von 1285 Kindern und Jugendlichen zwischen 9 und 18 Jahren (M = 12,9) und fanden, daß immerhin 38% derjenigen, die in den letzten sechs Monaten mindestens einmal wöchentlich Alkohol konsumiert hatten, die Kriterien für Gebrauchsstörungen/problematischen Konsum (›substance use disorder‹) erfüllten. Darüber hinaus zeigte sich auch ein erhöhtes Risiko für andere psychiatrische Diagnosen, wobei die Zusammenhänge insgesamt allerdings etwas niedriger waren als für Tabakkonsum und den Gebrauch illegaler Drogen. Einzeldiagnosen ergaben vor allem ein stärkeres Auftreten von störendem/ aggressivem Verhalten, während der Zusammenhang mit Angststörungen – vor allem bei Jungen – eher schwächer ausfiel.

Grundsätzlich ist es also auch für die Jugendphase sinnvoll, zwischen Alkoholgebrauch und Alkoholmißbrauch zu unterscheiden (NEWCOMB & BENTLER, 1989; SILBEREISEN, 1997). Mißbrauch bis hin zur Abhängigkeit ist per definitionem mit physischen, psychischen, sozialen oder materiellen Beeinträchtigungen verbunden, was für einen begrenzten Konsum nicht gilt. Eine exakte Abgrenzung im einzelnen – vor allem anhand der konsumierten Mengen – bleibt im Einzelfall aber schwierig (siehe SILBEREISEN, 1997). Neben zu frühem oder regelmäßigem bis exzessiven Konsum ist problematischer Konsum oder auch Mißbrauch im engeren Sinn nach gängigen Definitionen ein Konsum in unangemessenen Situationen, wie z.B. im Zusammenhang mit dem aktiven Autofahren oder das Alkoholtrinken in der Schule, am Ausbildungs- oder Arbeitsplatz sowie instrumenteller Konsum, also z.B. der Einsatz von Alkohol als Copingstrategie zur Bewältigung von Problemen und Vermeidung von Streßsymptomen.

KANDEL (1975) hat in ihrer »Gateway-Theorie« mindestens vier unterschiedliche Entwicklungsstadien für den Konsum von legalen und illegalen Substanzen im Jugendalter unterschieden: Initiiert wird der Prozeß mit Bier- und Wein-Konsum, es folgen Zigaretten und härtere Alkoholika, schließlich Marihuana und gegebenenfalls andere illegale Drogen, wobei das Durchlaufen jeder Phase nach ihrem Modell eine notwendige Bedingung für das Erreichen des nächsten Stadiums ist, das Durchlaufen aller dieser Phasen jedoch keine Zwangsläufigkeit oder gar die Regel wäre. Eine andere Phasentheorie stammt von CLAYTON (1992). Dieses Modell interessiert sich weniger für den Einstieg in die einzelnen Substanzen als für die Intensität in der Entwicklung der Konsummuster insgesamt. Hiernach ist die erste Phase durch den Schritt vom Nichtkonsumenten zum Probierer gekennzeichnet, unabhängig davon wie oft oder wie viel oder welche Substanz konsumiert wird. Danach folgt der Übergang zum regelmäßigen bzw. gewohnheitsmäßigen und vielleicht auch schon problematischen Konsum. Daran an schließt sich die Progressionsphase im Bereich einer bestimmten Substanz. Gekennzeichnet ist dieses Stadium vor allem durch die Etablierung von Gruppennormen und Gewöhnungsmustern wie z.B. punktuell-exzessive Trinkrituale bei männlichen Oberschülern oder (College-)Studenten. Das vierte und letzte Stadium schließlich ist gekennzeichnet durch die rasche Progression (ggfs. auch über Substanzklassen hinweg) bis hin zur Abhängigkeit.

In diesem Kontext stellt sich die generelle Frage nach Kontinuität oder Diskontinuität von Experimentierkonsum bis hin zu späterem Mißbrauch oder Abhängigkeit. Die große Mehrheit derjenigen, die während der Jugendphase mit dem Alkoholkonsum beginnt, wird nicht zu Problemtrinkern (KAMINER, 1994; KANDEL et al., 1997). Und selbst von denjenigen, die im Jugendalter als Problemtrinker klassifiziert werden, wächst eine Mehrheit aus dem Problemverhalten wieder heraus. So fanden JESSOR und JESSOR (1977), daß nur 50% der von ihnen untersuchten männlichen und 28% der weiblichen jugendlichen Problemkonsumenten sieben Jahre später noch Trinkmuster aufwiesen, die als kritisch gelten mußten. Wenn junge Erwachsene ihre Ausbildung beenden, anfangen einer Erwerbsarbeit nachzugehen, eine Familie gründen, d.h. Rollenverantwortung übernehmen, geht auch Problemverhalten deutlich zurück (BACHMAN, O'MALLEY & JOHNSTON, 1984). Dennoch gibt es eine gewisse Kontinuität des Verhaltens. Ein frühes Einstiegsalter scheint ein erstes Indiz für die Gefahr späteren Mißbrauchs zu sein (HAWKINS, GRAHAM, MAGUIN, ABBOTT, HILL & CATALANO, 1997; KANDEL, 1982), und viele der Faktoren, die späteren Alkoholmißbrauch vorhersagen, sind auch Prädiktoren für einen frühzeitigen Konsumbeginn, so z.B. eine schwache Bindung an die Eltern, ein negativer elterlicher Erziehungsstil und deren eigener Konsum.

Diese Einflußfaktoren für einen (frühen) jugendlichen Experimentierkonsum wie auch für spätere Gebrauchsstörungen/problematischen Konsum (als Oberbegriff für Mißbrauch und Abhängigkeit) sollen im folgenden dargestellt werden, wobei die Frage, welche physiologischen und psychologischen Mechanismen für die Entstehung von Abhängigkeit und Sucht verantwortlich sind, an dieser Stelle ausgeklammert bleibt (siehe hierzu z.B. die Überblicksartikel von ACKERMANN, 1996 und ROMMELSPACHER, 1996).

Die »Auflistung« oder »Aneinanderreihung« solcher einzelner risikoerhöhender oder auch protektiver Faktoren impliziert weder deren Gleichrangigkeit noch die Annahme, daß jeder einzelne dieser Faktoren ein Kind oder einen Jugendlichen per se zum »Risikofall« werden läßt. BROWN und HOROWITZ (1993) haben zu Recht darauf hingewiesen, daß man auf diese Art und Weise die Mehrheit aller Jugendlichen schnell, aber wenig zielführend zur »Risikogruppe« erklären kann. Ob und inwieweit tatsächlich psychoaktive Substanzen gebraucht oder – wichtiger noch – mißbraucht werden, hängt ab von einem langfristigen kumulativen Prozeß, in dem verschiedene dieser Faktoren ineinandergreifen, miteinander interagieren und sich in ihrer Wirkung verstärken oder blockieren. Welche Gestalt solche komplexen Prozesse annehmen können – dieser Frage soll im Anschluß an die separate Behandlung möglicher einzelner Determinanten nachgegangen werden.

1 Soziale Einflußfaktoren

1.1 Sozio-ökonomische Faktoren

Sozio-ökonomische Merkmale spielen eine Rolle für den Konsum – ihr Einfluß scheint jedoch nicht linear, und es ist zu vermuten, daß weitere Faktoren wie z.B. die Verfügbarkeit bzw. der Zugang zu Substanzen eine moderierende Funktion haben. Ein höherer sozio-ökonomischer Status hängt einerseits positiv mit Alkoholkonsum zusammen. Mehr verfügbares Geld für Konsum führt dazu, daß mehr konsumiert werden kann (AUGUSTYN & SIMONS-MORTON, 1995). Andererseits tritt Problemverhalten im Kontext ›Alkohol‹ eher bei Jugendlichen aus Familien mit geringerem sozio-ökonomischen Status auf. So fanden z.B. LOWRY, KINN, COLLINS und KOLBE (1996) in einer repräsentativen US-Studie an Jugendlichen im Alter zwischen 12 und 17, daß episodisch starkes Trinken bei Jugendlichen in einem gegenläufigen Verhältnis zum Bildungsgrad und zum Einkommen der Eltern stand. MADDAHIAN, NEWCOMB und BENTLER (1986) entdeckten in ihrer Studie an 847 Jugendlichen zwar auf den ersten Blick einen Effekt des Einkommens auf den Alkoholkonsum. Weitere Analysen ergaben jedoch, daß dieser verschwand, wenn Variablen wie Verfügbarkeit und Zugangsmöglichkeiten zur Substanz kontrolliert wurden. Die Verfügbarkeit von Alkohol erwies sich auch in anderen Studien als signifikanter Prädiktor (JONES-WEBB et al., 1997). HAWKINS, CATALANO und MILLER (1992) verwiesen in ihrem Review über Risiko- und protektive Faktoren für Substanzkonsum darauf, daß es vor allem extreme soziale Deprivation sei, die mit Problemverhalten einhergehe.

1.2 Die Eltern

Die Eltern sind zweifellos einer der entscheidenden Einflußfaktoren für jugendlichen Alkoholgebrauch. So haben sich in zahlreichen Studien sowohl jugendlicher Konsum an sich wie ein frühes Einstiegsalter und auch späterer Mißbrauch konsistent durch Elterneinflüsse vorhersagen lassen.

Eine große Rolle spielt z.B. der elterliche Erziehungsstil. Sowohl fehlende Verhaltensregeln wie auch eine extrem strenge Disziplin und/oder inkonsistentes Erziehungsverhalten haben negative Auswirkungen (PETERSON, ABBOTT, HAWKINS & CATALANO, 1994). COHEN und RICE (1997) konnten zeigen, daß ein autoritativer Erziehungsstil, gekennzeichnet durch klare Verhaltenserwartungen, Erklären von Gründen für diese Regeln, viel positives Feedback und eine generell größere Anteilnahme der Eltern am Leben ihrer Kinder im Gegensatz zu einem permissiven oder einem autoritären Erziehungsstil dazu führte, daß die Kinder sowohl akademisch erfolgreicher waren als auch weniger zu Stubstanzkonsum neigten.

Effekte auf den Substanzkonsum haben sich auch für einen hohen Grad an familiären Konflikten (BUELOW & BUELOW, 1995) und eine fehlende emotionale Bindung Jugendlicher an ihre Eltern nachweisen lassen (BACHMAN et al., 1984; BROOK, BROOK, GORDON, WHITEMAN & COHEN, 1990; JESSOR & JESSOR, 1977). WILLS und VAUGHAN (1989) konnten in einer Längsschnittstudie nachweisen, daß Kinder mit viel wahrgenommener Unterstützung durch ihre Eltern weniger anfällig für Alkoholkonsum im Jugendalter waren als Kinder mit wenig wahrgenommener Unterstützung (siehe hierzu auch die Meta-Analyse von FOXCROFT und LOWE, 1991). BROOK et al. (1990) gehen davon aus, daß die positive Eltern-Kind-Beziehung dazu führt, daß die Kinder eher die (ablehnenden) elterlichen Normen und Wertvorstellungen bezüglich jugendlichen Substanzkonsums übernehmen und insofern auch länger abstinent bleiben bzw. weniger konsumieren. Immer wieder als Einflußfaktor diskutiert worden ist auch die Familienstruktur. In diesem Zusammenhang spielt vor allem die sogenannte »Broken-home-Theorie« eine Rolle, die postuliert, daß Kinder aus geschiedenen Ehen oder von Eltern, die getrennt leben, ein höheres Risiko für einen frühen Einstieg und späteren Alkoholmißbrauch haben (FLEWELLING & BAUMAN, 1990; NEHER & SHORT, 1998). KELLAM, SIMON und ENSMINGER (1983) berichten allerdings, daß sich bei afro-amerikanischen Familien die Abwesenheit des Vaters nur dann negativ auswirkte, wenn die Mutter die Erziehungsarbeit allein bewältigen mußte. War ein weiterer Erwachsener präsent, trat dieser negative Effekt nicht mehr auf. Demnach wäre davon auszugehen, daß es nicht die Trennung allein ist, die eine Rolle spielt, sondern daß die begleitenden Umstände wie der Grad an Konflikten in der Familie und mögliche Auswirkungen der Trennung auf das elterliche Erziehungsverhalten eine vermittelnde Funktion haben (siehe hierzu auch JOHNSON & PANDINA, 1991).

Definitiv eine Rolle spielen dagegen die elterlichen Einstellungen zum Alkohol und Alkoholkonsum allgemein und dem ihrer Kinder im besonderen. Wahrgenommene Permissivität der Eltern gegenüber Alkoholkonsum begünstigt Initiation und Mißbrauch (BARNES & WELTE, 1990).

Eine oft gestellte Frage ist die, inwieweit »normaler« elterlicher Alkoholkonsum jugendliches Einstiegsverhalten und/oder Mißbrauch fördert. (Zur Bedeutung elterlichen Alkoholismus siehe Kapitel 2.2). In zahlreichen Studien wurde ein solcher Zusammenhang gefunden. KANDEL, KESSLER und MARGULIES (1978) z.B. berichteten, daß bei alkoholkonsumierenden Eltern mit Kindern im Jugendalter in 82% der Fälle die Jugendlichen ebenfalls Konsumenten waren. Umgekehrt hatten von den Eltern, die abstinent lebten, 72% ebenfalls abstinente Kinder (siehe auch BROOK et al., 1990). Eine Studie von PETERSON et al. (1994) deutet allerdings darauf hin, daß die Zusammenhänge doch komplexer sind. Auch hier zeigte sich auf den ersten Blick eine direkte positive Beziehung zwischen dem Trinkverhalten der Eltern von 12-13jährigen auf deren Konsum zwei Jahre später. Bei näherer Betrachtung fiel jedoch auf, daß elterliches Trinkverhalten sich nur dann negativ auswirkte, wenn die familienklimatischen Rahmenbedingungen ungünstig waren. Wenn Eltern einen konstruktiven Erziehungsstil praktizierten (s.o.) und ihren Kindern darüber hinaus deutlich signalisierten, daß Alkoholkonsum in ihrem Alter unangemessen sei und die Kinder nicht in den eigenen Alkoholkonsum involvierten, war der Zusammenhang zwischen elterlichem und kindlichem Konsum nicht mehr nachweisbar.

1.3 Gleichaltrige Freunde/Peers

Einer der konsistentesten und immer wieder reproduzierten Befunde der Alkohol-(wie auch der Tabakkonsum-)Ätiologieforschung ist die Bedeutung von Peers für die Initiation und die weitere Entwicklung des Konsums von Jugendlichen. Einbettung in Peer-Gruppen und ein hohes Maß an sozialer Unterstützung durch gleichaltrige Freunde wird mit einer erhöhten Wahrscheinlichkeit für Alkoholgebrauch in Verbindung gebracht (HAWKINS, CATALANO & MILLER, 1992; JACKSON, 1997; KANDEL, 1982; NEWCOMB & BENTLER, 1989). Von besonderer Relevanz scheinen dabei die engen Freunde zu sein (JACKSON, 1997; URBERG, DEGIRMENCIOGLU & PILGRIM, 1997). Während man ursprünglich davon ausging, daß hier vor allem Einflußprozesse über Modellernen und Imitation (BANDURA, 1986), zum Teil auch über direkten Gruppendruck wirksam werden, steht dieser Annahme inzwischen die sogenannte ›Selektionshypothese‹ gegenüber (siehe z.B. BAUMAN & ENNETT, 1994). Diese geht davon aus, daß Jugendliche sich die Gruppen, die zu ihren Vorstellungen und Lebensentwürfen passen, aktiv aussuchen, daß Einflußprozesse durch die Gruppe insofern sekundär im Vergleich zu den individuellen Motivlagen von Jugendlichen sind. FISHER und BAUMANN (1988) haben die beiden Modelle explizit gegeneinander getestet. Die Befunde der Studie zeigten alles in allem deutlichere Effekte für das Selektionsmodell. URBERG et al. (1997) fanden in ihrem Längsschnitt an einer Stichprobe von Jugendlichen, die zum Zeitpunkt der Rekrutierung in die Studie noch nie Alkohol getrunken hatten, dagegen einen direkten Effekt des Verhaltens der Freunde auf den Konsum, was eher das Einflußmodell stützen würde. Die Frage nach der Priorität von Selektion oder Einflußnahme ist bisher nicht abschließend geklärt; es scheint jedoch sinnvoll, davon auszugehen, daß beide Prozesse eine Rolle spielen und sich wechselseitig verstärken.

Über den Einfluß des konkreten Verhaltens von Peers hinaus sind vor allem normative Überzeugungen über die Häufigkeit des Konsums und die Akzeptanz von Alkohol in der eigenen Altersgruppe bedeutsam (JACKSON, 1997). Jugendliche neigen dazu, die Prävalenzen für den Konsum bzw. die positive Einstellung Gleichaltriger zum Alkohol zu überschätzen (PRENTICE & MILLER, 1993). Evaluationsstudien zu Präventionsprogrammen, die versuchten, individuelle Resistenz gegen Gruppendruck zu stärken, konnten nachweisen, daß der Programmerfolg weniger auf Programmkomponenten gegen aktiven sozialen Druck zum Konsum zurückzuführen war, sondern vor allem auf die Programmelemente zur Stärkung der Resistenz gegen *passiven* sozialen Einfluß durch soziale Modelle und falsche Prävalenzwahrnehmungen (siehe z.B. MACKINNON, JOHNSON, PENTZ, DWYER, HANSEN, FLAY & WANG, 1991).

Die Frage, ob Eltern- oder Peer-Effekte wichtiger sind, ist auf unterschiedliche Weise beantwortet worden. Zum einen mag es hier zeitliche Verschiebungen geben, wobei die Eltern in den früheren Phasen die entscheidende Rolle spielen, später – vor allem in der frühen Adoleszenz, wo Jugendliche eine besonders starke Tendenz zu gruppenkonformem Verhalten zeigen – jedoch die Peers wichtiger werden. Im direkten Vergleich einzelner Haupteffekte bei Jugendlichen hat sich der Peer-Einfluß in der Regel als stärker erwiesen (z.B. CHOPAK, VICARY & CROCKETT, 1998). Hierbei muß allerdings berücksichtigt werden, daß Eltern- und Peer-Effekte nicht unabhängig voneinander sind. Negative Interaktionsmuster und mangelnde Bindung zwischen Eltern und Kindern führen dazu, daß Kinder sich eher Peer-Gruppen anschließen, die ›abweichendes‹ Verhalten zeigen. So konnten z.B. BLANTON, GIBBONS, GERRARD, CONGER und SMITH (1997) zeigen, daß der Peer-Einfluß, nicht jedoch elterliches Verhalten eine Auswirkung auf das Image hatte, das Alkohol bei Jugendlichen besaß. In welcher Art von Freundeskreis die Jugendlichen verkehrten, hing jedoch vom elterlichen Verhalten ab. Hinzu kommt, daß Effekte von Eltern und Peers auch interagieren können. WILLS und VAUGHAN (1989) fanden z.B. negative Effekte von Peer-Support auf den Substanzkonsum von Jugendlichen nur dort, wo diese Jugendlichen gleichzeitig einen geringen Rückhalt durch die Eltern wahrnahmen. Anders ausgedrückt: Ein protektiver elterlicher Einfluß kann nicht nur dazu beitragen, daß Jugendliche weniger riskante Peer-Beziehungen suchen, sondern ist gegebenenfalls auch in der Lage, negative Einflüsse dieser Peers abzublocken oder einzudämmen (siehe auch BROOK et al., 1990). Generell dürfte der Einfluß der Freunde auf den Konsum von Alkohol auch von weiteren Randbedingungen abhängig sein. LIFRAK, MCKAY, ROSTAIN, ALTERMAN und O'BRIEN (1997) berichteten in diesem Zusammenhang, daß soziale Unterstützung durch Klassenkameraden nur bei denjenigen Jugendlichen mit mehr Alkoholkonsum einherging, die ein schwaches schulisches Selbstkonzept hatten, während bei Jugendlichen mit starkem akademischen Selbstkonzept kein Zusammenhang bestand. Negatives Modellverhalten altersgleicher Freunde ist also sicherlich ein wichtiger Einflußfaktor; wieviel Gewicht er gewinnt, hängt jedoch nicht zuletzt von den familiären und persönlichen Ressourcen ab, die der oder die Jugendliche bis zu diesem Zeitpunkt entwickelt hat.

2 Intrapersonelle Einflußfaktoren

2.1 Geschlecht

Trotz gewisser Angleichungsprozesse im Konsumverhalten ist das Risiko von männlichen Jugendlichen zu Problemkonsumenten zu werden nach wie vor deutlich höher als das von Mädchen (siehe KOLIP, dieser Band; SEMMER, LIPPERT, FUCHS, RIEGER-NDAKORERWA, DWYER & KNOKE, 1991). Zu vermuten ist, daß das Geschlecht mit einer ganzen Reihe anderer »genuiner« Kausalfaktoren zusammenhängt, die ihrerseits den Konsum beeinflussen. Dazu gehören z.B. genetische und Persönlichkeitsfaktoren (s.u.), aber auch das nach wie vor unterschiedliche Werte- und Normensystem, das in vielen Peer-Gruppen für weibliches und männliches Verhalten herrscht.

2.2 Genetische Faktoren

Die starke familiale Aggregation von Alkoholismus gilt als einer der robustesten Befunde der medizinischen Forschung. Kinder von Alkoholikern sind gefährdeter, selbst Alkoholprobleme zu entwickeln als Kinder von Nicht-Alkoholikern (HILL, STEINHAUER, SMITH & LOCKE, 1991), wobei dieses höhere Risiko meist mit einem Faktor von 4-5 angesetzt wird (GOODWIN, 1985). Aus solchen familiären Häufungen von Alkoholismus allein kann natürlich keine Aussage über den Anteil genetischer versus sozialisatorischer Einflüsse auf Alkoholmißbrauch bei Jugendlichen abgeleitet werden. Aufschluß geben können hier Zwillings- und Adoptionsstudien. Die Zwillingsstudien konnten mehrheitlich zeigen, daß die Konkordanz von Alkoholismus bei monozygotischen Zwillingen höher ist als bei dizygotischen (z.B. HRUBRE & OMENN, 1981; KAPRIO, KOSKENVIO, LANGINVAINIO, ROMANOV, SARNA & ROSE, 1987). Adoptionsstudien konnten nachweisen, daß circa ein Viertel bis ein Drittel der Söhne von Alkoholikern, wenn sie von Adoptiveltern aufgezogen wurden, die keine Alkoholiker waren, selbst Alkoholprobleme entwickelten. GOODWIN, SCHULSINGER, HERMANSEN, GUZE und WINOKUR (1973) haben männliche Adoptivsöhne untersucht, von denen jeder mindestens ein biologisches Elternteil mit Alkoholismusdiagnose besaß. Diese wurden mit einer Gruppe von Adoptivsöhnen gematcht, die kein genetisches Alkoholismusrisiko hatten. Von denjenigen mit genetischem Risiko wurden viermal so viele Personen als Alkoholiker diagnostiziert als in der Gruppe der genetisch nicht belasteten Söhne (CLONINGER, BOHMAN & SIGVARDSSON, 1981). SCHUCKIT, GOODWIN und WINOKUR (1972) berichteten, daß 62% der von ihnen untersuchten Alkoholiker mindestens ein biologisches Elternteil mit Alkoholproblemen hatten, während nur 19% der Nicht-Alkoholiker ein solches familiäres Risiko aufwiesen.

In diesem Zusammenhang muß allerdings darauf hingewiesen werden, daß einige der Zwillingsstudien wie auch der Adoptionsstudien mit methodischen Problemen behaftet waren (siehe GOODWIN, 1981; LAWSON, 1992). Bei den Zwillingsstudien mangelte es z.B. partiell an einer klaren Diagnose von Mono- vs. Dizygotie, zum Teil konnte nicht geklärt werden, inwieweit sich gleichzeitig sozialisatorische Einflüsse ausgewirkt hatten, insofern eineiige Zwillinge z.B. oft »gleicher« behandelt werden als dies bei zweieiigen Zwillingen der Fall ist. Bei den Adoptionsstudien lagen die Probleme u.a. in der retrospektiven und teilweise unsystematischen Informationserhebung, der Definition von Alkoholismus und Stichprobenfehlern. Besonders häufig wurde kritisiert, daß unklar geblieben sei, welche Formen des Problemkonsums vorhergesagt werden. Meist hieß es, vor allem Abhängigkeit im engeren Sinn werde durch genetische Faktoren determiniert, weniger jedoch exzessiver Konsum oder Mißbrauch im weiteren Sinn (MCGUE, PICKENS, SVIKIS, 1992; PICKENS, SWIKIS, MCGUE, LYKKEN, HESTON & CLAYTON, 1991). Neuere, methodisch anspruchsvollere Studien berichten aber, daß es hier kaum Unterschiede gibt und daß genetische Faktoren nicht nur Abhängigkeit im engeren Sinn sondern auch Problemtrinken vorhersagen (siehe z.B. PRESCOTT & KENDLER, 1999) und gehen dabei von einer Varianzaufklärung von circa 50-60% für genetische Faktoren aus. Seit langem umstritten ist auch die Frage geschlechtsspezifischer Unterschiede in der Relevanz genetischer Faktoren. Während einige Studien stärkere Effekte für Männer zeigten (z.B. BOHMANN, SIGVARDSSON & CLONINGER, 1981; LIGHT, IRVINE & KJERULF, 1996), berichten neuere Untersuchungen häufiger von gleich starken Effekten für Männer und Frauen (siehe z.B. HEATH, BUCHOLZ, MADDEN et al., 1997; KENDLER, HEATH, NEALE, KESSLER & EVANS, 1992).

Weitere Hinweise auf die Relevanz genetischer Einflüsse stammen aus Studien, die demonstrieren konnten, daß Kinder von Alkoholikern ein erhöhtes Ausmaß bestimmter biologischer Marker aufweisen: So zeigten sich z.B. bei einem nicht-klinischen Sample von Kindern von Alkoholikern Merkmale wie Veränderungen in ereignis-evozierten Potentialen (Amplitude der P300-Komponente) (HILL et al., 1991) oder reduzierte Gedächtnisleistungen (HEGEDUS, ALTERMAN & TARTER, 1984). Auch ein vermindertes Aktivitätsausmaß des Neurotransmitters Monoaminooxidase konnte nachgewiesen werden (ALEXOPOLOUS, LIEBERMAN & FRANCES, 1983), wobei neuere Studien diese Befunde allerdings nicht replizieren konnten (z.B. FARREN, CLARE, TIPTON & DINAN, 1998). Eine Rolle zu spielen scheint auch eine unterschiedlich ausgeprägte Toleranz für die Substanz Alkohol. Ethnisch vergleichende Studien konnten zeigen, daß asiatische Populationen vermutlich aufgrund einer verminderten Ethanoltoleranz ein geringeres

Alkoholismusrisko als z.B. Kaukasier haben (CHAN, 1986). SCHUCKIT (1984) fand, daß junge Männer mit einer Alkoholismus-Familiengeschichte, die jedoch selbst keine Alkoholiker waren, nach dem Konsum von Alkohol eine geringere Intoxikationswahrnehmung hatten als eine Kontrollgruppe ohne solche Familiengeschichte.

Dies alles deutet auf einen starken genetischen Einfluß hin. Dennoch bleibt die Tatsache, daß keineswegs alle Personen, die wegen Alkoholismus behandelt werden, eine einschlägige Familiengeschichte haben. Die quantitativen Angaben hierzu variieren: GOODWIN (1985) nennt z.B. einen Anteil von 50%, SCHUCKIT (1983) von 30%. Umgekehrt entwickelt die große Mehrheit der Kinder von Alkoholikern selbst keine Alkoholprobleme.

Anders als in den genannten Adoptionsstudien treten die beiden Typen von Risikofaktoren – Anlage versus Umwelt – normalerweise oft zusammen auf, das heißt es gibt eine Korrelation von genetischem und Umweltrisiko. Kinder von Alkoholikern sind neben ihrem erhöhten genetischen Risiko potentiell auch negativeren sozialisatorischen Einflüssen ausgesetzt. Die Faktoren, die in diesem Bereich als risikoreich identifiziert worden sind (s.o.), sind gerade in Familien mit Alkoholikern verstärkt anzutreffen. Hierzu gehören z.B. ein inkonsistenter Erziehungsstil (RICHARDS, 1979), familiäre Konflikte, Trennung/Scheidung etc. (ZUCKER & GOMBERG, 1986) oder eine geringere emotionale Bindung an die Eltern (JOHNSON & PANDINA, 1991). Gleichzeitig konnte jedoch auch gezeigt werden, daß dort, wo Kinder von Alkoholikern überwiegend positive Sozialisationserfahrungen machen, der Risikofaktor ›väterlicher und/oder mütterlicher Alkoholismus‹ kompensiert werden kann (MCCORD, MCCORD & GUDEMAN, 1960; WERNER, 1986). Weder scheint also eine genetische Veranlagung noch ein negativer sozialisatorischer Einfluß allein zwangsläufig zu Alkoholismus oder Alkoholmißbrauch zu führen. GOODWIN (1985) schlußfolgerte aus seiner Forschung zum Thema Alkoholismus und Genetik: »Whatever biologic vulnerability may be present, the development of drinking problems is obviously influenced by sociocultural factors«, das heißt, die genetische Disposition wird unter Umständen erst von weiteren Faktoren »aktiviert« (siehe SCHUCKIT, 1998 und CLONINGER, 1987).

Denkbar ist auch, daß es unterschiedliche Formen des Problemkonsums gibt, die in unterschiedlichem Maß von genetischen Faktoren vorhergesagt werden. So geht GOODWIN (1985) davon aus, daß Alkoholiker mit familiärem Risiko früher beginnen, Abhängigkeitssymptome zu entwickeln und die Abhängigkeit auch einen schnelleren und schwerwiegenderen Verlauf nimmt. Auch CLONINGER, BOHMAN und SIGVARDSSON (1981) haben auf der Basis ihrer schwedischen Adoptionsstudie für eine solche Differenzierung plädiert und ätiologisch verschiedene Alkoholikertypen unterschieden. Typ I betrifft nach ihrer Klassifikation Männer und Frauen, beginnt erst später im Lebenslauf und ist sowohl genetisch als auch von Umweltfaktoren verursacht. Typ II betrifft dagegen vor allem Söhne von Alkoholikern, beginnt während der Adoleszenz und wird nur wenig von Umweltfaktoren beeinflußt. In einer neueren Studie konnten SIGVARDSSON, BOHMAN und CLONINGER (1996) diese Typisierung replizieren.

2.3 Dispositionelle Faktoren

Immer wieder konnte nachgewiesen werden, daß Populationen von Alkoholikern mehr depressive Symptomatik sowie aggressive Tendenzen zeigen und ein geringeres Selbstwertgefühl und eine geringere Selbstkontrolle haben als Personen ohne Alkoholprobleme. Bei vielen dieser Untersuchungen handelte es sich jedoch um reine Querschnittstudien, während Längsschnitte die Annahme einer prämorbiden Alkoholikerpersönlichkeit oft nicht bestätigen konnten (z.B. LOPER, KAMMIER & HOFFMAN, 1973; SIEBER, 1988). VAILLANT und MILOFSKY (1982) resümieren aus ihrer 30-Jahres-Längsschnittstudie, daß psychische Vulnerabilitäten zwar nicht irrelevant für die Genese von Alkoholerkrankungen seien, daß diese Faktoren in einem prospektiven und multivariaten Design jedoch deutlich an Gewicht verlören. Andere Autoren haben dieser Interpretation allerdings entgegengehalten, daß die Studie einige wichtige Persönlichkeitsfaktoren (s.u.) gar nicht untersucht habe (ZUCKER & GOMBERG, 1986), insofern auch nur begrenzt aussagekräftig sei.

Diskutiert wird nach wie vor auch die Frage, inwieweit ein geringes Selbstwertgefühl und mangelnde Kompetenzen den *Beginn* des Konsums bei Jugendlichen bzw. jugendlichem Mißbrauch beeinflussen. KAPLAN (1978) entwickelte z.B. ein Selbstabwertungsmodell, das explizit davon ausgeht, daß Jugendliche versuchen, mit devianten Aktivitäten ein beschädigtes Selbstkonzept zu verbessern. Jugendliche, die sich abgelehnt fühlen und/oder sich als defizitär erleben, entfremden sich konventionellen Wertemustern, neigen zur Rebellion und schliessen sich devianten Peers an. BUTLER (1982) berichtete, daß 7. bis 8. Klässler, die abstinent waren, ein positiveres Selbstkonzept und bessere soziale Kompetenzen hatten als Alkoholkonsumenten, wobei diejenigen, die selten Alkohol tranken, wiederum besser abschnitten als die, die häufig konsumierten. Ähnliche Ergebnisse fanden PANDINA und SCHULE (1983) sowie YOUNG, WERCH und BAKEMA (1989), in deren Studie sich ebenfalls signifikante negative Beziehungen zwischen Selbstwertaspekten und dem Substanzkonsum ergaben. Längsschnittliche Untersuchungen erbrachten in der Regel jedoch keine direkten Effekte für das Selbstwertgefühl (BLOCK, BLOCK & KEYES, 1988; JESSOR & JESSOR, 1977; KANDEL et al., 1978; SHEDLER & BLOCK, 1990). HAYS, STACY, WIDAMAN, DIMATTEO und DOWNEY (1986) vermuten – analog VAILLANT und MILOFSKY (1982) für die Vorhersage des Alkoholismus bei

Erwachsenen –, daß Effekte von Selbstwertgefühl auf den Alkoholkonsum bei Jugendlichen verschwinden, wenn sie im Rahmen multivariater Modelle zusammen mit anderen möglichen Einflußfaktoren, wie vor allem dem Peer-Einfluß untersucht werden.

Während also Selbstkonzeptvariablen keinen eindeutigen Zusammenhang zu Konsum und Mißbrauch erkennen lassen, konnte im Gegensatz dazu immer wieder nachgewiesen werden, daß bestimmte Temperamentsfaktoren, die ihrerseits von neurogenetischen Mechanismen abzuhängen scheinen und die bereits in der frühen Kindheit sichtbar werden, mit einem deutlich erhöhten Risiko für Alkohol- und Drogenprobleme im Jugendalter einhergehen. BLOCK, BLOCK und KEYES (1988) haben in einer Längsschnittstudie Kinder vom Vorschul- bis ins Jugendalter begleitet und dabei deutliche Zusammenhänge zwischen der Häufigkeit des Drogengebrauchs im Alter von 14 Jahren und bestimmten Eigenschaften im Kindesalter gefunden. Hierzu gehörten vor allem mangelnde Ich-Kontrolle (gekennzeichnet durch Impulsivität, emotionale Labilität, niedrige Frustrationsschwelle, geringe Fähigkeit, Belohnungen aufzuschieben und eine geringe Ich-Stabilität (geringe Vitalität, geringes Selbstvertrauen, defizitäre Streßverarbeitung) (siehe auch TARTER & MEZZICH, 1992).

Weitere Faktoren, die häufig untersucht und meist auch in ihrer Bedeutung bestätigt wurden, sind antisoziales Verhalten und aggressive Tendenzen in der Kindheit, wobei diese Risikofaktoren bei Jungen insgesamt häufiger vorliegen als bei Mädchen (siehe KAMINER, 1994). KELLAM, ENSMINGER und BROWN (1979) berichteten z.B., daß aggressives Verhalten in der ersten Klasse mit einem höheren Risiko für Drogenmißbrauch in der Adoleszenz einherging (siehe auch KAMINER, 1994). Mangelnde Impulskontrolle und Aggressivität in der Kindheit erwiesen sich auch in der Längsschnittstudie von PULKKINEN und PITHAUEN (1994) als Prädiktoren für späteren Alkoholkonsum. Vermutet wird, daß diese Tendenzen auf genetische Faktoren zurückgehen (siehe z.B. die Zwillingsstudien von MCGUE, PICKENS & SVIKIS, 1992; SLUTSKE et al., 1997), wobei allerdings nicht alle einschlägigen Untersuchungen hier fündig wurden (z.B. LYONS et al., 1995).

SLUTSKE et al. (1998) haben in einer neuen Zwillingsstudie diese Frage weiter verfolgt und konnten einen starken Zusammenhang zwischen (antisozialen) Verhaltensstörungen in der Kindheit und Alkoholabhängigkeit im Erwachsenenalter nachweisen. Sie fanden Korrelationskoeffizienten von $r = .34$ für Männer, bzw. $r = .53$ für Frauen, wobei genetische Faktoren den größeren Teil dieser Zusammenhänge erklärten, ein Teil jedoch auch auf nicht-gemeinsame, individuumspezifische Umweltfaktoren zurückgeführt werden konnte. Die Autoren gehen danach davon aus, daß Verhaltensstörungen (›conduct disorder‹) in der Kindheit und spätere Alkoholabhängigkeit ätiologisch keine distinkten Phänomene sind, sondern auf gemeinsame genetische Risikofaktoren zurückgehen. Darüber hinaus, so die Autoren, scheinen frühe Verhaltensstörungen ein wichtiger Vermittlungsweg für die spätere Genese von Alkoholmißbrauch zu sein. Jugendliche mit Verhaltensstörungen konsumieren nicht nur exzessiver sondern beginnen auch früher mit dem Konsum (ROBINS & MCEVOY, 1990) und verstärken damit vermutlich ihr Risiko, später alkoholabhängig zu werden. Umgekehrt dürfte ein früher und exzessiver Konsum wiederum psychopathologische Symptome verstärken (siehe KANDEL et al., 1997).

In jedem Fall wäre Alkoholmißbrauch im Jugendalter aus dieser Perspektive kein klar abzugrenzendes, separates Störungsbild sondern Ausdruck einer generellen Anpassungsstörung, die mit einer ganzen Reihe anderer Symptome bereits in der frühen Kindheit ihren Anfang nimmt (siehe MOFFIT, 1993).

2.4 Streßerleben und Streßbewältigung

Alkoholkonsum als Mittel zur Streßbewältigung – dies ist eine populäre und auch unmittelbar plausible Kausalannahme. Belastungserleben führt zu emotionaler Mißbefindlichkeit und unterminiert Kontrollerleben. Alkohol reduziert dagegen Anspannung und Unbehagen. Wenn Jugendliche keine adäquaten Problemlösestrategien zur Verfügung haben, sondern vor allem zu emotionaler Bewältigung neigen, besteht die Gefahr, daß der Konsum alkoholischer Getränke zur Copingmaßnahme gegen negative Befindlichkeit wird (WILLS, 1990). Eine Reihe von Theorien haben von daher das subjektive Streßerleben in den Mittelpunkt ihrer Ätiologiekonzepte gestellt. So gehen RHODES und JASON (1990) in ihrem »Social Stress Model of Substance Abuse« davon aus, daß die Wahrscheinlichkeit eines Jugendlichen Substanzen zu mißbrauchen eine Funktion des wahrgenommenen Streßniveaus einerseits und verschiedenster Streßmoderatoren wie den sozialen Netzwerken und individuellen Kompetenzen andererseits ist; eine entscheidende Rolle kritischer Lebensereignisse konnte in ihrer eigenen Studie allerdings nicht bestätigt werden. Theorien, die Drogengebrauch als Bewältigung von Entwicklungsaufgaben verstehen und aus deren Perspektive Substanzmißbrauch eine jugendtypische Reaktion auf Kontrollverlust, d.h. ein Symptom mißglückter Bewältigung von Kontrollverlust ist (siehe z.B. das Modell des psychosozialen Gleichgewichts von UCHTENHAGEN und ZIMMER-HÖFLER, 1985), stellen Streßerleben ebenfalls in den Mittelpunkt ihrer ätiologischen Überlegungen.

Die empirische Befundlage hierzu ist heterogen. SWAIM, OETTING, EDWARDS und BEAUVAIS (1989) fanden z.B. nur einen schwachen Zusammenhang zwischen Ärger und Alkoholkonsum, während Angsterleben überhaupt keine Beziehung zum Gebrauch von Alkohol aufwies. Auch JONES

(1982) fand in den Akten von Kindern der *OAKLAND GROWTH STUDY*, die im Alter von 40 Jahren als Alkoholiker diagnostiziert worden waren, keinen Hinweis auf exzessive Spannungs- oder Angstzustände. Ähnliche Ergebnisse für Collegestudenten, die später Alkoholprobleme entwickelten, berichteten LOPER et al. (1973). Auch MCANDREW (1982) entdeckte bei alkoholmißbrauchenden Jugendlichen weder erhöhte Werte für State- noch für Trait-Angst. Bei den meisten dieser Studien handelt es sich allerdings um retrospektive oder Querschnittstudien, und es wurde nach Angstsymptomatik, weniger nach Streß und Streßerleben selbst gefragt. WILLS, MCNAMARA, VACCARO und HIRKY (1996) begleiteten dagegen 1185 Jugendliche längsschnittlich über zwei Jahre hinweg, von der 7. bis zur 9. Klasse, und fanden, daß negative Lebensereignisse zur Eskalation von Substanzgebrauch beitrugen (siehe auch WILLS, 1990). Im deutschen Sprachraum konnte z.B. die *BERLIN-BREMEN-STUDIE* zeigen, daß Streß- und Problembewältigung eine Rolle für den Beginn von Alkoholkonsum spielt (SEMMER et al., 1991). COLTEN und GORE (1991) sowie WINDLE (1992) berichteten, daß vor allem Mädchen auf streßreiche Ereignisse verstärkt mit Alkoholkonsum reagierten. Bei der Einschätzung der Rolle von Streßerleben muß auf jeden Fall auch berücksichtigt werden, daß bestimmte Faktoren, z.B. aus dem familiären Bereich, die als Prädiktoren identifiziert worden sind, wie ein hoher Grad an Konflikten in der Familie, wenig soziale Unterstützung durch die Eltern oder ein inkonsistentes Erziehungsverhalten durchaus als Streßfaktoren gelten können. Zumindest werden sie von Jugendlichen subjektiv häufig als Belastung erlebt. Ein weiterer Bereich, für den dies gilt, ist die Schule. So sind Leistungsversagen und Schulstreß Prädiktoren für Substanzkonsum und Substanzmißbrauch (siehe z.B. KUMPFER & TURNER, 1990-1991; NORDLOHNE, 1992). In komplexeren Vorhersagemodellen wäre es also sinnvoll, die Wahrnehmung von Streß – eventuell als vermittelndes Element – mitaufzunehmen.

3 Multifaktorielle Ätiologiemodelle

PETRAITIS, FLAY und MILLER (1995) charakterisierten den Forschungsstand treffenderweise damit, daß sie die Fülle von Konstrukten, die alle »irgendwie« Substanzkonsum im Jugendalter vorhersagen, mit einer Ansammlung von Puzzlestücken verglichen, die bisher nicht zu einem sinnvollen Gesamtbild zusammengesetzt worden seien. In der Tat ist weder hinreichend geklärt, wie die einzelnen Versatzstücke untereinander zusammenhängen noch wie diese in einem Gesamtgefüge von Erklärungsfaktoren konkurrierend, alternativ oder gemeinsam experimentellen Substanzkonsum und Substanzmißbrauch im Jugendalter erklären können. Es gibt inzwischen zwar eine Reihe von Theorien, die versuchen, mehrere solcher Erklärungsfaktoren in Beziehung zu setzen; auch diese erklären jedoch letztlich nur Teilaspekte bzw. ›Teilstrecken‹ einer möglichen Kausalkette.

So haben KUMPFER und TURNER (1990-1991) im »Modell der sozialen Ökologie« postuliert, daß Alkoholkonsum im Jugendalter auf spezifische Konstellationen von sozialen und personalen Kausalfaktoren zurückzuführen ist: Wenn das Familienklima und/oder das Schulklima schlecht sind, entsteht bei Jugendlichen subjektives Streßerleben, und die Ausprägung von Selbstwirksamkeitserwartungen wird ebenso beeinträchtigt wie die emotionale Bindung an die Schule und damit verbundene traditionelle Werte. Jugendliche, die sich von akademischen Zielen und schulischen Aktivitäten distanzieren, schließen sich wiederum stärker devianten Peers an, die dann einen direkten Einfluß auf den Substanzkonsum nehmen. Das Modell konnte in der eigenen – allerdings nur querschnittlich angelegten – Studie der Autoren weitgehend bestätigt werden.

Einen ähnlichen Grundgedanken verfolgt das »Modell der sozialen Entwicklung« von HAWKINS und WEIS (1985). Auch hier heißt es, fehlende Bindung an konventionelle gesellschaftliche Werte und Institutionen, an Eltern und andere konventionelle Rollenmodelle führt zur Assoziation mit devianten Peers. Besonders hoch ist die Wahrscheinlichkeit hierfür, wenn in frühen Entwicklungsphasen wenig positiv verstärkende soziale Interaktionen zu Hause und in der Schule erlebt wurden und die Jugendlichen kaum Chancen hatten, akademische und soziale Kompetenzen zu erwerben.

Eines der wenigen Modelle, das versucht, unterschiedliche Einflußfaktoren für verschiedene Entwicklungsphasen des Konsums auszumachen, ist das »Multiphasische Modell sozialen Lernens« (SIMONS, CONGER & WHITBECK, 1988). Unterschieden werden hier drei Entwicklungsphasen. Die Initiation des Konsums beginnt auf der Basis eines persönlichen Wertesystems, in dem kurzfristige vor langfristigen und konventionellen Zielen rangieren, von elterlichem Erziehungsverhalten, dem es an Wärme, Unterstützung und Supervision fehlt und von negativem elterlichem Vorbildverhalten in puncto Substanzkonsum. In der zweiten Phase kommt es zur Integration in deviante, substanzgebrauchende Peer-Gruppen. Dies geschieht vor allem, wenn Jugendliche von bestimmten Persönlichkeitsmerkmalen wie Schüchternheit einerseits oder Assertivität und mangelnder Kompromißfähigkeit andererseits geprägt sind. Die dritte Phase schließlich ist gekennzeichnet durch eine Eskalation zu regelmäßigem Gebrauch und Mißbrauch. Verursachende Faktoren sind hier erneut das Vorbildverhalten von Eltern und von Peers sowie emotionaler Distress und defizitäre Coping-Fähigkeiten.

Eines der ältesten multivariaten Modelle ist die »Theorie des Problemverhaltens« von JESSOR et al. (siehe z.B. JESSOR, DONOVAN & COSTA, 1991), welche versucht, nicht nur Substanzkonsum sondern deviante Verhaltensweisen insgesamt vorherzusagen. Sie integriert eine Fülle verschiedener Kausalfaktoren und kann – zumindest was die einzelnen postulierten Beziehungen angeht – auch empirisch als recht gut bestätigt gelten. JESSOR et al. gehen davon aus, daß Problemverhalten aus einer Person-Umwelt-Interaktion resultiert und daß es in der Umwelt wie in der Person sowohl distale wie proximale Strukturen gibt, die das Verhalten beeinflussen. Zu den distalen Umweltfaktoren gehören die Bindungen an Eltern und Peers, und das Modell sagt hier vorher, daß eine schwache Bindung an die Eltern bei gleichzeitiger starker Bindung an die Peers Problemverhalten begünstigt. Im Bereich der Person besteht die distale Struktur aus dem persönlichen Überzeugungssystem. Demnach wären Jugendliche besonders gefährdet, wenn sie sozial kritisch und/oder kulturell entfremdet sind, wenn sie ein geringes Selbstwertgefühl und ein geringes Kontrollerleben haben. Auf einer intermediären Ebene kommt es entsprechend zur Herausbildung konsumbegünstigender Motivlagen. Eine besondere Gefährdung wäre dann gegeben, wenn Jugendliche ihre Freundschaft mit Peers sehr hoch bewerten, nach Unabhängigkeit von den Eltern streben und akademische Ziele gering schätzen. Proximale Strukturen des Umweltbereichs schließlich umfassen das konkrete Modellverhalten von Eltern und Peers, während es auf der personalen Ebene im Bereich der proximalen Faktoren um Einstellungen und Ergebniserwartungen bezüglich devianten Verhaltens geht. Das »Vulnerabilitätsmodell« von SHER (1991), das explizit Alkoholmißbrauch vorhersagen will, unterscheidet sich von den anderen Ansätzen vor allem hinsichtlich des Einbezugs und der Betonung der genetischen Komponente. SHER argumentiert, daß Kinder von Alkoholikern genetisch bedingt sowohl bestimmte »schwierige« Temperamente wie leicht beeinträchtigte kognitive Funktionen (vor allem im Aufmerksamkeitsbereich), defizitäre Coping-Strategien sowie eine erhöhte pharmakologische Sensitivität für den Verstärkungswert von Alkohol (vor allem bezüglich Streßreduktion) bei erhöhter Alkoholtoleranz aufweisen. Diese Faktoren interagieren wiederum mit sozialen Bindungsstrukturen oder kognitiven Erwartungen. Über diese spezifischen Beziehungen zwischen den Variablen und ihre gemeinsame Wirkung auf das Verhalten werden jeweils einzelne testbare Aussagen gemacht. Das Modell ist in seiner gesamten Komplexität kaum empirisch überprüfbar, deutet aber an, wo die Zukunft ätiologischer Modelle liegen könnte.

Die genannten Ansätze führen insofern weiter, als sie Einflußfaktoren aus dem intra- und interpersonellen Bereich miteinander in Beziehung setzen und zum Teil auch in eine Wirkungshierarchie bringen, die den verschiedenen Determinanten eher direkten oder indirekten Einfluß auf den Konsum zuordnen, wobei in fast allen Modellen der Peer-Einfluß als das letzte vermittelnde Glied der Kausalkette gesehen wird. Defizitär ist aber die nach wie vor fehlende Ausspezifizierung einzelner Wirkungszusammenhänge im Sinne direkter, indirekter oder interaktiver Beziehungen. Darüber hinaus bleiben in der Mehrzahl der Ansätze bestimmte, empirisch bereits als relevant identifizierte Elemente einer möglichen Kausalkette unberücksichtigt, so z.B. die Rolle, die biologisch-genetische Faktoren für die Entwicklung von Mißbrauch und Abhängigkeit spielen. Auch der Einfluß kognitiver Faktoren wie Erwartungen und Einstellungen auf Beginn und Eskalation des Konsums ist in diesen Modellen unterrepräsentiert. Soziale und individuelle Einflußfaktoren wie elterliches Vorbildverhalten oder Streßerleben wirken nicht notwendigerweise direkt auf das Verhalten von Jugendlichen, sondern werden über kognitive Prozesse, wie die Herausbildung bestimmter Werte, Einstellungen und Erwartungen bezüglich der Wirkung von Alkohol vermittelt. Neben den Selbstwirksamkeitserwartungen, das heißt den Einschätzungen der Jugendlichen in bestimmten Situationen, z.B. bei Gruppendruck oder bei Streßerleben dem Alkoholkonsum widerstehen zu können (z.B. RISE & WILHELMSEN, 1998), spielen vor allem Funktions- oder Ergebniserwartungen bzgl. der Wirkung von Alkohol (CHRISTIANSEN, GOLDMAN & INN, 1982; SMITH & GOLDMAN, 1994) eine große Rolle. Hierzu gehört z.B. die Vorstellung, mit Alkoholkonsum Geselligkeit in der Gruppe zu demonstrieren. »To have a good time with my friends« wird sowohl für Alkoholkonsum wie für die Verwendung anderer Substanzen als Grund angegeben (BACHMAN et al., 1984). Lockerer zu werden, in der Clique akzeptiert zu werden, gehören ebenfalls in diesen Motivbereich. Darüber hinaus werden oft auch Gründe aus dem Bereich »Streßbewältigung« genannt: um besser einschlafen zu können, aus Langeweile, um besser mit dem anderen Geschlecht klar zu kommen oder um Probleme zu vergessen (AUGUSTYN & SIMONS-MORTON, 1995). SMITH und GOLDMAN (1990) konnten zeigen, daß Familieneinflüsse auf jugendlichen Alkoholkonsum, wie elterliches Konsumverhalten und Einstellungen der Eltern über die Herausbildung von Erwartungen bei den Jugendlichen vermittelt werden. Hierbei kommt es zu wechselseitigen Verstärkungsprozessen. Jugendliche mit positiven Funktionserwartungen neigen eher zum Konsum und erleben diesen dann auch positiver, was wiederum eine verstärkende Rückwirkung auf die Erwartungen hat, die dann erneut den folgenden Konsum beeinflussen. Solche kognitiven Vermittlungsmechanismen sind in den gängigen Ätiologiemodellen bisher jedoch vernachlässigt worden.

PETRAITIS et al. (1995) haben den Versuch gemacht, die existierenden Modelle in einem gemeinsamen Kategoriensystem zu systematisieren und eine 3 x 3-Konstruktmatrix entwickelt, in der soziale Einflüsse, Einstellungseinflüsse und intrapersonale Einflüsse unterschieden werden. Alle drei Einflußbereiche werden dann wiederum in verschiedene hierarchische Einflußebenen (proximal, distal, ultimativ) gegliedert. So beinhaltet z.B. der *Bereich der sozialen Einflüsse* auf der proximalen Ebene normative Überzeugungen und Prävalenzschätzungen, auf der distalen Ebene die Bindung an verschiedene Rollenmodelle sowie deren Verhaltensweisen und Einstellungen bezüglich Substanzen und auf der – am weitesten entfernten – ultimativen Ebene allgemeine Merkmale von Eltern, Familie und anderen Rollenmodellen. Hierzu gehören dann auch Erziehungsstile, das Familienklima, Konflikte etc.

Eine solche klassifikatorische Variablenordnung ist sicherlich sinnvoll und hilfreich, wobei aber die Beziehungen zwischen den einzelnen Variablen und die Art ihrer Wirkung auf das Kriterium noch spezifiziert werden müßten. Geklärt werden müßte hierbei vor allem der theoretische Status einzelner Variablen in Hinblick auf ihre Funktion als Risikofaktor oder protektives Element. Da es wenig zusätzlichen Erkenntnisgewinn verspricht, die Abwesenheit eines Risikofaktors per se als protektiv zu charakterisieren und umgekehrt, müßten zum einen die Faktoren identifiziert werden, die genuin risikoerhöhend wirken, ohne daß ihre Abwesenheit per se protektiv wirken würde, zum anderen solche Merkmale benannt werden, die schützen, ohne daß ihr Nichtvorhandensein allein bereits ein Risiko darstellt. Risikofaktoren in diesem engeren Sinne könnten z.B. genetische Prädispositionen, Vorbildverhalten der Peers, Streßerleben, oder zerrüttete Familienverhältnisse sein, während z.B. ein autoritativer elterlicher Erziehungsstil, eine enge emotionale Bindung an und soziale Unterstützung durch die Eltern oder konventionelle Einstellungen eher protektiven Charakter haben.

Grundsätzlich stellt sich in diesem Zusammenhang aber die Frage, wie sinnvoll die Suche nach *dem einen* universell gültigen Modell ist, das tatsächlich *alle* relevanten Vorhersagekomponenten umfaßt. Einige Studien zur Genese des Alkoholismus (siehe oben; CLONINGER et al., 1981; GOODWIN, 1985; SIGVARDSSON et al., 1996) deuten darauf hin, daß es unterschiedliche Entwicklungswege hin zur Abhängigkeit gibt. BROOK, WHITEMAN, GORDON, NOMURA und BROOK (1986) kamen auf Basis ihrer Längsschnittstudie zu jugendlichem Problemverhalten zu einem ähnlichen Schluß und konstatierten, daß intrapersonale und interpersonale Faktoren je nach Individuum eine unterschiedlich bedeutsame Rolle spielen können und auf unterschiedliche Art und Weise zusammenwirken. Das heißt, weder ist das gleiche Ergebnis notwendig auf identische Ausgangskonstellationen zurückzuführen noch führen gleiche Ausgangsbedingungen immer zu identischen Outcomes. Diskontinuitäten in der Entwicklung lassen sich aber nur entdecken, wenn das Zusammenwirken verschiedener risikoerhöhender und protektiver Faktoren nicht statisch betrachtet sondern als prozeßhaftes Geschehen begriffen wird. Zukünftig wird es dabei besonders darauf ankommen, die Kontinuität bzw. Diskontinuität von jugendlichem Alkolkonsum zu Alkoholmißbrauch ätiologisch zu klären, das heißt herauszufinden, warum viele Jugendliche »normale« Konsummuster entwickeln während einige zu exzessivem Konsum übergehen oder abhängig werden.

Hilfreich scheint in diesem Kontext der Ansatz von MOFFIT (1993), in dem für die Genese von antisozialem Verhalten – welches enge Verbindungen zu Alkoholproblemen im Jugendalter aufweist – jugendphasenbegrenztes (›adolescence limited‹) und lebenslaufandauerndes (›life course persistent‹) Problemverhalten unterschieden wird. Lebenslaufandauerndes Problemverhalten scheint dabei durch einen sehr spezifischen risikoakkumulierenden Entwicklungsprozeß gekennzeichnet, in dem die Präsenz einiger bestimmter Risikofaktoren das Auftreten weiterer Risiken nach sich zieht. So mag aufgrund einer genetischen Disposition die Wahrscheinlichkeit neuropsychologischer Probleme bei Kindern erhöht sein, so daß eher motorische oder kognitive Entwicklungsstörungen auftreten sowie das, was mit einem »schwierigen« Temperament beschrieben wird (gekennzeichnet z.B. durch eine geringe Aufmerksamkeitsspanne, geringe Frustrationstoleranz, aggressive/ antisoziale Tendenzen). Die elterliche Reaktion auf solche Verhaltensweisen ist oft wiederum wenig positiv – zumal Eltern mit Alkoholproblemen mit höherer Wahrscheinlichkeit selbst nur über inadäquate Coping-Strategien verfügen, autoritäres oder inkonsistentes Erziehungsverhalten zeigen, soziale Unterstützung für die Kinder vermissen lassen und mehr Schwierigkeiten haben, traditionelle Werte zu vermitteln. Gleichzeitig kommt es mit höherer Wahrscheinlichkeit zu familiären Konflikten und familiärer Disorganisation, was wiederum die Chance erhöht, daß sich die Kinder später durch die Zuordnung zu devianten Peergruppen abgrenzen, wo dann auch exzessiv Alkohol getrunken wird. Dieser Konsum trifft bei Jugendlichen mit genetischem Risiko auf eine erhöhte pharmakologische Sensitivität bei gleichzeitig erhöhtem Verstärkerwert usw. Denkbar sind hier regelrechte »Risikospiralen«, die das Auftreten problematischer Konsummuster immer wahrscheinlicher machen. Daß es tatsächlich zu kumulativen Effekten bei Auftreten mehrerer Risikofaktoren kommt, konnte bereits in einer Reihe von Studien empirisch nachgewiesen werden (NEWCOMB, MADDAHIAN, SKAGER & BENTLER, 1987; RUTTER, 1980).

Klärungsbedürftig wäre im Rahmen eines solchen Modells nach wie vor, inwieweit die einzelnen und zum Teil zeitlich nacheinander auftretenden Faktoren in ihrer Wirkung wirklich genuin zur Erklärung des Kriteriums, also Alkoholkonsum im Jugendalter, beitragen oder lediglich Korrelate vorhergehender primärer Determinanten sind. Eine weitere Frage wäre, ob solche Wirkungsprozesse rein additiv verlaufen oder inwieweit auch multiplikativ-verstärkende oder ggfs. kompensatorische Wirkungen möglich sind, denn *daß* alle diese Negativfaktoren gleichzeitig auftreten, ist natürlich nicht zwangsläufig. Zu fragen wäre, welche der protektiven Faktoren allein oder gemeinsam als Puffer z.B. gegen eine genetische Vulnerabilität wirken können sowie – umgekehrt – welche der Risikofaktoren auch ohne Vorliegen einer diagnostizierbaren biologischen Vulnerabilität langfristigen Problemkonsum oder Abhängigkeit erzeugen. Auch innerhalb eines solchen

lebenslaufanhaltenden »kumulativen Risikotyps« lassen sich also unter Umständen weitere ätiologische Subgruppen unterscheiden.
Für Jugendliche, bei denen der problematische Konsum nach MOFFITS Klassifikation lebensphasenspezifisch ist, mag die Ätiologie von vorneherein ganz anders aussehen. Vermutlich fehlen hier biologisch-familiengeschichtliche Einflußfaktoren sowie ein bereits in früher Kindheit erkennbares »schwieriges« Temperament. MOFFIT (1995) nennt als spezifischen Kausalfaktor hier ein »maturity gap«, eine Kluft zwischen biologischen und sozial-gesellschaftlichen Reifeprozessen, mit denen sich (post)moderne Jugendliche konfrontiert sehen. Verlängerte Ausbildungszeiten und eine entsprechend längere ökonomische Abhängigkeit von den Eltern stehen verkürzten biologischen Reifeperioden gegenüber, die Entwicklungskonflikte verschärfen und bei einigen Jugendlichen zu Anpassungsreaktionen führen, die jedoch mit dem Ende der Adoleszenz überwunden werden. Problemkonsum ist aus dieser Sichtweise ein Mittel zur Bewältigung von Entwicklungskrisen, das obsolet wird, sobald diese Entwicklungsphase abgeschlossen ist. Für diese spezifische Form jugendlichen Problemkonsums könnten auf jeden Fall soziale Faktoren oder Streßerleben eine relativ größere Bedeutung haben als für den stabileren lebenslaufandauernden Konsum.

Daß viele Jugendliche *gar keine* problematischen Konsummuster entwickeln, kann unterschiedliche Gründe haben. MOFFIT geht z.B. davon aus, daß es in einem gewissen Prozentsatz der Fälle zu verspäteten biologischen Reifungsprozessen kommt, so daß die wahrgenommene Diskrepanz zur sozialen Rolle geringer ist. Vermuten läßt sich aber auch, daß die Abwesenheit von konsumierenden Peer-Modellen, das Fehlen negativer Eltern-Kind-Interaktionen, die durch symbolische Abgrenzung kompensiert werden sollen oder das Ausbleiben akuter Belastungen ebenso eine Rolle spielt wie eine starke Identifikation mit akademischen Zielen oder anderen Interessen, die mit Problemkonsum inkompatibel sind.

Alles in allem ist ARCHAMBAULT (1990) zuzustimmen, wenn er konstatiert, daß es *den* Grund für jugendlichen Drogenkonsum (und Drogenmißbrauch) wohl nicht gibt und ein solcher auch nie identifiziert werden wird. Die Entwicklung von Substanzkonsummustern resultiert aus einem komplexen Zusammenspiel zwischen genetischer Vulnerabilität, individuellem Temperament, elterlichem Erziehungsverhalten, Modelleinflüssen von Peer-Gruppen, aber auch der Verfügbarkeit bestimmter Substanzen sowie konkreten Erwartungen und Einstellungen, die sich an ihren Gebrauch knüpfen.

4 Literatur

AAS, H., LEIGH, B.C., ANDERSSEN, N. & JAKOBSEN, R. (1998). Two-year longitudinal study of alcohol expectancies and drinking among Norwegian adolescents. *Addiction, 93*, 373-384.

ACKERMANN, K. (1996). Psychologische Modelle abhängigen Alkohol- und Drogenkonsums. In K. Mann & G. Buchkremer (Hrsg.), *Sucht* (S. 19-32). Stuttgart: Fischer.

ALEXOPOULOS, G.S., LIEBERMAN, K.W. & FRANCES, R.J. (1983). Platelet MAO activity in alcoholic patients and their first degree relatives. *American Journal of Psychiatry, 140*, 1501-1503.

ARCHAMBAULT, D. (1992). Adolescence: A physiological, cultural, and psychological no man's land. In G.W. Lawson & A.W. Lawson (Eds.), *Alcoholism and substance abuse in special populations* (223-246). Rockville, MD: Aspen.

AUGUSTYN, M. & SIMONS-MORTON, B.G. (1995). Adolescent drinking and driving: Etiology and interpretation. *Journal of Drug Education, 25*, 41-59.

BACHMAN, J.G., O'MALLEY, P.M. & JOHNSTON, L.D. (1984). Drug use among young adults: the impact of role status and social environment. *Journal of Personality and Social Psychology, 47*, 629-645.

BANDURA, A. (1986). *Social foundations of thought and action. A social-cognitive theory.* Englewood Cliffs, NJ: Prentice Hall.

BARNES, G.M. & WELTE, J.W. (1990). Prediction of adults' drinking patterns from the drinking of their parents. *Journal of Studies on Alcohol, 51*, 523-527.

BAUMANN, K.E. & ENNETT, S.T. (1994). Peer influences on adolescent drug use. *American Psychologist, 49*, 820-822.

BAUMRIND, D. & MOSELLE, K.A. (1985). A developmental perspective on adolescent drug abuse. In J. Brook, D.J. Lettieri, D.W. Brook & B. Stimmel (Eds.), *Alcohol and substance abuse in adolescence* (pp. 41-67). New York: Haworth Press.

BLANTON, H., GIBBONS, F.X., GERRARD, M., CONGER, K.J. & SMITH, G.E. (1997). Role of family and peers in the development of prototypes associated with substance use. *Journal of Family Psychology, 11*, 271-288.

BLOCK, J., BLOCK, J.H. & KEYES, S. (1988). Longitudinally foretelling drug usage in adolescence: Early childhood personality and environment precursors. *Child Development, 52*, 452-464.

BOHMANN, M., SIGVARDSSON, S. & CLONINGER, C.R. (1981). Maternal inheritance of alcohol abuse: Cross-fostering analysis of adopted women. *Archives of General Psychiatry, 38*, 965-969.

BROOK, D.W. & BROOK, J.S. (1985). Adolescent alcohol use. *Alcohol and alcoholism*, *20*, 259-262.

BROOK, J.S., BROOK, D.W., GORDON, A.S., WHITEMAN, M. & COHEN, P. (1990). The psychosocial etiology of adolescent drug use: A family interactional approach. *General Sociology and General Psychology Monographs*, *116*, 119-267.

BROOK, J.S., WHITEMAN, M., GORDON, A.S., NOMURA, A.C. & BROOK, D.W. (1986). Onset of adolescent drinking: A longitudinal study of intrapersonal and interpersonal antecedents. *Advances in Alcohol and Substance Abuse, 5,* 91-110.

BUELOW, S. & BUELOW, G. (1995). Gender differences in late adolescents` substance abuse and family role development. *Journal of Child and Adolescent Substance Abuse*, *4,* 27-38.

BUKSTEIN, O.G., BRENT, D.A. & KAMINER, Y. (1989). Comorbidity of substance use and other psychiatric disorders in adolescents. *American Journal of Psychiatry*, *146*, 1131-1141.

BUTLER, J.T. (1982). Early adolescent alcohol consumption and self-concept, social class and knowledge of alcohol. *Journal of Studies on Alcohol*, *43*, 603-607.

CHAN, A.W. (1986). Racial difference in alcohol sensitivity. *Alcohol and Alcoholism*, *21*, 93-104.

CHOPAK, J.S., VICARY, J.R. & CROCKETT, L.J. (1998). Predicting alcohol and tobacco use in a sample of rural adolescents. *American Journal of Health Behavior*, *22*, 334-341.

CHRISTIANSEN, B.A., GOLDMAN, M.S. & INN, A. (1982). Development of alcohol-related expectancies in adolescents: Separating pharmacological from learning influences. *Journal of Consulting and Clinical Psychology, 50,* 336-344.

CLAYTON, R.R. (1992). Transitions in drug use: risk and protective factors: In M. Glantz & R. Pickens (Eds.), *Vulnerability to drug abuse* (pp. 15-51). Washington. DC: American Psychological Association.

CLONINGER, C.R. (1987). Neurogenetic adaptive mechanisms in alcoholism. *Science*, *236*, 410-416.

CLONINGER, C.R., BOHMAN, M., & SIGVARDSSON, S. (1981). Inheritance of alcohol abuse: Cross-fostering analysis of adopted men. *Archives of General Psychiatry*, *38*, 861-867.

CLONINGER, C.R., SIGVARDSSON, S. & BOHMAN, M. (1988). Childhood personality predicts alcohol abuse in young adults. *Alcoholism: Clinical and Experimental Research*, *12*, 494-505.

COHEN, D.A. & RICE, J. (1997). Parenting styles, adolescent substance use, and academic achievement. *Journal of Drug Education*, *27*, 199-211.

COLTEN, M.E. & GORE, S. (1991). *Adolescent stress: Causes and consequences.* New York: Aldine DeGruyter.

ENNETT, S.T. & BAUMAN, K.E. (1993). Peer group structure and adolescent cigarette smoking: A social network analysis. *Journal of Health and Social Behavior*, *34*, 226-236.

FARREN, C.K., CLARE, A.W., TIPTON, K.F. & DINAN, T.G. (1998). Platelet MAO activity in subtypes of alcoholics and controls in a homogeneous population. *Journal of Psychiatric Research*, *32*, 49-54.

FISHER, L.A. & BAUMAN, K.E. (1988). Influence and selection in the friend-adolescent relationship: Findings from studies of adolescent smoking and drinking. *Journal of Applied Social Psychology*, *18*, 289-314.

FLEWELLING, R.L. & BAUMAN, K.E. (1990). Family structure as a predictor of initial substance use and sexual intercourse in early adolescence. *Journal of Marriage and the Family, 52*, 171-181.

FOXCROFT, D.R. & LOWE, G. (1991). Adolescent drinking behaviour and family socialization factors: a meta-analysis. *Journal of Adolescence, 14,* 255-273.

GOODWIN, D.W. (1985). Alcoholism and genetics: The sins of the fathers. *Archives of General Psychiatry*, *42*, 171-174.

GOODWIN, D.W. (1981). Family studies of alcoholism. *Journal of Studies on Alcohol*, *42*, 156-162.

GOODWIN, D.W., SCHULSINGER, F., HERMANSEN, L., GUZE, S.B. & WINOKUR, G. (1973). Alcohol problems in adoptees raised apart from alcoholic biological parents. *Archives of General Psychiatry, 34,* 751-755.

HAWKINS, J.D., CATALANO, R.F. & MILLER, J.Y. (1992). Risk and protective factors for alcohol and other drug problems in adolescence and early adulthood: Implications for substance abuse prevention. *Psychological Bulletin*, *112*, 64-105.

HAWKINS, J.D., GRAHAM, J.W., MAGUIN, E., ABBOTT, R., HILL, K.G. & CATALANO, R.F. (1997). Exploring the effects of age on alcohol use initiation and psychosocial risk factors on subsequent alcohol misuse. *Journal of Studies on Alcohol*, *58*, 280-290.

HAWKINS, J.D. & WEIS, J.G. (1985). The social development model: An integrated approach to delinquency prevention. *Journal of Primary Prevention, 6*, 73-97.

HAYS, R.D., STACY, A.W., WIDAMAN, K.F., DIMATTEO, M.R. & DOWNEY, R. (1986). Multistage path models of adolescent alcohol and drug use: A reanalysis. *Journal of Drug Issues*, *16*, 357-369.

HEATH, A.C., BUCHOLZ, K.K., MADDEN, P.A.F. et al. (1997). Genetic and environmental contributions to alcohol dependence risk in a national twin sample: Consistency of findings in women and men. *Psychological Medicine*, *27*, 1381-1396.

HEATH, A.C., SLUTSKE, W.S. & MADDEN, P.A.F. (1997). Gender differences in the genetic contribution to alcoholism risk and to alcohol consumption patterns. In R.W. Wilsnack & S.C. Wilsnack (Eds.), *Gender and alcohol: Individual and social perspectives* (pp. 114-149). New Brunswick, NJ: Rutgers Center of Alcohol Studies.

HEGEDUS, A., ALTERMAN, A. & TARTER, R. (1984). Learning achievement in sons of alcoholics. *Alcoholism: Clinical and Experimental Research, 8*, 330-336.

HILL, S.Y. (1998). Alternative strategies for uncovering genes contributing to alcoholism risk: Unpredictable findings in a genetic wonderland. *Alcohol, 16*, 53-59.

HILL, S.Y., STEINHAUER, S.R., SMITH, R.R. & LOCKE, J. (1991). Risk markers of alcoholism in high-density families. *Journal of Substance Abuse, 3*, 351-369.

HRUBRE, Z. & OMENN, G. (1981). Evidence of genetic predisposition to alcoholic cirrhosis and psychosis: Twin concordance for alcoholism and its biological end-points by zygosity among male veterans. *Alcoholism: Clinical and Experimental Research, 5*, 207-235.

JACKSON, C. (1997). Initial and experimental stages of tobacco and alcohol use during late childhood: Relation to peer, parent, and personal risk factors. *Addictive Behaviors, 22*, 685-698.

JESSOR, R., DONOVAN, J.E. & COSTA, F.M. (1991*). Beyond adolescence: Problem behavior and young adult development*. Cambridge: Cambridge University Press.

JESSOR, R. & JESSOR, S.L. (1977*). Problem behavior and psychosocial development: A longitudinal study of youth*. New York: Academic Press.

JOHNSON, V. & PANDINA, R.J. (1991). Effects of the family environment on adolescent substance use, delinquency, and coping styles. *American Journal of Drug and Alcohol Abuse, 17*, 71-88.

JONES, M.C. (1968). Personality correlates and antecedents of drinking patterns in adult males. *Journal of Consulting and Clinical Psychology, 32*, 2-12.

JONES-WEBB, R., TOOMEY, T.L., SHORT, B., MURRAY, D.M., WAGENAAR, A. & WOLFSON. M. (1997). Relationships among alcohol availability, drinking location. alcohol consumption and drinking problems in adolescents. *Substance Use and Misuse, 32*, 1261-1285.

KAMINER, Y. (1994*). Adolescent substance abuse: A comprehensive guide to theory and practice*. New York: Plenum Press.

KAMMIER, M.L., HOFFMAN, H. & LOPER, R.G. (1973). Personality characteristics of alcoholics as college freshmen and at time of treatment. *Quarterly Journal of Studies in Alcoholism, 34,* 390-399.

KANDEL, D.B. (1982). Epidemiological and psychosocial perspectives on adolescent drug use. *Journal of the American Academy of Child Psychiatry, 21*, 328-347.

KANDEL, D.B. (1975). Stages of adolescent involvement in drug use. *Science, 190*, 921-914.

KANDEL, D.B. & DAVIES, M. (1986). Adult sequelae of adolescent depressive symptoms. *Archives of General Psychiatry, 43*, 255-262.

KANDEL, D.B., DAVIES, M., KARUS, D. & YAMAGUCHI, K. (1986). The consequences in young adulthood of adolescent drug involvement: An overview. *Archives of General Psychiatry, 43*, 746-754.

KANDEL, D.B., JOHNSON, J.G., BIRD, H.R., CANINO, G., GOODMAN, S.H., LAHEY, B.B., REGIER, D.A. & SCHWAB-STONE, M. (1997). Psychiatric disorders associated with substance use among children and adolescents: Findings from the Methods for the Epidemiology of Child and Adolescent Mental Disorders (MECA) Study. *Journal of Abnormal Child Psychology, 25*, 121-132.

KANDEL, D.B., KESSLER, R.C. & MARGULIES, R.Z. (1978). Antecedents of adolescent initiation into stages of drug use: A developmental analysis. *Journal of Youth and Adolescence, 7*, 13-40.

KAPLAN, H.B. (1978). Deviant behavior and self-enhancement in adolescence. *Journal of Youth and Adolescence, 7*, 253-277.

KAPRIO, J., KOSKENVIO, M., LANGINVAINIO, H., ROMANOV, K., SARNA, S. & ROSE, R.J. (1987). Genetic influences on use and abuse of alcohol: Study of 5638 adult Finnish twin brothers. *Alcoholism: Clinical and Experimental Research, 11*, 349-356.

KELLAM, S.G., ENSMINGER, M.E. & BROWN, C.H. (1979). Epidemiological research into the antecedents in early childhood of psychiatric symptoms and drug use. *Society for Research in Child Development, 27*, 6-7.

KELLAM, S.G., SIMON, M.B. & ENSMINGER, M.E. (1983). Antecedent of teenage drug use and psychological well-being: A ten year community wide prospective study. In D. Ricks & B.S. Dohrenwend (Eds.), *Origins of psychopathology, Research and public policy* (pp. 203-232). Cambridge, MA: Cambridge University Press.

KENDLER, K.S., HEATH, A.C., NEALE, M.C., KESSLER, R.C. & EAVES, L.J. (1992). A population-based twin-study of alcoholism in women. *Journal of the American Medical Association, 268*, 1877-1882.

KUMPFER, K.L. & TURNER, C.W. (1990-1991). The social ecology model of adolescent substance abuse: Implications for prevention. *International Journal of the Addictions, 25*, 435-463.

LAWSON, A.W. (1992). Intergenerational alcoholism: The family connection. In G.W. Lawson & A. Lawson (Eds.), *Adolescent substance abuse: Etiology, treatment, and prevention* (S. 41-69). Rockville, MD: Aspen.

LIFRAK, P.D., MCKAY, J.R., ROSTAIN, A., ALTERMAN, A.O. & O'BRIEN, C.P. (1997). Relationship of perceived competencies, perceived social support, and gender to substance use in young adolescents. *Journal of the American Academy of Child and Adolescent Psychiatry*, *36,* 933-939.

LIGHT, J.M., IRVINE, K.M. & KJERULF, L. (1996). Estimating genetic and environmental effects of alcohol use and dependence from a national survey: A »quasi-adoption« study. *Journal of Studies on Alcohol, 57*, 507-520.

LOPER, R.B., KAMMIER, M.L. & HOFFMAN, H.J. (1973). MMPI characteristics of college freshmen males who later became alcoholics. *Journal of Abnormal Psychology*, *82*, 159-162.

LOWRY, R., KINN, L., COLLINS, J.L. & KOLBE, L.J. (1996). The effect of socioeconomic status on chronic disease risk behaviors among US adolescents. *Journal of the American Medical Association*, *11*, 792-797.

LYONS, M.J., TRUE, W., EISEN, S., GOLDBERG, J., MEYER, J., FARAONE, S.V., EAVES. L. & & TSUANG, M.T. (1995). Differential heritability of adult and juvenile antisocial traits. *Archives of General Psychiatry, 52*, 906-915.

MACKINNON, D.P., JOHNSON, C.A., PENTZ, M.A., DWYER, J.H., FLAY, H.P. & WANG, C. (1991). Mediating mechanisms in a school-based drug prevention program: First year effects of the Midwestern Prevention Project. *Health Psychology, 10*, 164-172.

MADDAHIAN, E., NEWCOMB, M.D. & BENTLER, P.M. (1986). Adolescents' substance use: Impacts of ethnicity, income and availability. *Advances in Alcohol and Substance Abuse, 5,* 63-78.

MCANDREW, C. (1982). An examination of the relevance of the individual differences (A-trait) formulation of the Tension-Reduction Theory to the etiology of alcohol abuse in young males. *Addictive Behaviors, 7,* 39-45.

MCGUE, M., PICKENS, R.W. & SVIKIS, D.S. (1992). Sex and age effects on the inheritance of alcohol problems: A twin study. *Journal of Abnormal Psychology*, *101*, 3-17.

MOFFIT, T.E. (1993). Adolescence-limited and life-course persistent antisocial behavior: A developmental taxonomy. *Psychological Review, 100*, 674-701.

NEHER, L.S. & SHORT, J. (1998). Risk and protective factors of children's substance use and antisocial behavior following parental divorce. *American Journal of Orthopsychiatry,* 68, 154-161.

NEWCOMB, M.D. & BENTLER, P.M. (1989). Substance use and abuse among children and teenagers. *American Psychologist*, *44*, 242-248.

NEWCOMB, M.D., MADDAHIAN, E. & BENTLER, P.M. (1986). Risk factors for drug use among adolescents: Concurrent and longitudinal analyses. *American Journal of Public Health*, *76*, 525-530.

NEWCOMB, M.D., MADDAHIAN, E., SKAGER, R. & BENTLER, P.M. (1987). Substance abuse and psychosocial risk factors among teenagers: Associations with sex, age, ethnicity, and type of school. *American Journal of Drug and Alcohol Abuse*, *13*, 413-433.

NORDLOHNE, E. (1992). *Die Kosten jugendlicher Problembewältigung*. Weinheim: Juventa.

PANDINA, R.J. & JOHNSON, V. (1990). Serious alcohol and drug problems among adolescents with a family history of alcoholism. *Journal of Studies on Alcohol*, *51*, 278-282.

PANDINA, R.J. & SCHULE, J.A. (1983). Psychosocial correlates of alcohol and drug use of adolescent students and adolescents in treatment. *Journal of Studies on Alcohol, 44*, 950-973.

PARDECK, J.T. (1991). A multiple regression analysis of family factors affecting the potential for alcoholism in college studens. *Adolescence*, *26*, 341-347.

PETERSON, P.L., ABBOTT, R.D., HAWKINS, J.D. & CATALANO, R.F. (1994). Disentangling the effects of parental drinking, family management, and parental alcohol norms on current drinking by black and white adolescents. In G.B. Boyd (Ed.), *Alcohol problems among adolescents. Current directions in prevention research* (pp. 33-58). Hillsdale, NJ: Erlbaum.

PETRAITIS, J., FLAY, B.R. & MILLER, T.Q. (1995). Reviewing theories of adolescent substance use: Organizing pieces in the puzzle. *Psychological Bulletin*, *117*, 67-86.

PICKENS, R.W., SVIKIS, D.S., MCGUE, M., LYKKEN, D.T., HESTON, L.L. & CLAYTON, P.J. (1991). Heterogeneity in the inheritance of alcoholism: A study of male and female twins. *Archives of General Psychiatry*, *48*, 19-28.

PRENTICE, D.A. & MILLER, D. (1993). Pluralistic ignorance and alcohol use on campus: Some consequences of misperceiving the social norm. *Journal of Personality and Social Psychology*, *64*, 243-256.

PRESCOTT, C.A. & KENDLER, K.S. (1999). Genetic and environmental contributions to alcohol abuse and dependence in a population-based sample of male twins. *American Journal of Psychiatry*, *156*, 34-40.

PULKKINEN, L. & PITTHAUEN, T. (1994). A prospective study of the precursors to problem drinking in young adulthood. *Journal of Studies on Alcohol*, *55,* 578-587.

RHODES, J.E. & JASON, L.A. (1990). A social stress model for substance abuse. *Journal of Consulting and Clinical Psychology, 58*, 395-401.

RICHARDS, T.M. (1979). Working with children of alcoholic mothers. *Alcohol Health and Research World*, *3*, 22-25.

ROBINS, L.N. & MCEVOY, L. (1990). Conduct problems as predictors of substance abuse: In L.N. Robins & M. Rutter (Eds.), *Straight and devious pathways from childhood to adulthood* (pp. 182-204). New York: Cambridge University Press.

ROMMELSPACHER, H. (1996). Welche neurobiologischen Mechanismen erklären Aspekte süchtigen Verhaltens? In K. Mann & H. Buchkremer (Hrsg.), *Sucht. Grundlagen, Diagnostik, Therapie* (S- 41-52). Stuttgart: Gustav Fischer Verlag.

RUTTER, M. (1980). *Changing youth in a changing society*. Cambridge, MA: Harvard University Press.

SCHUCKIT, M.A. (1998). Biological, psychological and environmental predictors of the alcoholism risk: A longitudinal study. *Journal of Studies on Alcohol, 59*, 485-494.

SCHUCKIT, M.A. (1984). Subjective responses to alcohol in sons of alcoholic and control subjects. *Archives of General Psychiatry, 140*, 439-443.

SCHUCKIT, M.A. (1983). Alcoholic men with no alcoholic first-degree relatives. *American Journal of Psychiatry, 115*, 907-915.

SCHUCKIT, A., GOODWIN, D.W. & WINOKUR, G. (1972). *Life history research in psychopathology.* Minneapolis: University of Minnesota Press.

SEIFFGE-KRENKE, I. (1994). *Gesundheitspsychologie des Jugendalters.* Göttingen: Hogrefe.

SEIFFGE-KRENKE, I. (1993). Depressive Verstimmungen im Jugendalter: Der relative Beitrag von familiären und Freundschaftsbeziehungen. *Zeitschrift für Klinische Psychologie, 22*, 117-136.

SEMMER, N., LIPPERT, P., FUCHS, R., RIEGER-NDAKORERWA, G., DWYER, J.H. & KNOKE, E.-A. (1991). *Gesundheitsverhalten im Kindes- und Jugendalter: Ausgewählte Ergebnisse der Berlin-Bremen-Studie.* Baden-Baden: Nomos.

SHEDLER, J. & BLOCK, J. (1990). Adolescent drug use and psychological health: A longitudinal inquiry. *American Psychologist, 45*, 612-630.

SHER, K.J. (1991). *Children of alcoholics*. Chicago. Univ. of Chicago Press.

SIEBER, M. (1988*). Zwölf Jahre Drogen. Verlaufsuntersuchung des Alkohol-, Tabak- und Haschischkonsums*. Bern: Huber.

SIGVARDSSON, S., BOHMANN, M. & CLONINGER, D.R. (1996). Replication of the Stockholm Adoption Study of Alcoholism: Confirmatory cross-fostering analysis. *Archives of General Psychiatry, 53*, 681-687.

SILBEREISEN, R. (1997). Konsum von Alkohol und Drogen über die Lebensspanne. In R. Schwarzer (Hrsg.), *Gesundheitspsychologie. Ein Lehrbuch* (2. Aufl.) (S. 189-208). Göttingen: Hogrefe.

SIMONS, R.L., CONGER, R.D. & WHITBECK, L.B. (1988). A multistage social learning model of the influences of family and peers upon adolescent substance abuse. *Journal of Drug Issues, 18*, 293-315.

SLUTSKE, W.S., HEATH, A.C., DINWIDDIE, S.H. et al. (1998). Common genetic risk factors for conduct disorder and alcohol dependence. *Journal of Abnormal Psychology, 107*, 363-374.

SLUTSKE, W.S., HEATH, A.C., DINWIDDIE, S.H., MADDEN, P.A.F., BUCHOLZ, K.K., DUNNE, M.P., STATHAM, D.J. & MARTIN, N.G. (1997). Modeling genetic and environmental influences in the etiology of conduct disorder: A study of 2682 adult twin pairs. *Journal of Abnormal Psychology, 106,* 266-279.

SMITH, G.T. & GOLDMAN, M.S. (1990). Toward a mediational model of alcohol expectancy. *Paper presented at the annual meeting of the American Psychological Association*, Boston, August 1990.

SMITH, G.T. & GOLDMAN, M.S. (1994). Alcohol expectancy theory and the identification of high-risk adolescents. *Journal of Research on Adolescence, 4*, 229-247.

SWAIM, R.C., OETTING, E.R., EDWARDS, R.W. & BEAUVAIS, F. (1989). Indian and Anglo adolescent alcohol use and emotional distress: Path models. *American Journal of Drug and Alcohol Abuse, 15,* 153-172.

TARTER, R.E. & MEZZICH, A.C. (1992). Ontogeny of substance abuse. In M. Glanz & R. Pickens (Eds.), *Vulnerability to drug abuse* (pp. 149-178). Washington, DC: American Psychological Association.

URBERG, K.A., DEGIRMENCIOGLU, S.M. & PILGRIM, C. (1997). Close friend and group influence on adolescent cigarette smoking and alcohol use. *Developmental Psychology, 33*, 834-844.

UCHTENHAGEN, A. & ZIMMER-HÖFLER, D. (1985). *Heroinabhängige und ihre »normalen« Altersgenossen*. Bonn: Haupt.

VAILLANT, G.E. & MILOFSKY, E.S. (1982). The etiology of alcoholism. A prospective viewpoint. *American Psychologist, 5*, 494-503.

WERNER, E. (1986). Resilient offspring of alcoholics: A longitudinal study from birth to age 18. *Journal of Studies on Alcohol, 47*, 34-40.

WILLS, T.A. (1990). Stress, coping, and tobacco and alcohol use in early adolescence. In S. Shiffman & T.A. Wills (Eds.), *Coping and substance use* (pp. 67-94). Orlando, FL: Academic Press.

WILLS, T.A., MCNAMARA, G., VACCARO, B. & HIRKE, A.E. (1996). Escalated substance use: A longitudinal grouping analysis from early to middle adolescence. *Journal of Abnormal Psychology, 105,* 166-180.

WILLS, T.A. & VAUGHAN, R. (1989). Social support and substance use in early adolescence. *Journal of Behavioral Medicine, 12*, 321-339.

WINDLE, M. (1992). A longitudinal study of stress buffering for adolescent problem behaviors. *Developmental Psychology, 28,* 522-530.

WITT, E.D. (1994). Mechanisms of alcohol abuse and alcoholism in adolescents: A case for developing animal models. *Behavioral and Neural Biology, 62*, 1168-1177.

YOUNG, M., WERCH, C.E. & BAKEMA, D. (1989). Area-specific self-esteem scales and substance use among elementary and middle school children. *Journal of School Health*, *59*, 251-254.

ZUCKER, R.A. & GOMBERG, E.S.L. (1986). Etiology of alcoholism reconsidered: The case for a bio-psychosocial process. *American Psychologist*, *41*, 783-793.

Entwicklungsbedingungen des Rauchverhaltens

Reinhard Fuchs

Der Beginn des Rauchens erfolgt in der Regel zwischen dem 10. und 20. Lebensjahr (KELDER, PERRY, KLEPP & LYTLE, 1994). Die Wahrscheinlichkeit, daß ein Über-20jähriger-Nieraucher noch zum regelmäßigen Raucher wird, ist nur noch gering (CHEN & KANDEL, 1995). Die Entstehung, Aufrechterhaltung und gegebenenfalls auch die Beendigung des Rauchverhaltens basiert auf dem Zusammenwirken einer Vielzahl sozialer, biologischer und psychologischer Faktoren. So ist aus repräsentativen Untersuchungen bekannt, daß Jugendliche aus den unteren sozialen Schichten mit sehr viel größerer Wahrscheinlichkeit zu regelmäßigen Rauchern werden als ihre Altersgenossen aus den oberen sozialen Schichten (z.B. KAHL, FUCHS, SEMMER & TIETZE, 1994; KARVONEN & RIMPELÄ, 1996; LOWRY, KANN, COLLINS & KOLBE, 1996; NELSON ET AL., 1995). Was die biologischen Faktoren anbelangt, wird insbesondere durch Zwillingsstudien die Hypothese gestützt, daß sowohl bei der Initiierung als auch bei der Habitualisierung des Rauchens genetische Faktoren eine wichtige Rolle spielen (HEATH & MADDEN, 1994). Von besonderer Bedeutung scheint dabei das Konstrukt der ererbten *Nikotinsensitivität* zu sein (POMERLEAU, 1995). Mit ihm soll erklärt werden, warum manche Menschen – obwohl sie schon eine relativ große Zahl von Zigaretten geraucht haben – nicht vom Nikotin abhängig werden und Gelegenheitsraucher bleiben bzw. wieder zum Nichtraucher werden, während andere aus der gleichen Ausgangssituation heraus eine hochgradige Nikotinabhängigkeit entwickeln. Die Frage nach der genetischen Prädisponiertheit für das Rauchen bezieht sich aber nicht nur auf differentielle Unterschiede bei der Nikotinsensitivität, sondern darüber hinaus auch auf angeborene Persönlichkeitsunterschiede. Auf der Grundlage der Eysenck'schen Drei-Faktoren-Theorie wurde insbesondere ein positiver Zusammenhang zwischen dem Rauchen und dem Persönlichkeitsmerkmal »Extraversion« postuliert und auch in einer Vielzahl von Studien empirisch nachgewiesen (z.B. LIPKUS, BAREFOOT, WILLIAMS & SIEGLER, 1994). Gleiches gilt für den Zusammenhang zwischen Rauchen und dem von ZUCKERMAN postulierten Persönlichkeitsmerkmal »Sensation Seeking«

(z.B. CARTON, JOUVENT & WIDLOCHER, 1994). Daß es in der biologischen Grundausstattung des Menschen interindividuelle Unterschiede gibt, die mit der Wahrscheinlichkeit des Rauchens, seiner Initiierung, seiner Aufrechterhaltung und seines Beendens kovariieren, scheint kaum mehr bestreitbar zu sein. Völlig unklar ist aber, in welcher Weise solche differentiellen Faktoren Einfluß auf jene aktuell ablaufenden kognitiven und emotionalen Prozesse haben, die für die Herausbildung, die Beibehaltung oder den Abbruch des Rauchverhaltens in einer spezifischen Lebenslage unmittelbar verantwortlich sind. Im folgenden wird die ontogenetische Entwicklung des Rauchens schwerpunktmäßig aus einer solchen kognitionspsychologischen Prozeßperspektive betrachtet.

1 Die Entwicklung zum Raucher

Nach V. TROSCHKE (1993) durchläuft die Entwicklung des Rauchens sechs Phasen: Zwischen dem 2. und 6. Lebensjahr (Phase 1) imitieren die Kinder das Verhalten der Erwachsenen im Spiel, wobei kleine Stöckchen, Bleistifte oder Schokoladenzigaretten als Symbole für richtige Zigaretten verwendet werden. Im Rollenspiel erprobt das Kind die Verhaltensmuster der sozialen Umgebung und integriert die dabei gemachten Erfahrungen in seine Vorstellung von der Welt. Im Alter zwischen 7 und 12 Jahren (Phase 2) wird von den meisten Kindern zum ersten Mal das Rauchen einer Zigarette probiert, wobei die typischen Körperreaktionen auftreten (Schwindel, Husten, Übelkeit usw.). Mit dem Eintritt in die Pubertät (Phase 3) beginnt die kritische Phase dafür, ob es zur Herausbildung einer festen Rauchgewohnheit kommt oder nicht. Eine wichtige Rolle spielen dabei die gleichaltrigen Freunde, die eine Zigarette zum Mitrauchen anbieten. Besonders einflußreich scheinen die ein bis zwei Jahre älteren Peers zu sein. Geraucht wird nicht allein, sondern zumeist in Gruppensituationen, etwa während der Schulpause, an bestimmten Treffpunkten auf dem Schulweg oder in den Freizeiteinrichtungen. Durch das Mitrauchen bei den anderen entsteht irgendwann der soziale Druck, auch selbst einmal Zigaretten zu besorgen und nicht nur immer bei den anderen zu »schnorren«. Mit dem Kauf der ersten Schachtel Zigaretten bzw. dem Ziehen dieser Schachtel aus dem Automaten tritt die Entwicklung zum Raucher in ein neues Stadium (Phase 4): Auf einmal wird man selbst zum Anbieter und Verteiler von Zigaretten und erlebt die sozialen Möglichkeiten, die sich aus dieser »Machtposition« ergeben. Die weitere Entwicklung zum Raucher ist geprägt von der Suche nach sozialer Identität und dem Erproben geeigneter Kommunikations- und Verhaltensmuster zur Selbstdarstellung (Phase 5). Zigarettenrauchen gewinnt in diesem Zusammenhang instrumentelle Bedeutung. Das Rauchen einer speziellen Marke dient dem Aufbau eines bestimmten Images, welches man den anderen von sich selbst vermitteln möchte; das Rauchen der gleichen Zigarettenmarke wird als Symbol der Zusammengehörigkeit oder Zugehörigkeit zu einer bestimmten Clique interpretiert. Die letzte Entwicklungsstufe auf dem Weg zum Raucher (Phase 6) ist zeitlich oft mit dem Auszug aus dem Elternhaus gekoppelt. Nach v. TROSCHKE ist dieser Auszug zumeist mit einer Zunahme des Zigarettenkonsums und dem Übergang zum regelmäßigen Rauchen verbunden.

Ein ähnliches Entwicklungsmodell des Rauchens stammt von FLAY, D'AVERNAS, BEST, KERSELL und RYAN (1983). Unterschieden werden hier drei Stadien: eine Eingangsphase (preparation and initiation), ein Experimentierstadium (learning and discovery) sowie eine Gewöhnungsphase (habituation). Mit der Herausbildung einer festen Rauchgewohnheit ist aber bei vielen Menschen die persönliche Entwicklung des Tabakgebrauchs noch nicht abgeschlossen. Was folgt sind oft jahrelange Bemühungen, sich dieser Gewohnheit wieder zu entledigen (vgl. FUCHS & SCHWARZER, 1997). Für diesen Prozeß der Nikotin-Entwöhnung haben sich vor allem PROCHASKA und DICLEMENTE (1993) interessiert; sie differenzieren zwischen den Stadien der Präkontemplation, Kontemplation, Präparation, Aktion und Aufrechterhaltung des Abstinenzverhaltens. Im folgenden werden die einzelnen Entwicklungsabschnitte des Rauchverhaltens im Detail betrachtet.

1.1 Das Stadium der Vorbereitung und des Experimentierens

Mit dem Thema Rauchen beschäftigen sich Kinder und Jugendliche bereits zu einem Zeitpunkt, an dem sie noch überhaupt nicht daran denken, selbst einmal eine Zigarette zu probieren. FLAY ET AL. (1983) bezeichnen dieses Stadium als die Phase der *Vorbereitung* (preparation), in der insbesondere die auf das Rauchen bezogenen Vorstellungen und Erwartungen herausgebildet werden, z.B. die Erwartung, daß einem das Rauchen dabei hilft, mit Streßsituationen besser fertig zu werden. Da eigene Erfahrungen mit Zigaretten noch nicht vorliegen, basiert die Bildung solcher Erwartungen vollständig auf den Prozessen des stellvertretenden Lernens, insbesondere auf der Beobachtung des Modellverhaltens der relevanten Bezugspersonen. Läßt der Vater nach dem Essen erkennen, wie herrlich ihm jetzt die Verdauungszigarette schmeckt, werden bei den anwesenden Kindern schon recht konkrete Vorstellungen von den hohen Genußqualitäten des Zigarettenrauchens ausgeprägt. In der Längsschnittuntersuchung von DINH, SARASON, PETERSON und ONSTAD (1995) ist gezeigt worden, daß solche positiven Vorstellungen von den Wirkungen des Rauchens bei Fünftklässlern ein signifikanter Prädiktor für das Rauchverhalten vier Jahre später sind und daß diese positiven Vorstellungen bei Fünftklässlern das künftige Rauchverhalten stärker beeinflussen als die entsprechenden Vorstellungen bei Siebtklässlern. Die kognitive Vorbereitung auf das spätere Rauchen scheint also recht früh zu beginnen und einen nachhaltigen Einfluß auf die weitere Entwicklung des Rauchverhaltens zu besitzen. Den Ergebnissen dieser Studie zufolge müßten Präventionsprogramme bereits vor dem Eintritt in die fünfte Klassenstufe beginnen, um der Herausbildung von Überzeugungen und Erwartungen, die später das Rauchen begünstigen, rechtzeitig entgegenzuwirken.

Mit dem Rauchen der »ersten Zigarette« gelangt der Jugendliche in die *Experimentierphase.* Da etwa 80% bis 90% aller Jugendlichen wenigstens einmal eine Zigarette rauchen (CENTERS FOR DISEASE CONTROL, 1989), trägt dieses Experimentieren nicht den Charakter eines abweichenden Verhaltens, sondern eher den einer normativen Entwicklungsaufgabe (SILBEREISEN, NOACK & EYFERTH, 1986). In einem bestimmten Altersabschnitt gehört es einfach dazu, schon einmal eine Zigarette probiert zu haben, um »mitreden« zu können. Das Rauchen dieser ersten Zigarette ist keine leichte Aufgabe. Von vielen Jugendlichen wird berichtet, daß sie ihnen überhaupt nicht geschmeckt, sondern eher Husten, Benommenheit und Übelkeit verursacht habe. Kritisch für die Herausbildung des gewohnheitsmäßigen Rauchens ist nicht der Umstand, daß eine erste Zigarette geraucht wird, sondern die Art und Weise, wie anschließend das Erlebnis dieser ersten Zigarette kognitiv und emotional verarbeitet wird. Aus der Tatsache, daß am Ende der Jugendzeit der Anteil der gelegentlichen und regelmäßigen Raucher zusammengenommen bei etwa 50% liegt (BZGA, 1994), läßt sich die Schlußfolgerung ziehen, daß offenbar ein erheblicher Teil der Experimentierer das Interesse am Zigarettenrauchen schon bald wieder verliert und damit ganz aufhört. Die entscheidende Weichenstellung dafür, ob jemand zum Raucher wird oder nicht, erfolgt vermutlich in der Phase unmittelbar nach der ersten Zigarette. In der Literatur gibt es Hinweise darauf, daß Kinder bzw. Jugendliche, die bis zur vierten Zigarette weiterrauchen, mit größerer Wahrscheinlichkeit zu regelmäßigen Rauchern werden als ihre Altersgenossen, die vor der vierten Zigarette das Experimentieren abbrechen (LEVENTHAL & CLEARY, 1980, S. 385; RUSSELL, 1990). Von welchen psychologischen Faktoren und Mechanismen hängt es also ab, daß manche Kinder bzw. Jugendliche das Experimentieren mit Zigaretten rechtzeitig beenden und das Thema Rauchen für sie damit erledigt ist, während andere den Gebrauch von Zigaretten fortsetzen, anfangs »alle paar Wochen mal eine«, später dann regelmäßiger?

1.2 Das Stadium der Gewöhnung

Mit dem Fortsetzen des Zigarettenkonsums über die ersten ein bis drei Zigaretten hinaus beginnt die *Gewöhnungsphase*. Ob ein Jugendlicher in dieses Stadium eintritt und damit sein Rauchverhalten schrittweise zur Gewohnheit werden läßt, ist vor allem das Ergebnis sozialer Interaktionsprozesse mit der Bezugsgruppe der Gleichaltrigen. Gestützt wird diese Auffassung durch eine Vielzahl empirischer Studien, in denen gezeigt wird, daß das Rauchverhalten der Peers einer der stärksten und konsistentesten Prädiktoren dafür ist, ob Jugendliche mit dem Rauchen anfangen bzw. das Experimentieren damit fortsetzen (Review der Literatur bis 1991: CONRAD, FLAY & HILL, 1992; DANACH: ENNETT & BAUMAN, 1994; FERGUSSON, LYNSKEY & HORWOOD, 1995; URBERG, DEGIRMENCIOGLU & PILGRIM, 1997). Der Gesamteffekt des Peerverhaltens auf die Herausbildung des Rauchens ist demnach gut belegt. Noch unklar ist aber, in welcher Weise dieser Effekt zustande kommt und ob es dabei zwischen den verschiedenen Phasen des Rauchverhaltens systematische Unterschiede gibt. Ergebnisse der Längsschnittuntersuchung von FLAY, HU, SIDDIQUI ET AL. (1994) deuten beispielsweise darauf hin, daß das Vorbild der Peers beim ersten Experimentieren mit dem Rauchen noch direkt im Sinne einer bloßen Rollenimitation zu wirken scheint, daß dann aber bei der weiteren Aufrechterhaltung des Rauchens das Vorbild der Peers nicht mehr direkt auf das Verhalten selbst, sondern eher auf seine kognitiven Antezedenzien (Konsequenz- und Selbstwirksamkeitserwartungen, soziale Normen) einzuwirken scheint. Neuere Untersuchungen zeigen außerdem, daß die soziale Beeinflussung durch die Peergruppe in der Regel kein schicksalhaftes Ereignis darstellt, dem der Jugendliche hilflos ausgesetzt ist und dem er sich nicht entziehen kann, sondern daß Jugendliche die Gruppe, zu der sie sich am stärksten hingezogen fühlen, auch *aktiv auswählen* und dadurch selbst mitbestimmen, von welcher Seite sie via Gruppendruck und Konformitätszwang beeinflußt werden (z.B. FERGUSSON ET AL., 1995). Sozialpsychologen sprechen hier vom Wechselspiel zwischen dem Einfluß der Gruppe auf das Individuum und der Selektion einer Gruppe durch das Individuum. Nach ENNETT und BAUMAN (1994) tragen beide Prozesse, Einfluß und Selektion, ungefähr im gleichen Ausmaß zur Peergruppen-Homogenität bezüglich des Rauchens bei. Gefunden wurde von ENNETT und BAUMAN außerdem, daß die meisten Raucher gar nicht Mitglieder einer Peergruppe waren und daß dies möglicherweise mit den – in der Peergruppenforschung zumeist vernachlässigten – Prozessen der Selektion (bzw. Deselektion) zu erklären ist: Jugendliche, die keinen Anschluß an eine Clique finden oder von einer solchen ausgeschlossen werden, fangen mit dem Rauchen an, um ihre soziale Isoliertheit zu bewältigen. Dies ist zunächst nur eine Hypothese, die noch der weiteren Abklärung bedarf; deutlich wird hier aber immerhin, daß die sozialpsychologischen Gruppenprozesse, die zur Herausbildung des Rauchverhaltens beitragen, in Wirklichkeit sehr viel komplexer sind als uns die einfachen Imitations- oder Modellerntheorien glauben lassen wollen.

Das Vorbildverhalten der gleichaltrigen Freunde ist zwar ein wichtiger, aber natürlich nicht der einzige Prädiktor für den Beginn des Rauchens bei Jugendlichen. Untersucht wurde auch die Frage, in welchem Ausmaß das *Rauchen der Eltern* die Wahrscheinlichkeit beeinflußt, daß auch ihre Kinder mit dem Rauchen anfangen. Solche Effekte des elterlichen Vorbilds sind zwar immer wieder gefunden worden (im Überblick: CONRAD ET AL., 1992), insgesamt scheint aber der Einfluß der Eltern auf das Rauchen deutlich geringer zu sein als der der Freunde und Peers (besonders anschaulich bei SEMMER, LIPPERT & RIEGER-NDAKORERWA, 1986, S. 71; neuerlich bestätigt durch JACKSON, 1997). Vor dem Hintergrund der »Theorie des überlegten Handelns« bzw. ihrem Nachfolger, der »Theorie des geplanten Verhaltens« (AJZEN, 1988), sind auch die sogenannten *Verhaltensüberzeugungen* als Determinanten des Rauchens überprüft worden (vgl. SUTTON, 1989). Im Kontext anderer Theorien wird anstatt von Verhaltensüberzeugung auch von Konsequenzerwartungen (outcome expectancies) oder vom perzipierten Nutzen bzw. von den perzipierten Kosten des Verhaltens (perceived benefits and costs) gesprochen (FUCHS, 1994). Auf das Rauchen bezogene Verhaltensüberzeugungen oder Konsequenzerwartungen wären z.B. »Wenn ich rauche, dann hilft mir das, mich zu entspannen« oder »...dann fühle ich mich sicherer, wenn ich mit meinen Freunden zusammen bin«. SEMMER ET AL. (1987) haben gezeigt, daß im Prozeß der Habitualisierung des Rauchverhaltens (weniger dagegen im Prozeß des ersten Experimentierens mit dem Rauchen) vor allem die emotionalen und sozialen Konsequenzerwartungen von erheblicher prädiktiver Bedeutung sind. Gesundheitsbezogene Erwartungen, insbesondere langfristiger Art (z.B. »Wenn ich rauche, bekomme ich Lungenkrebs«), hatten dagegen keinen nachweisbaren Effekt auf das künftige Rauchverhalten der Jugendlichen.

Das Konstrukt der *Selbstwirksamkeitserwartung* (BANDURA, 1992) wird in der einschlägigen Literatur zumeist im Zusammenhang mit dem Prozeß der Entwöhnung vom Zigarettenkonsum diskutiert. Dieser Typ von Erwartungen ist aber auch an der Entstehung des Rauchens im Kindes- und Jugendalter maßgeblich beteiligt. Ausschlaggebend ist hier die »Widerstands-Selbstwirksamkeit« (resistance self-efficacy), worunter MARLATT, BAER und QUIGLEY (1995) die Einschätzung der eigenen Fähigkeit verstehen, in bestimmten kritischen Situationen dem sozialen Druck zum Mitrauchen widerstehen zu können (vgl. SCHWARZER & FUCHS, 1995, 1996). Forschungsergebnisse bei Jugendlichen belegen, daß insbesondere dann, wenn geringe Widerstands-Selbstwirksamkeit und starker Peer-Druck zum Mitrauchen aufeinandertreffen, die Wahrscheinlichkeit ansteigt, daß mit dem

Zigarettenkonsum begonnen oder dieser fortgeführt wird (CONRAD ET AL., 1992; ELLICKSON & HAYS, 1991; FLAY, HU, SIDDIQUI ET AL., 1994).

Auch der Faktor *psychisches Befinden* scheint – entgegen früheren Annahmen (LEVENTHAL & CLEARY, 1980) – bereits in der Anfangsphase des Rauchverhaltens eine wichtige Einflußgröße zu sein (z.B. ESCOBEDO, REDDY & GIOVINO, 1998). In der Berlin-Bremen-Studie war der Prädiktor »Distress«, in dem verschiedene Befindensskalen (Ängstlichkeit, Depression und Selbstwertgefühl) und Streßindikatoren (kritische Lebensereignisse, Alltagsärgernisse und Familienklima) kombiniert wurden, ein signifikanter Prädiktor für den Beginn des Rauchens zwischen der 7. und 10. Klassenstufe (SEMMER ET AL., 1987), was als Hinweis darauf verstanden werden kann, daß das Rauchen von Zigaretten auch bereits bei Kindern und Jugendlichen der Regulation emotionaler Zustände dient. Ein indirekter Zusammenhang zwischen psychischem Befinden und Rauchen wurde von SILBEREISEN und NOACK (1988) postuliert. Ihrer Modellvorstellung zufolge führen bestimmte Formen des psychischen Befindens zunächst nur zu einer »kathartischen Freizeitorientierung«; erst diese ist dann mit dem Rauchverhalten direkt assoziiert. Auch neuere Arbeiten belegen immer wieder den Zusammenhang zwischen dem Streß-Befindens-Komplex einerseits und der Affinität zum Rauchen andererseits (BYRNE, BYRNE & REINHART, 1995). Bislang nur ansatzweise geklärt ist, wie man sich eigentlich das Zusammenspiel der Befindlichkeitsdispositionen (z.B. Depressivität), der belastenden Ereignisse (z.B. Streß in der Schule) und der personalen Ressourcenfaktoren (z.B. Selbstsicherheit) vorstellen muß und wie daraus eine erhöhte Anfälligkeit für das Rauchen resultieren kann. Das »Selbstregulations-Mediations-Modell« von WILLS, DUHAMEL und VACCARO (1995) ist ein interessanter Schritt in dieser Richtung.

Weitere Konstrukte, die in der Literatur als Determinanten des Rauchbeginns diskutiert werden, sind z.B. das *Familienklima* bzw. der elterliche *Erziehungsstil* (DOHERTY & ALLEN, 1994; JACKSON, BEE-GATES & HENRIKSEN, 1994; SHEK, 1997), gesundheitliche *Risikowahrnehmungen* (GIBBONS, HELWEG-LARSEN & GERRARD, 1995; GREENING, 1997; RENNER & HAHN, 1996) oder das *Selbstkonzept* (WILLS, 1994). Theoretische Integrationsversuche mit dem Anspruch, die unmittelbaren Effekte und Synergismen der verschiedenen Einflußfaktoren auf den Prozeß des Rauchbeginns im Zusammenhang zu betrachten, gibt es nur wenige (z.B. FLAY ET AL., 1983, S. 170) und sind dann zumeist nur als »erste Skizze« eines solchen Gesamtmodells gedacht (z.B. TAYLOR, 1995, S. 193).

1.3 Das Stadium der Aufrechterhaltung bzw. Abhängigkeit

Ist das Rauchverhalten erst einmal zur festen Gewohnheit geworden, befindet sich die Person in der Aufrechterhaltungsphase. In dieser Phase unterliegt das Rauchen anderen Gesetzmäßigkeiten, die mit denen der Vorbereitungs-, Experimentier- oder Gewöhnungsphase nur noch wenig zu tun haben. Spielten in den Aneignungsphasen des Rauchverhaltens vor allem soziale Einflußgrößen wie Konformitätsdruck und Gruppenprestige eine wichtige Rolle, so scheint im Stadium der Aufrechterhaltung das Rauchverhalten in erster Linie eine Funktion intrapersonaler Faktoren zu sein. Rauchen dient jetzt vor allem der Regulation interner psychologischer und physiologischer Zustände.

Rauchen in der Aufrechterhaltungsphase ist ein *Suchtverhalten*, von dem manche Personen behaupten, es sei schwerer zu überwinden als Drogenabhängigkeit oder Alkoholismus (KOZLOWSKI ET AL., 1989). STOLERMAN und JARVIS (1995) bezeichnen das Nikotin als abhängigmachende Droge, die mit dem Heroin, Kokain und Alkohol durchaus vergleichbar ist. In der Literatur existiert zwar eine Reihe interessanter Modelle der Nikotinabhängigkeit, trotzdem ist bis heute unklar, wie der biopsychologische Mechanismus exakt aussieht, der das Rauchverhalten aufrechterhält (GRUNBERG & ACRI, 1991). Eines dieser Modelle ist die *Nikotinregulationstheorie*. Sie besagt, daß es dem Raucher vor allem darum geht, einen bestimmten Nikotinspiegel im Körper aufrechtzuerhalten und Entzugssymptome zu vermeiden (JARVIK, 1973; MCMORROW & FOXX, 1983). In SCHACHTERS Experiment von 1980 wurden Gewohnheitsraucher mit Zigaretten versorgt, die ganz unterschiedlich viel Nikotin enthielten, ohne daß die Teilnehmer darum wußten. Trotz der Unkenntnis über den jeweiligen Nikotinanteil ihrer Zigaretten reagierten die Probanden darauf in typischer Weise: Von den nikotinarmen Zigaretten wurden etwa 25% mehr geraucht als von den nikotinreichen. In einem anderen Experiment der Arbeitsgruppe um STANLEY SCHACHTER (SCHACHTER, KOZLOWSKI & SILVERSTEIN, 1977) wurde die Beziehung zwischen Nikotinkonsum und Säuregehalt (pH-Wert) des Urins untersucht. Aus Voruntersuchungen war bekannt, daß immer dann über den Harnweg vermehrt Nikotin ausgeschieden wird, wenn der Säuregehalt des Urins hoch ist. Wenn es stimmt, daß das Rauchen der Aufrechterhaltung eines bestimmten Nikotinspiegels im Körper dient, dann müßte der Konsum von Zigaretten in dem Maße zunehmen, wie vermehrt Nikotin über den Harn ausgeschieden wird (was wiederum am Säuregehalt des Urin ablesbar ist). Überprüft wurde diese Hypothese in einem Blindversuch, bei dem ein Teil der Versuchspersonen Vitamin C-Tabletten zur Erhöhung des Säuregehalts des Urins einnahm, ein anderer Teil dagegen nur Plazebo-Tabletten. Verglichen mit der Plazebo-Kontrollgruppe verstärkten die Konsumenten der Vitamintabletten ihren Zigarettenkonsum deutlich. Offenbar sollte der durch die künstliche Übersäuerung hervorgerufene Nikotinverlust durch einen intensivierten Tabakkonsum möglichst schnell wieder kompensiert werden. Von SCHACHTER und seinen Mitarbeitern wurde dieser Befund als Bestätigung der Nikotinregulationstheorie angesehen, als Bestätigung der Annahme also, daß das Rauchen in erster Linie der Aufrechterhaltung des Nikotinspiegels im Blut dient.

Trotz mancher Evidenz für die Nikotinregulationstheorie kann sie das Gesamtphänomen Rauchen dennoch nicht hinreichend erklären. Wenn es beim Rauchen tatsächlich nur auf das Zuführen von ausreichend Nikotin ankäme, dann müßten für die erfolgreiche Zigarettenentwöhnung die Methoden des Nikotinkaugummis oder der transdermalen Nikotinsubstitution (Nikotinpflaster) völlig ausreichen. Dies ist aber erwiesenermaßen nicht der Fall (FIORE, SMITH, JORENBY & BAKER, 1994; RIEGER, 1991). SCHWARZER (1996) verweist außerdem darauf, daß das aktuelle Rauchverhalten so unmittelbar von Situationsschwankungen abhängig ist, daß sich der Säuregehalt im Urin noch gar nicht verändert haben kann: so wird zum Beispiel unter Streß schon zur Zigarette gegriffen, bevor sich noch ein entsprechendes biologisches Bedürfnis artikuliert haben kann. Mit dem Nikotinregulationsmodell nur schwer in Einklang zu bringen ist auch die alltägliche Beobachtung, daß ehemalige Raucher wieder rückfällig werden, obwohl sie doch schon seit Monaten nicht mehr geraucht hatten und ihr Nikotinspiegel demzufolge auf Null gesetzt war.

Ausgehend von der Nikotinregulationstheorie haben LEVENTHAL und CLEARY (1980) das sogenannte *Multiple Regulationsmodell* entworfen. Sie sind der Überzeugung, daß Rauchen vor allem etwas mit der Bewältigung von Gefühlszuständen zu tun hat, und daß Nikotin mit diesen emotionalen Zuständen durch Konditionierung verbunden ist. Stellen wir uns einen schüchternen Jugendlichen vor, der mit dem Rauchen anfängt, weil ihm das in bestimmten Gruppensituationen ein Gefühl der Sicherheit und sozialen Anerkennung vermittelt. Das Rauchen führt hier zur Verringerung sozialer Angst. Nachdem die Zigarette zuende geraucht ist, steigt die Angst aber wieder an, während gleichzeitig der Nikotinspiegel abfällt. Im Sinne der klassischen Konditionierungstheorie kommt es dabei zu einer Koppelung der beiden Phänomene Angstanstieg und Nikotinspiegelabfall: sinkt der Nikotinspiegel ab, macht sich automatisch ein emotionales Unbehagen (die konditionierte Angstreaktion) breit, und zwar auch in Situationen, die früher in emotionaler Hinsicht neutral waren, also keine sozialen Ängste hervorgerufen haben. Aus diesem konditionierten Unbehagen entsteht schließlich der Drang zur nächsten Zigarette, denn nur durch diese können beide unangenehmen Zustände, der Nikotinabfall und das emotionale Unbehagen, in kürzester Zeit behoben werden. Die hier skizzierte Erweiterung des Nikotinregulationsmodells um eine psychologische Komponente der Emotionsbewältigung ist zwar ein wichtiger Fortschritt, reicht aber nicht aus, um die oben aufgeführten Kritikpunkte am Nikotinregulationsmodell vollständig auszuräumen (SCHWARZER, 1996).

Ein neuerer Ansatz zur Erklärung des gewohnheitsmäßigen Rauchens ist die *Neuroregulationstheorie* von POMERLEAU und POMERLEAU (1989; POMERLEAU, 1995; POMERLEAU, COLLINS, SHIFFMAN & POMERLEAU, 1993). Ausgangspunkt dieser Theorie ist die Annahme, daß Nikotin die aktiven Neuroregulatoren zu beeinflussen vermag. Dazu zählen vor allem Acetylcholin, Norepinephrin, Dopamin und endogene Opioide, von denen aus der Literatur bekannt ist, daß sie z.B. die Gedächtnisleistung verbessern, die Genußfähigkeit steigern, die Aufgabenbewältigung erleichtern und auch zur Verringerung von Angst und Anspannung beitragen können. Genau diese Effekte sind auch bei Gewohnheitsrauchern festgestellt worden. Bei ihnen erhöhte der Nikotinkonsum die Konzentrations- und Gedächtnisleistung, die allgemeine Aktiviertheit, die Fähigkeit zur Selektion aufgabenrelevanter Stimuli und bestimmte psychomotorische Leistungen; darüber hinaus senkte der Nikotinkonsum das Angst- und Anspannungsniveau. Bei Gewohnheitsrauchern, die eine längere Zeit nicht geraucht haben, sich also in einem Zustand der Nikotindeprivation befinden, sind entsprechende Ausfälle zu beobachten: verringerte Vigilanz, schlechtere Konzentrationsfähigkeit, geringere Fähigkeit zur Aufmerksamkeitsfokussierung, reduzierte Gedächtnisleistungen, beeinträchtigte Psychomotorik, erhöhte Angst- und Spannungsgefühle sowie gesteigerte Unruhe und Mißstimmung (z.B. HEISHMA, TAYLOR & HENNINGFIELD, 1994; PARROTT, 1995; RUSTED, GRAUPNER, O'CONNELL & NICHOLLS, 1994; SHIFFMAN ET AL., 1995). Vermittelt über die Beeinflussung der Neuroregulatoren scheint das Nikotin der temporären Verbesserung der kognitiven Leistungsfähigkeit und Affektlage zu dienen. POMERLEAU (1995) spricht deshalb auch vom Einsatz des Rauchens als »pharmakologische Bewältigungshandlung«. Exraucher werden rückfällig, weil sie die Erfahrung gemacht haben, durch das Rauchen den im Alltag auftretenden emotionalen und leistungsmäßigen Anforderungen eher gewachsen zu sein. Die hier nur in groben Umrissen skizzierte Neuroregulationstheorie kann zwar die Sucht- und die Entzugsproblematik des Nikotingebrauchs recht gut erklären, letztlich werden aber auch hier die kognitiven und emotionalen Aspekte des Rauchens nicht hinreichend berücksichtigt.

Zu den psychologischen Erklärungsmodellen des Rauchens gehören jene Ansätze, die den Tabakkonsum als *gelernte Bewältigungshandlung* betrachten (vgl. WILLS, 1985). Rauchen wird hier als eine intentionale bzw. erwartungsgesteuerte Verhaltensweise verstanden, mit der bestimmte Ziele erreicht werden sollen. Gefragt wird hier nach der Funktion, die das Rauchen für den Betroffenen besitzt (LOPEZ & FUCHS, 1990; SEMMER ET AL., 1987). Die Funktionen, die das Rauchen für den einzelnen besitzt, können ganz unterschiedlicher Art sein: geraucht wird, um die Erlebnisqualität einer bestimmten Situation zu steigern, um sich zu stimulieren, zu entspannen, um Ängste und soziale Unsicherheiten zu überspielen, die Kontaktaufnahme zu anderen Jugendlichen zu erleichtern, Anforderungssituationen bewältigbarer zu machen, ein bestimmtes »Image« von sich selbst zu kultivieren oder einfach nur um eine Zäsur in den Tagesablauf zu setzen (vgl. FRANZKOWIAK, 1986). Offensichtlich lassen sich mit dem Rauchen ganz unterschiedliche Ziele verfolgen. Die Tatsache, daß das Rauchen eine Vielzahl unterschiedlicher Funktionen besitzen kann, ist schon in den sechziger Jahren von TOMKINS (1968) diskutiert worden. Er hatte damals vier verschiedene Arten des Rauchens unterschieden, und zwar das (a) gewohnheitsmäßige, (b) emotional positiv getönte, (c) emotional negativ getönte und (d) abhängige Rauchen. *Gewohnheitsraucher* sind solche Personen, die mit dem Rauchen keinen speziellen Genuß verbinden; sie erleben beim Rauchen kein besonderes Vergnügen, es ist eine reine Gewohnheitshandlung, wobei oft gar nicht registriert wird, daß man sich eine Zigarette angezündet hat. Im Unterschied dazu versprechen sich *Positiv-Affekt-Raucher* vom Tabakkonsum ganz explizit Genuß, Entspannung und Stimulation; ihr Rauchverhalten wird durch positive Verstärkungserlebnisse aufrechterhalten; sie rauchen vorzugsweise in Gesellschaft anderer oder in Situationen, in denen sie durch das Rauchen ihre Erlebnisintensität steigern möchten. Bei *Negativ-Affekt-Rauchern* wird dagegen das Rauchverhalten durch den Mechanismus der negativen Verstärkung aufrechterhalten. Durch Tabakkonsum vermindern sie Gefühle der Nervosität, Angst, Unruhe, Schuld oder Anspannung; sie rauchen deshalb vor allem in Streßsituationen. Und schließlich spricht TOMKINS von der Gruppe der *Abhängigen Raucher*; diese wissen immer, wann sie ihre letzte Zigarette geraucht haben, sorgen rechtzeitig für genügend »Nachschub«, sind ständig mit der Aufgabe ihrer Nikotinregulation befaßt. In den Arbeiten von LEVENTHAL und AVIS (1976) konnte das Klassifikationssystem von TOMKINS teilweise bestätigt werden.

BEST und HAKSTIAN (1978) erweiterten die psychologische Analyse des Rauchens von TOMKINS, indem sie neben der Funktion auch die jeweilige Situation des Tabakkonsums in Betracht zogen. Die beiden Autoren gaben ihren Probanden eine Vielzahl von Situationen vor und fragten danach, wie stark sie in diesen Situationen das Bedürfnis zum Rauchen empfinden. Mit Hilfe faktorenanalytischer Auswertungsverfahren wurden elf Situationsdimensionen für Frauen und zwölf ähnliche Dimensionen für Männer ermittelt. Für die Frauen wurden die folgenden Situationsdimensionen ermittelt: nervöse Anspannung, Selbstbild, Frustration, Entspannung, Automatismus, Geselligkeit, Unbehagen, Langeweile, Nahrungsvermeidung, Gewohnheit und Stimulation. Auch für Jugendliche scheint Tabakkonsum stark situationsspezifisch bestimmt zu sein, wobei erwartungsgemäß andere Dimensionen als bei Erwachsenen dominieren. So zeigte eine Befragung von HANEWINKEL, FERSTL und BUROW (1993), daß in dieser Lebensphase vor allem soziale Situationen eine entscheidende Rolle spielen. 63,3% der Raucher/innen gaben an, beim Zusammensein mit Freunden zu rauchen, während Gefühlszustände zwar auch eine relevante, aber relativ geringere Rolle spielten. So berichteten 32,6% bei guter Laune, 24,2% bei schlechter Laune zu rauchen. 19,3% gaben an, auf Ärger-Situationen mit Tabakkonsum zu reagieren.

Die Kenntnis der individuellen Funktionalität des Rauchens ist beispielsweise für die Gestaltung effektiver Rauchentwöhnungs- und Rückfallpräventionsprogramme von zentraler Bedeutung. Besonders deutlich wird dies bei Exrauchern. Die Wahrscheinlichkeit der Rückfälligkeit ist bei ihnen nicht in allen Situationen des Alltags gleich, vielmehr lassen sich, in Abhängigkeit von der je spezifischen Funktionalität des Rauchens, individuelle Risikosituationen identifizieren, in denen der Drang zum Rauchen besonders ausgeprägt und damit das Risiko eines Rückfalls stark erhöht ist, z.B. bei sozialen Konflikten, in Zeiten der Langeweile oder Frustration, unter Streß- und Belastungsbedingungen oder in Momenten der positiven Herausforderung, der Freude und des Genusses.

Die Erklärung des Rauchens als gelernte Bewältigungshandlung korrespondiert gut mit den gegenwärtig diskutierten kognitiven Modellen des Gesundheitsverhaltens (im Überblick: SCHWARZER, 1996), in denen davon ausgegangen wird, daß gesundheitsrelevante Verhaltensweisen – wie beispielsweise das Rauchen – durch ganz spezifische Erwartungen gesteuert werden. In diesen Erwartungen aber spiegelt sich die subjektive Funktionalität des betreffenden Verhaltens. So hat etwa eine Person im Laufe der Zeit gelernt, daß sie das Rauchen zur Emotionskontrolle, zur Regulation von Belastungen oder zur Steigerung von Empfindungen einsetzen kann. Dementsprechend hat sie spezifische Konsequenzerwartungen ausgebildet, z.B. vom Typ »Wenn ich jetzt eine Zigarette rauche, dann kann ich mit dem Streß gleich viel besser umgehen«. In der Längsschnittstudie von WETTER ET AL. (1994) ist bei regelmäßigen Rauchern im Erwachsenenalter gezeigt worden, daß solche Konsequenzerwartungen (outcome expectancies) an das Zigarettenrauchen einen relativ engen Zusammenhang zur Stärke von Entzugserscheinungen und zum Erfolg von Entwöhnungsmaßnahmen aufweisen. Die Stärke der erlebten Entzugssymptome nach einer Woche Nikotinabstinenz ließ sich am besten mit den zuvor gemessenen *positiven* Erwartungen an das Rauchen (positive und negative Verstärkungserlebnisse, Appetit-Gewichts-Kontrolle) vorhersagen, während sich die Einhaltung der Abstinenz bzw. die Rückfälligkeit am besten mit den *negativen* Erwartungen (Rauchen führt zu Krebs, erhöht das Risiko von Herzinfarkt, macht süchtig, wird von anderen mißbilligt usw.) prädizieren ließ. Dieses Ergebnis zeigt, wie wichtig die kognitive Komponente der Verhaltenssteuerung auch noch bei Personen ist, die seit vielen Jahren rauchen (vgl. dazu NIAURA, GOLDSTEIN & ABRAMS, 1991). Eine biopsychologische Theorie des Rauchens, in der neurochemische Mechanismen der Nikotinabhängigkeit genauso wie kognitive Prozesse der Verhaltensregulation berücksichtigt und in ihrer Interdependenz dargestellt werden, fehlt jedoch bislang.

Die Aufrechterhaltung des regelmäßigen Rauchens ist aber offensichtlich nicht nur das Ergebnis einer physiologischen Abhängigkeit, sondern ebenso sehr das Resultat festgefügter Erwartungsstrukturen, die oft nur mit Mühe aufgebrochen werden können. Dies verweist einmal mehr auf die Bedeutsamkeit früher präventiver Maßnahmen, die dazu beitragen können, die Entstehung solcher festgefügter Erwartungsstrukturen von vorneherein zu verhindern.

2 Literatur

AJZEN, I. (1988). *Attitudes, personality, and behavior.* Milton Keynes, CA: Open University Press.

BANDURA, A. (1992). Perceived self-efficacy in the exercise of personal agency. In R. SCHWARZER (Ed.), *Self-efficacy: Thought control of action* (pp. 3-38). Washington, DC: Hemisphere.

BEST, J. & HAKSTIAN, A. (1978). A situation-specific model for smoking behavior. *Addictive Behaviors, 3*, 79-92.

BYRNE, D.G., BYRNE, A.E. & REINHART, M.I. (1995). Personality, stress and the decision to commence cigarette smoking in adolescence. *Journal of Psychosomatic Research, 39*, 53-62.

BZGA (1994). *Die Drogenaffinität Jugendlicher in der Bundesrepublik Deutschland. Wiederholungsbefragung 1993/94.* Köln: Bundeszentrale für gesundheitliche Aufklärung (BZgA).

CARTON, S., JOUVENT, R. & WIDLOCHER, D. (1994). Sensation seeking, nicotine dependence, and smoking motivation in female and male smokers. *Addictive Behaviors, 19*, 219-227.

CENTERS FOR DISEASE CONTROL (1989). *Surgeon General's report on smoking: Reducing health consequences of smoking.* Washington, DC: US Government Printing Office.

CHEN, K. & KANDEL, D.B. (1995). The natural history of drug use from adolescence to the mid-thirties in a general population sample. *American Journal of Public Health, 85*, 41-47.

CONRAD, K.M., FLAY, B.R. & HILL, D. (1992). Why children start smoking cigarettes: Predictors of onset. *British Journal of Addiction, 87*, 1711-1724.

DINH, K.T., SARASON, I.G., PETERSON, A.V. & ONSTAD, L.E. (1995). Children's perceptions of smokers and nonsmokers: A longitudinal study. *Health Psychology*, *14*, 32-40.

DOHERTY, W.J. & ALLEN, W. (1994). Family functioning and parental smoking as predictors of adolescent cigarette use: A six-year prospective study. *Journal of Family Psychology*, *8*, 347-353.

ELLICKSON, P.L. & HAYS, R.D. (1991). Beliefs about resistance self-efficacy and drug prevalence: Do they really affect drug use? *International Journal of the Addictions*, *25*, 1353-1378.

ENNETT, S. & BAUMAN, K. (1994). The contribution of influence and selection to adolescent peer group homogeneity: The case of adolescent cigarette smoking. *Journal of Personality and Social Psychology*, *67*, 653-663.

ESCOBEDO, L., REDDY, M. & GIOVINO, G. (1998). The relationship between depressive symptoms and cigarette smoking in US adolescents. *Addiction*, *93*, 433-440.

FERGUSSON, D., LYNSKEY, M. & HORWOOD, L.J. (1995). The role of peer affiliations, social, family and individual factors in continuities in cigarette smoking between childhood and adolescence. *Addiction*, *90*, 647-659.

FIORE, M., SMITH, S., JORENBY, D. & BAKER, T. (1994). The effectiveness of the nicotine patch for smoking cessation: A meta-analysis. *Journal of the American Medical Association*, *271*, 1940-1947.

FLAY, B.R., D'AVERNAS, J. R., BEST, J.A., KERSELL, M.W. & RYAN, K. B. (1983). Cigarette smoking: Why young people do it and ways of preventing it. In P. FIRESTONE & P. MCGRATH (Eds.), *Pediatric and adolescent behavioral medicine* (pp. 132-183). New York: Springer.

FLAY, B.R., HU, F., SIDDIQUI, O., DAY, L., HEDEKER, D., PETRAITIS, J., RICHARDSON, J. & SUSSMAN, S. (1994). Differential influence of parental smoking and friends' smoking on adolescent initiation and escalation of smoking. *Journal of Health and Social Behavior*, *35*, 248-265.

FRANZKOWIAK, P. (1986). *Risikoverhalten und Gesundheitsbewußtsein bei Jugendlichen*. Berlin: Springer.

FUCHS, R. (1994). Änderungsdruck als motivationales Konstrukt: Überprüfung verschiedener Modelle zur Vorhersage gesundheitspräventiver Handlungen. *Zeitschrift für Sozialpsychologie, 25*, 95-107.

FUCHS, R. & SCHWARZER, R. (1997). Tabakkonsum: Erklärungsmodelle und Interventionsansätze. In R. SCHWARZER (Hrsg.), *Gesundheitspsychologie. Ein Lehrbuch* (2. Aufl.) (S. 209-244). Göttingen: Hogrefe.

GIBBONS, F., HELWEG-LARSEN, M. & GERRARD, M. (1995). Prevalence estimates and adolescent risk behavior: Cross-cultural differences in social influence. *Journal of Applied Psychology*, *80*, 107-121.

GREENING, L. (1997). Adolecents' cognitive appraisals of cigarette smoking: An application of the Protection Motivation Theory. *Journal of Applied Social Psychology, 27*, 1972-1985.

GRUNBERG, N.E. & ACRI, J.B. (1991). Conceptual and methodological considerations for tobacco addiction research. *British Journal of Addiction, 86*, 637-641.

HANEWINKEL, R., FERSTL, R. & BUROW, F. (1993). Merkmale von Situationen, in denen Jugendliche rauchen. *Sucht, 39*, 232-235.

HEATH, A.C. & MADDEN, P.A. (1994). Genetic influences on smoking behavior. In J.R. TURNER, L.R. CARDON & J.K. HEWITT (Eds.), *Behavior genetic applications in behavioral medicine research.* New York: Plenum Press

HEISHMA, S.J., TAYLOR, R.C. & HENNINGFIELD, J.E. (1994). Nicotine and smoking: A review of effects on human performance. *Experimental and Clinical Psychopharmacology, 2*, 345-395.

JACKSON, C. (1997). Initial and experimental stages of tabacco and alcohol use during late childhood: Relation to peer, parent, and personal risk factors. *Addictive Behaviors, 22*, 685-698.

JACKSON, C., BEE-GATES, D.J. & HENRIKSEN, L. (1994). Authoritative parenting, child competencies, and initiation of cigarette smoking. *Health Education Quarterly, 21*, 103-116.

JARVIK, M. E. (1973). Further observations on nicotine as the reinforcing agent in smoking. In W. L. DUNN (Ed.), *Smoking behavior: Motives and incentives* (pp. 33-50). Washington, DC: Winston.

KAHL, H., FUCHS, R., SEMMER, N. & TIETZE, K. (1994). Einflußfaktoren auf die Entwicklung gesundheitsrelevanter Verhaltensweisen bei Jungen und Mädchen: Ergebnisse aus der Berlin-Bremen-Studie. In P. KOLIP (Hrsg.), *Lebenslust und Wohlbefinden* (S. 63-82). Weinheim: Juventa.

KARVONEN, S. & RIMPELÄ, A. (1996). Socio-regional context as a determinant of adolescents' health behaviour in Finland. *Social Science and Medicine, 43*, 1467-1474.

KELDER, S., PERRY, C., KLEPP, K. & LYTLE, L. (1994). Longitudinal trakking of adolescent smoking, physical activity, and food choice behaviors. *American Journal of Public Health, 84*, 1121-1126.

KOZLOWSKI, L., WILKINSON, D., SKINNER, W., KENT, C., FRANKLIN, T. & POPE, M. (1989). Comparing tobacco cigarette dependence with other drug dependencies: Greater or equal »difficulty quitting« and »urges to use,« but less »pleasure« from cigarettes. *Journal of the American Medical Association, 261*, 898-901.

LEVENTHAL, H. & AVIS, N. (1976). Pleasure, addiction, and habit: Factors in verbal report or factors in smoking behavior? *Journal of Abnormal Psychology, 85*, 478-488.

LEVENTHAL, H. & CLEARY, P. D. (1980). The smoking problem: A review of the research and theory in behavioral risk modification. *Psychological Bulletin*, *88*, 370-405.

LIPKUS, I., BAREFOOT, J., WILLIAMS, R. & SIEGLER, I. (1994). Personality measures as predictors of smoking initiation and cessation in the UNC Alumni Heart Study. *Health Psychology*, *13*, 149-155.

LOPEZ, H. & FUCHS, R. (1990). Rauchen. In R. Schwarzer (Hrsg.), *Gesundheitspsychologie* (S. 185-197). Göttingen: Hogrefe.

LOWRY, R., KANN, L., COLLINS, J. & KOLBE, L. (1996). The effect of socioeconomic status on chronic disease risk behaviors among US adolescents. *Journal of the American Medical Association, 276*, 792-797.

MARLATT, G., BAER, J. & QUIGLEY, L. (1995). Self-efficacy and addictive behavior. In A. Bandura (Ed.), *Self-efficacy in changing societies* (pp. 289-315). New York: Cambridge University Press.

MCMORROW, M.J. & FOXX, R.M. (1983). Nicotine's role in smoking: An analysis of nicotine regulation. *Psychological Bulletin*, *93*, 302-327.

NELSON, D., GIOVINO, G., SHOPLAND, D., MOWERY, P. ET AL. (1995). Trends in cigarette smoking among US adolescents, 1974 through 1991. *American Journal of Public Health*, *85*, 34-40.

NIAURA, R., GOLDSTEIN, M. & ABRAMS, D. (1991). A bioinformational systems perspective on tobacco dependence. *British Journal of Addiction*, *86*, 593-597.

PARROTT, A. C. (1995). Stress modulation over the day in cigarette smokers. *Addiction*, *90*, 233-244.

POMERLEAU, O. F. (1995). Individual differences in sensitivity to nicotine: Implications of genetic research on nicotine dependence. *Behavior Genetics*, *25*, 161-177.

POMERLEAU, O.F., COLLINS, A.C., SHIFFMAN, S. & POMERLEAU, C.S. (1993). Why some people smoke and others do not: New perspectives. *Journal of Consulting and Clinical Psychology*, *61*, 723-731.

POMERLEAU, O.F. & POMERLEAU, C.S. (1989). A biobehavioral perspective on smoking. In T. NEY & A. GALE (Eds.), *Smoking and human behavior* (pp. 69-90). Chichester: Wiley.

PROCHASKA, J. & DICLEMENTE, C. (1993). Self-change processes, self-efficacy and decisional balance across five stages of smoking cessation. In P. ENGSTROM (Ed.), *Advances in cancer control* (pp. 131-140). New York: Wiley

RENNER, B. & HAHN, A. (1996). Stereotype Vorstellungen über eine gefährdete Person und unrealistisch optimistische Risikoeinschätzungen. *Zeitschrift für Gesundheitspsychologie, 3*, 220-240.

RIEGER, H. (1991). Medikamentöse Nikotinsubstitution. *Prävention*, *14*, 113-115.

RUSSELL, M. A. (1990). The nicotine addiction trap: A 40-year sentence for four cigarettes. *British Journal of Addiction*, *85*, 293-300.

RUSTED, J., GRAUPNER, L., O'CONNELL, N. & NICHOLLS, C. (1994). Does nicotine improve cognitive function? *Psychopharmacology*, *115*, 547-549.

SCHACHTER, S. (1980). Urinary pH and the psychology of nicotine addiction. In P. DAVIDSON & S. DAVIDSON (Eds.), *Behavioral medicine* (pp. 70-93). New York: Bruner/Mazel.

SCHACHTER, S., KOZLOWSKI, L. T. & SILVERSTEIN, B. (1977). Effects of urinary pH on cigarette smoking. *Journal of Experimental Psychology*, *106*, 13-19.

SCHWARZER, R. (1996). *Psychologie des Gesundheitsverhaltens (2. Aufl.). Göttingen: Hogrefe.*

SCHWARZER, R. & FUCHS, R. (1995). Changing risk behaviors and adopting health behaviors: The role of self-efficacy beliefs. In A. BANDURA (Ed.), *Self-efficacy in changing societies* (pp. 259-288). New York: Cambridge University Press.

SCHWARZER, R. & FUCHS, R. (1996). Self-efficacy and health behaviours. In M. CONNER & P. NORMAN (Eds.), *Predicting health behaviour* (pp.163-196). Buckingham: Open University Press.

SEMMER, N., DWYER, J., LIPPERT, P., FUCHS, R., CLEARY, P. & SCHINDLER, A. (1987). Adolescent smoking from a functional perspective. *European Journal of Psychology of Education*, *2*, 387-402.

SEMMER, N., LIPPERT, P. & RIEGER-NDAKORERWA, G. (1986). Zigarettenrauchen – Welche Hilfe kann der Jugendarzt vermitteln? *Das öffentliche Gesundheitswesen*, *48*, 69-74.

SHEK, D. (1997). The relation of parent-adolescent conflict to adolescent psychological well-being, school adjustment, and problem behavior. *Social Behavior and Personality*, *25*, 277-290.

SHIFFMAN, S., PATY, J. A., GNYS, M., KASSEL, J.D. ET AL. (1995). Nicotine withdrawal in chippers and regular smokers: Subjective and cognitive effects. *Health Psychology*, *14*, 301-309.

SILBEREISEN, R.K. & NOACK, P. (1988). On the constructive role of problem behavior in adolescence. In N. BOLGER, A. CASPI, G. DOWNEY & M. MOOREHOUSE (Eds.), *Persons in context: Developmental processes* (pp. 152-180). Cambridge: Cambridge University Press.

SILBEREISEN, R.K., NOACK P. & EYFERTH, K. (1986). Places for development: Adolescents, leisure settings, and developmental tasks. In R.K. Silbereisen et al. (Eds.), *Development as action in context* (pp. 87-107). Berlin: Springer.

STOLERMAN, I. & JARVIS, M. (1995). The scientific case that nicotine is addictive. *Psychopharmacology*, *117*, 2-10.

SUTTON, S. (1989). Smoking attitudes and behavior: Applications of Fishbein and Ajzen's Theory of Reasoned Action to predicting and understanding smoking decisions. In T. NEY & A. GALE (Eds.), *Smoking and human behavior* (pp. 289-312). Chichester: Wiley.

TAYLOR, S.E. (1995). *Health psychology.* (3. Aufl.). New York: McGraw-Hill.

TOMKINS, S. (1968). A modified model of smoking behavior. In E.F. BORGATTA & R.J. EVANS (Eds.), *Smoking, health, and behavior* (pp. 165-186). Chicago, IL: Aldine.

TROSCHKE, J. VON (1993). Gesundheits- und Krankheitsverhalten. IN K. HURRELMANN & U. LAASER (Hrsg.), *Gesundheitswissenschaften. Handbuch für Lehre, Forschung und Praxis* (S. 155-175). Weinheim: Beltz.

URBERG, K., DEGIRMENCIOGLU, S. & PILGRIM, C. (1997). Close friend and group influence on adolescent cigarette smoking and alcohol use. *Developmental Psychology, 33*, 834-844.

WETTER, D.W., SMITH, S., KENFORD, S. ET AL. (1994). Smoking outcome expectancies: Factor structure, predictive validity, and discriminant validity. *Journal of Abnormal Psychology*, *103*, 801-811.

WILLS, T.A. (1985). Stress, coping, and tobacco and alcohol use in early adolescence. In S. SHIFFMAN & T. A. WILLS (Eds.), *Coping and substance use* (pp. 67-93). New York: Academic Press.

WILLS, T.A. (1994). Self-esteem and perceived control in adolescent substance use: Comparative tests in concurrent and prospective analyses. *Psychology of Addictive Behaviors*, *8*, 223-234.

WILLS, T.A., DUHAMEL, K. & VACCARO, D. (1995). Activity and mood temperament as predictors of adolescent substance use: Test of a self-regulation mediational model. *Journal of Personality and Social Psychology*, *68*, 901-916.

Prävention von Tabak- und Alkoholkonsum bei Jugendlichen

Prävention des Rauchens durch die Förderung von Lebenskompetenzen[1]

Martin Aßhauer und Reiner Hanewinkel

Angesichts der in den letzten Jahren zu beobachtenden Zunahme von Drogenmißbrauch, Gewalt und Kriminalität bei Jugendlichen (vgl. z.B. IBM JUGENDSTUDIE, 1995) rücken primärpräventive Maßnahmen immer stärker in das Aufgabenfeld schulischer Erziehung (vgl. JERUSALEM, 1997). Die umfangreiche Forschung der letzten beiden Jahrzehnte hat gezeigt, daß schulische Ansätze zur Modifikation bzw. Prävention problematischer Verhaltensweisen nur dann Erfolg haben, wenn sie über eine reine Informationsvermittlung hinaus gehen und den Schülern die Möglichkeit zur handlungsorientierten Einübung sozialer und persönlicher Kompetenzen eröffnen (BRUVOLD, 1993; DURLAK, 1995; HANSEN, 1992).

Als der bisher elaborierteste und wohl auch vielversprechendste Ansatz zur schulischen Gesundheitsförderung gilt die *Förderung genereller Lebenskompetenzen* (»life skills approach«). Dieser Ansatz, der maßgeblich von der Arbeitsgruppe um GILBERT BOTVIN in New York entwickelt wurde (z.B. BOTVIN & TORTU, 1988), basiert auf der Theorie des sozialen Lernens nach BANDURA (1969) sowie der Theorie des Problemverhaltens nach JESSOR und JESSOR (1977). Er faßt jugendliches Risikoverhalten als ein sozial gelerntes und funktionales Verhalten auf, das aus einem Zusammenspiel von Einflüssen der sozialen Umwelt und personalen Faktoren wie Kognitionen, Einstellungen und Überzeugungen heraus entsteht. Kennzeichnend ist die Integration spezifischer Komponenten (z.B. Zigarettenangebote ablehnen können) in einen weitaus umfassenderen Teil zur Förderung allgemeiner sozialer Kompetenzen und Coping-Strategien. Mit Hilfe der Trainings sollen die Schüler lernen, konfliktträchtige Situationen zu bewältigen und vordergründig positive Effekte riskanter Verhaltensweisen (in bezug auf den Drogenkonsum z.B. Hemmung sozialer Ängste, Streßreduktion, Anerkennung von »peers«, Zusammengehörigkeitsgefühle, Ablen-

[1] Das Projekt wurde gefördert aus Mitteln des EU-Programms »Europa gegen den Krebs». Unser besonderer Dank gilt Herrn Studienrat Fritz Burow vom IPTS Lübeck, der für die Gewinnung der teilnehmenden Lehrkräfte verantwortlich war und wertvolle Unterstützung bei der Datenerhebung geleistet hat.

kung von Problemen) durch persönliche Ressourcen und Kompetenzen zu erzielen. Als typische Inhaltsbereiche der Lebenskompetenz-Ansätze können zusammenfassend aufgeführt werden:

- Vermittlung ausgewählter Informationen (z.B. Korrektur falscher Normvorstellungen, Diskussion bzw. Demonstration der Konsequenzen von Drogengebrauch in altersgerechter Form)
- Steigerung des Selbstwertgefühls
- Vermittlung grundlegender Bewältigungsfertigkeiten (z.B. Streßmanagement, Angstbewältigung, Problemlösefertigkeiten, Entspannungsübungen)
- Training sozialer Kompetenzen (z.B. Standfestigkeit gegen sozialen Druck und Beeinflussung, Kommunikations- und Kontaktfertigkeiten)

Diese Inhalte werden mit Hilfe verhaltensmodifikatorischer Methoden wie Rollenspielen, Selbstbeobachtungsaufgaben, Selbstinstruktionen und Klassenverträgen vermittelt. Eine Abgrenzung gegenüber traditionellen sozialen Kompetenz- oder Problemlösetrainings ist teilweise schwierig. Generell legen Lebenskompetenztrainingsprogramme jedoch ein größeres Gewicht auf Coping-Strategien und enthalten auch stets einen problemspezifischen Übungs- und Informationsteil.

Die Bewertungen vorliegender Überblicksarbeiten und Meta-Analysen (BÜHRINGER, 1994; DENIS, HEYNEN & KRÖGER, 1993; KÜNZEL-BÖHMER, BÜHRINGER & JANIK-KONECNY, 1993; TOBLER & STRATTON, 1997) machen eine hohe Effektivität dieses Ansatzes nicht nur auf der Wissensebene, sondern auch auf der Einstellungs- und Verhaltensebene deutlich. Dabei ist die Wirksamkeit insbesondere bei der Prävention des Zigarettenrauchens gut belegt. Es werden Konsumverringerungen in Größenordnungen zwischen 40% und 80% berichtet (BOTVIN, 1995), wobei Effekte sogar noch nach sechs Jahren festgestellt werden konnten (BOTVIN, BAKER, DUSENBURY, BOTVIN & DIAZ, 1995). Die Auswirkungen auf die anvisierten Lebenskompetenzen wurden nur selten genauer untersucht. Auch die Arbeitsgruppe um Botvin konnte nur vereinzelt Effekte nachweisen. So verringerte sich z.B. in einer Studie (BOTVIN, BAKER, FILAZZOLA & BOTVIN, 1990) bei den teilnehmenden Schülern lediglich die soziale Beeinflußbarkeit, während keine Einflüsse auf weitere Persönlichkeitsvariablen gemessen werden konnten. Generell verstärken Auffrischungssitzungen sowie die Einbeziehung von »peer leaders« in höheren Klassen die Effizienz dieses Ansatzes.

Aufgrund der vielversprechenden Ergebnisse bei der Rauch-, Alkohol- und Drogenprävention werden Bausteine aus Lebenskompetenztrainings in den letzten Jahren auch zunehmend in anderen Bereichen eingesetzt. Dies betrifft z.B. die Prävention von riskantem Sexualverhalten und AIDS (BARTH, 1993; KIRBY, BARTH, LELAND & FETRO, 1991; SLONIM, AUSLANDER, OZAWA & JUNG, 1996; WEEKS ET AL., 1995) und von Gewalt bzw.

Kriminalität (FRIEDMAN & UTADA, 1992; QUIGLEY, JEFFERY & MCNUTT, 1993; WHITE, 1995).

Zumeist wurden Lebenskompetenztrainings mit Schülern ab der 7. Klassenstufe durchgeführt. Im deutschsprachigen Raum wurden entsprechende Programme bisher allerdings nur selten eingesetzt bzw. evaluiert. Als Beispiele können das schleswig-holsteinische Projekt »Die rauchfreie Schule« (HANEWINKEL, BUROW & FERSTL, 1996; HANEWINKEL, FERSTL & BUROW 1994; HANEWINKEL, PETERMANN, BUROW, DUNKEL & FERSTL, 1994; KRÖGER & HANEWINKEL, 1996), das Münchner Programm »ALF« (WALDEN, KUTZA, KRÖGER & KIRMES, 1998) sowie das sogenannte »Soester Programm« zur Sucht- und Drogenvorbeugung in der Schule (LANDESINSTITUT FÜR SCHULE UND WEITERBILDUNG NORDRHEIN-WESTFALEN, 1988; HESSE, 1993, PETERMANN, MÜLLER, KERSCH & RÖHR, 1997) genannt werden.

Noch seltener sind Versuche, einen Lebenskompetenzansatz bereits im Grundschulalter zu verwirklichen. Beispielsweise strebt das 45-stündige Programm »Klasse 2000« (BÖLCSKEI, HÖRMANN, HOLLEDERER, JORDAN & FENZEL, 1997) eine allgemeine Suchtprävention mit dem Schwerpunkt »Rauchen« bei Schülern der 1. bis 4. Klassenstufe an. Dazu werden den Schülern von Lehrkräften und externen »Gesundheitsförderern« soziale Kompetenzen, Standfestigkeit in Versuchungssituationen, ein positives Körperbewußtsein und Erfahrungen zur Selbstwertsteigerung vermittelt. Beim »Sozialtraining in der Schule« (PETERMANN, JUGERT, TÄNZER & VERBECK, 1997; VERBECK, PETERMANN & JUGERT, 1998) steht die Förderung sozialer Kompetenzen im Vordergrund. Dieses zehn Doppelstunden umfassende Programm wurde für Schüler der 3. bis 6. Klassenstufe konzipiert und soll der Prävention aggressiven Verhaltens und anderer Verhaltensstörungen dienen.

Die Notwendigkeit, gerade mit der Prävention des Rauchens frühzeitig zu beginnen, wird durch verschiedene epidemiologische Daten belegt. In der in 24 europäischen Ländern durchgeführten Erhebung zum Gesundheitsverhalten von Schülern (KING, WOLD, TUDOR-SMITH & HAREL, 1996) hatten bereits 6% bis 50% der 11-Jährigen mit dem Rauchen experimentiert. Der in den USA erhobene »National Household Survey on Drug Abuse« (JOHNSON & GERSTEIN, 1998) erbrachte, daß bis zum Alter von 12 Jahren bereits 25,2% der Kinder ihre erste Zigarette probiert hatten (USDHHS, 1994). Dabei ist zu beachten, daß ein früher Rauchbeginn nicht nur mit niedrigem sozioökonomischem Status korreliert, sondern auch mit der späteren Rauchintensität: Je früher ein Kind anfängt zu rauchen, desto größer ist die Wahrscheinlichkeit, zu einem Gewohnheitsraucher im Erwachsenenalter zu werden (CONRAD, FLAY & HILL, 1992; PAAVOLA, VARTIAINEN & PUSKA, 1996).

1 Das Spiralcurriculum »Fit und stark fürs Leben«

Das schulische Spiralcurriculum »Fit und stark fürs Leben« (BUROW, AßHAUER & HANEWINKEL, 1998; AßHAUER, BUROW & HANEWINKEL, 1999) besteht aus insgesamt vier aufeinander aufbauenden Unterrichtsmanualen für die Klassenstufen 1/2, 3/4, 5/6 und 7/8. Jedes Manual enthält in der Regel 20 Unterrichtsabschnitte. Bei der Entwicklung des Programms wurden Empfehlungen der Weltgesundheitsorganisation (WHO, 1994a; 1994b; 1994c) zur Förderung von Lebenskompetenzen und Erkenntnisse verschiedener, bereits evaluierter Präventionsprogramme aufgegriffen. Die Grundidee bei der Entwicklung des Curriculums war, die Kinder möglichst frühzeitig in ihrer psychosozialen Kompetenz zu stärken und mit gesunden und positiven Strategien auszustatten, die sie zur Bewältigung bevorstehender Herausforderungen – wie z.B. den Umgang mit dem Angebot legaler und illegaler Suchtmittel – benötigen. Ein sich über mehrere Jahre erstrekkendes Spiralcurriculum erschien dabei deshalb als besonders sinnvoll, weil es eine kontinuierliche und an die Entwicklung der Kinder angepaßte Förderung ermöglicht.

2 Fragestellung

Die vorliegende Untersuchung beschreibt erste Ergebnisse der Outcome-Evaluation des Lebenskompetenztrainings »Fit und stark fürs Leben« für die Klassenstufen 3 und 4. Insbesondere interessierte, ob

- die Teilnahme an der Intervention zu Verbesserungen im psychosozialen Verhalten der Schüler 3. und 4. Klassenstufen führt,
- und ob sich positive Veränderungen im Rauchverhalten und bei den Erwartungen, Einstellungen und dem Wissen in bezug auf das Rauchen ergeben.

Resultate einer ebenfalls durchgeführten Prozeßevaluation (Umsetzung, Praktikabilität und Qualität des Programms) sowie die Evaluation des ersten Teils des Curriculums für die Klassenstufen 1 und 2 wurden an anderer Stelle beschrieben (AßHAUER & HANEWINKEL, 1998; AßHAUER & HANEWINKEL, in Druck).

2.1 Unterrichtsmaterialien für die Klassenstufen 3 und 4

Jedes der vier Unterrichtsmanuale gliedert sich in die in Tabelle 1 aufgeführten allgemeinen Lebenskompetenzdimensionen. Neben einer allgemeinen Beschreibung der Dimensionen wird im rechten Teil der Tabelle schwerpunktartig deren Umsetzung für die Klassenstufen 3 und 4 dargestellt.

Dimensionen und deren Ziele	Titel der zugehörigen Unterrichtsabschnitte und inhaltliche Schwerpunkte
	1. Eröffnungsstunde »Starke Kinder« Einführung, Vorstellung der Identifikationsfigur »Igor Igel«, Erarbeiten von Gruppenregeln, Erstellen und Unterzeichnen des Klassenvertrages
Selbstwahrnehmung und Einfühlungsvermögen	2. »Das bin ich!« Beschäftigung mit der eigenen Person, eigene besondere Merkmale und Fähigkeiten erkennen, besseres Kennenlernen der Kinder untereinander, Anfertigung eines Körperumrißbildes
Erkennen der eigenen Stärken und Schwächen	3. »Wann ich mich gut fühle« Stärkung des Selbstwertgefühls, positives Feedback geben und erfahren, positive und negative Gefühle, loben, helfen und teilen
Stärkung von Selbstwertgefühl und Selbstvertrauen Förderung empathischer Fähigkeiten	4. »Meine besonderen Leute« Identifikation und Wertschätzung enger Bezugspersonen, Stärkung des Zugehörigkeitsgefühles, Stärkung von Einfühlungsvermögen
Kommunikation Verbesserung verbaler und nonverbaler Kommunikationsfertigkeiten	5. »Zuhören und Erzählen« Kennenlernen und Einüben grundlegender Regeln zum richtigen Zuhören und Erzählen in Kleingruppen mit verteilten Rollen
Soziale Kontaktfertigkeiten	6. »Sprache ohne Worte« Unterscheidung zwischen verbaler und nonverbaler Kommunikation, Interpretation und Einsatz von Mimik und Gestik, Pantomime 7. »Kontakt aufnehmen« Einübung sozial kompetenter Kontakt- und Kommunikationsfertigkeiten in Rollenspielen

Dimensionen und deren Ziele	Titel der zugehörigen Unterrichtsabschnitte und inhaltliche Schwerpunkte
Körperbewußtsein/ Informationsvermittlung	8. »Mein Körper und ich verändern sich« Veränderungen am eigenen Körper feststellen, Entwicklungsvorgänge erkennen, Unterschiede zu anderen Kindern durch gegenseitiges Messen erfahren, Kompetenzzuwächse transparent machen
besseres Kennenlernen des Körpers Erhöhung der Verantwortlichkeit für die eigene Gesundheit	9. »In meinem Körper« Lage und Funktion von Herz und Lunge, sinnliche Erfassung der Atmungs- und Kreislauforgane im Stationenlernverfahren, Messung von Puls und Lungenaktivität, Wissensquiz
altersgerechte Aufklärung über die Folgen des Rauchens	10. »Die Atmungsorgane und das Rauchen« Experiment zur sinnlichen Erfassung der Schadstoffe in der Zigarette, Organschäden durch das Rauchen, Interview von Rauchern und Nichtrauchern
Standfestigkeit – Kritisches Denken Widerstand gegen Gruppendruck	11. »Igor sagt manchmal ›Nein‹« Versuchungssituationen erkennen, sich Gruppendruck widersetzen lernen, in Rollenspielen lernen, »Nein« zu sagen, alternative Verhaltensweisen erproben
unabhängige Meinungsbildung	12. »Igor und ich möchten Verständnis für andere aufbringen« Die Auswirkungen bei Ausschluß von Außenseitern erfahren, tolerantes und integrierendes Verhalten üben, Erkennen des Zusammenhanges zwischen Beeinflussungen aus der Umwelt und dem eigenen Verhalten
Toleranz gegenüber Außenseitern	13. »Manchmal möchte ich ›Nein‹ sagen können« Argumente gegen Aufforderungen zum Rauchen finden und in Rollenspielen einüben, Erkennen von Alltagssüchten

Dimensionen und deren Ziele	Titel der zugehörigen Unterrichtsabschnitte und inhaltliche Schwerpunkte
Umgang mit Streß und negativen Emotionen	14. »Wenn ich Angst habe« Diskussion angstauslösender Situationen, Zugeben von Angst, Erarbeitung von Angstbewältigungsstrategien, Anleitung zum Einsatz dieser Strategien im Alltag
Streßmanagement Umgang mit Angst und negativen Emotionen	15. »So ein Streß!« Identifikation potentieller Streßsituationen, Streßsymptome erkennen, erstes Kennenlernen von Bewältigungsfertigkeiten »Ich schaff' das schon!« Kennenlernen und Einüben weiterer Streßbewältigungsfertigkeiten
Problemlösen Verbesserung von Problemlöse- und Entscheidungsfertigkeiten	16. »Wenn ich nicht weiter weiß« Erkennen von Alltagsproblemen, Selbstinstruktionstraining, Problemanalyse vorgegebener Probleme auf dem »Nachdenkstuhl«, Lösungsfindung auf dem »Lösungsstuhl« 17. »Ich denke nach« Generierung verschiedener Lösungsmöglichkeiten, Abwägen von Konsequenzen auf dem »Folgenstuhl« 18. »Wenn ich in Zukunft nicht mehr weiter weiß …« Ausbau der Fertigkeiten zur Problemanalyse und Entscheidungsfindung, Anwendung auf eigene Alltagsprobleme
	19. Abschlußstunde »Igelrallye« Wiederholung der Lieblingsaktivitäten, Festigung positiver Assoziationen mit den Inhalten, Transfer der erlernten Kompetenzen in den Alltag, Elternbeteiligung

Tabelle 1: Dimensionen der Lebenskompetenzförderung und deren Umsetzung für die Klassenstufen 3 und 4

Bei der Gestaltung der Unterrichtsmanuale wurde besonderer Wert auf eine übersichtliche und für Schüler und Lehrkräfte transparente Strukturierung gelegt. Jeder Abschnitt weist einen einheitlichen Ablauf auf:

Eröffnung – Zu Beginn jeder Unterrichtseinheit werden Lieder, »Aufwärmspiele« oder kurze Gesprächskreise vorgeschlagen.

Hausaufgabenbesprechung – Bei den Hausaufgaben handelt es sich um kindgerecht gestaltete Selbstbeobachtungsaufgaben – sogenannte Detektivaufträge (vgl. PETERMANN & PETERMANN, 1994). Mit ihrer Hilfe sollen adäquate Verhaltensweisen zusätzlich eingeübt und im alltäglichen Umgang mit anderen schließlich manifestiert werden. Beispielsweise bekommen die Kinder nach einem Unterrichtsabschnitt zum Thema »Streßbewältigung« den Auftrag, verschiedene »Anti-Streß-Tips« auszuprobieren, und dies auf ihrem Auftragsbogen zu vermerken (siehe Abbildung 1).

Entspannungsteil – Als regelmäßiger Entspannungsbaustein kommen hauptsächlich Phantasiereisen zum Einsatz, die thematisch an die jeweilige Lebenskompetenzdimension angepaßt sind.

Hauptthema – In diesem Teil wird gezielt an den Lebenskompetenzen gearbeitet. Mit Hilfe kindgerechter Methoden (Interaktionsspiele, Malen, Singen etc.) wird in die jeweiligen Themen eingeführt. Außerdem werden die Kinder spielerisch an die Methode des Brainstormings und der Gruppendiskussion herangeführt. Besonderer Wert wurde darauf gelegt, den Kindern möglichst oft die Gelegenheit zur handlungsorientierten Einübung der Inhalte zu geben. Darüber hinaus wird häufig in Kleingruppen mit verteilten Rollen gearbeitet (Beobachter – Akteure). Zur Übung von Fertigkeiten zur Kommunikation / Kontaktaufnahme, zum Ablehnen von Zigarettenangeboten und zum Widerstand gegen Gruppendruck werden bereits komplexere Rollenspiele durchgeführt.

Gemeinsamer Abschluß – Die hier vorgeschlagenen Aktivitäten dienen dem Ausklang der jeweiligen Stunde und der Konsolidierung der Lerninhalte.

Um die Unterrichtsvorbereitungszeiten so gering wie möglich zu halten, werden Übungen, Lieder und Spiele detailliert beschrieben; benötigte Materialien liegen als Kopiervorlage bei. Weiterhin wurde auf eine reichhaltige Illustration der Arbeitsmaterialien für die Schüler Wert gelegt. Zu diesem Zweck werden die Grundschüler von der Identifikationsfigur »Igor Igel« durch das Curriculum geführt (Abbildung 2).

Der Durchführungszeitraum kann individuell festgelegt werden und sich für jeden der vier Teile des Curriculums auf bis zu zwei Jahre erstrecken.

Die Manuale sind weitgehend eigenständig konzipiert und können – falls erforderlich – auch in höheren Klassenstufen zum Einsatz kommen, ohne daß die Schüler an einer früheren Stufe des Curriculums teilgenommen haben.

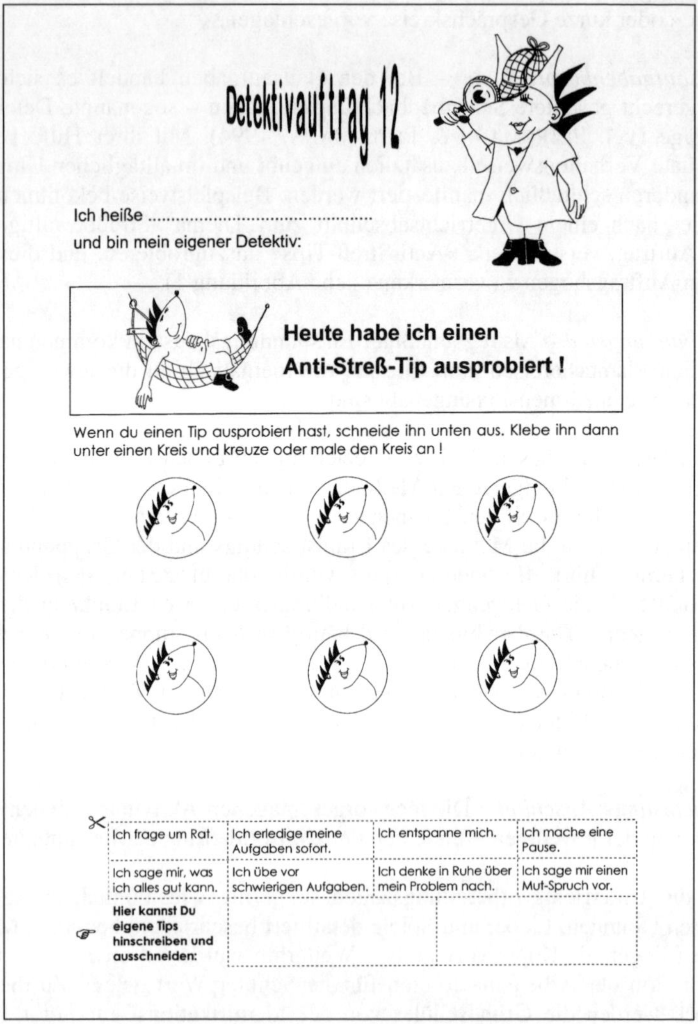

Detektivauftrag 12

Ich heiße ....

und bin mein eigener Detektiv:

Heute habe ich einen Anti-Streß-Tip ausprobiert !

Wenn du einen Tip ausprobiert hast, schneide ihn unten aus. Klebe ihn dann unter einen Kreis und kreuze oder male den Kreis an !

Ich frage um Rat.	Ich erledige meine Aufgaben sofort.	Ich entspanne mich.	Ich mache eine Pause.
Ich sage mir, was ich alles gut kann.	Ich übe vor schwierigen Aufgaben.	Ich denke in Ruhe über mein Problem nach.	Ich sage mir einen Mut-Spruch vor.

Hier kannst Du eigene Tips hinschreiben und ausschneiden:

Abbildung 1: Hausaufgabe zur Einübung von Streßbewältigungsstrategien.

Abbildung 2: Die Identifikationsfigur »Igor Igel« lehnt ein Zigarettenangebot ab.

3 Evaluationsdesign und Prozedur

Zur Überprüfung der Programmeffekte wurde ein Kontrollgruppendesign mit Prä-/Postmessung realisiert. Es wurden zwei Meßinstrumente eingesetzt: eine Skala zur Beurteilung der Schüler durch die Lehrkräfte und ein Fragebogen zur Erfassung von Selbsteinschätzungen der Schüler. Die Datenerhebung fand sowohl in der Experimentalgruppe (Klassen mit Projektteilnahme) als auch in der Kontrollgruppe (Klassen mit regulärem Unterricht) jeweils vor Projektbeginn im Februar 1997 und nach Projektende im Juni 1997 statt.

Die durchführenden Lehrkräfte (in der Regel Klassenlehrerinnen bzw. -lehrer) der Experimentalklassen nahmen an einer zweitägigen Fortbildungsveranstaltung teil. Die Fortbildung umfaßte zunächst eine theoretische Vermittlung wichtiger psychologischer Konstrukte, die den verschiedenen Dimensionen des Manuals zugrunde liegen (u.a. Selbstwahrnehmung, Kommunikationsverhalten, Angst- und Streßbewältigung, Problemlösen) sowie die praktische Einübung der damit zusammenhängenden Unterrichtsaktivitäten (Durchführung von Entspannungsübungen, Rollenspielen, Gruppenspielen und -diskussionen, etc.). Anschließend wurden die Unterrichtsabschnitte des Manuals vorgestellt und konkrete Durchführungshinweise gegeben. Der Projektunterricht fand zumeist einmal wöchentlich statt, wobei das Curriculum in den normalen Stundenplan integriert wurde.

4 Meßinstrumente

4.1 Lehrerbeurteilungsskala

Hierbei handelte es sich um die deutsche Version der *»Teacher's Report Form«* (TRF, ACHENBACH, 1991; ACHENBACH & MCCONAUGHY, 1997; deutsche Fassung: ARBEITSGRUPPE DEUTSCHE CHILD BEHAVIOR CHECKLIST, 1993). Diese für Lehrkräfte entwickelte Version der Child Behavior Checklist (CBCL) erfaßt im wesentlichen Verhaltensauffälligkeiten und emotionale Auffälligkeiten von Kindern und Jugendlichen im Alter von fünf bis 18 Jahren. Anhand von 120 Items können acht Subskalen gebildet werden. Bei den Items handelt es sich um Beurteilungen wie z.B. »Das Kind stört andere Schüler« oder »Das Kind ist schüchtern«, die auf einer Skala von 0–2 kodiert werden (0=nicht zutreffend, 1=etwas zutreffend, 2=genau zutreffend). Die Skalen wurden mittels einer Hauptkomponentenanalyse anhand der Daten von 2815 auffällig gewordenen US-amerikanischen Schülern gebildet und an einer repräsentativen Stichprobe von 1391 unauffälligen Schülern normiert. Für den Skalengesamtwert berichtet ACHENBACH (1991) eine 15-Tages-Retestreliabilität von r=.92 und eine Interraterreliabilität zwischen Lehrerpaaren von r=.60.

Für die vorliegende Untersuchung wurde der TRF von den Lehrkräften für alle Schüler zweimal ausgefüllt und mit einem Code versehen, der eine nachträgliche individuelle Zuordnung ermöglichte. Aus ökonomischen Gründen wurden von den im Original vorgesehenen acht Syndromskalen nur sechs verwendet: Sozialer Rückzug, Angst/Depressivität, Soziale Probleme, Aufmerksamkeitsstörungen, Delinquentes Verhalten und Aggressives Verhalten.

4.2 Fragebogen für Schüler

Dieser Fragebogen wurde entwickelt, um sowohl den selbstberichteten Zigarettenkonsum der Schüler als auch Wissen, Einstellungen, Verhaltenserwartungen und Handlungskompetenzen in bezug auf das Rauchen zu erfassen. Weiterhin waren Fragen zum Körperbewußtsein, Klassenklima und zum Selbstwertgefühl enthalten. Die zur Operationalisierung erforderlichen Items wurden überwiegend neu entwickelt, da für das Grundschulalter keine bewährten Variablenkomplexe für die interessierenden Skalen bekannt waren. Um den Fragebogen für die überwiegend 9-jährigen Schüler so einfach wie möglich zu gestalten und die Dauer des Ausfüllens auf eine Schulstunde zu beschränken, sollten alle Items entweder mit »stimmt« oder »stimmt nicht« beantwortet werden. Die Schüler wurden ausdrücklich darauf hingewiesen, daß die Befragung anonym erfolgt und weder Lehrkräfte noch Eltern von den Angaben erfahren. Auch bei diesem Fragebogen erlaubte eine Kodierung die Verbindung der Individualdaten der Schüler aus den beiden Meßzeitpunkten. Folgende Skalen bzw. Items wurden verwendet:

Zigarettenkonsum. Der selbstberichtete aktuelle Zigarettenkonsum wurde mit dem Einzelitem »Ich rauche ab und zu« erfaßt. Dies erschien für die Altersgruppe der acht- bis zehnjährigen Schüler angemessener als die Erhebung exakter Prävalenzraten.

Raucherfahrung. Die bisherige Raucherfahrung wurde mit drei Items erhoben, aus denen ein Summenscore gebildet wurde: »Ich habe noch nie geraucht« (0 Punkte), »Ich habe schon mal an einer Zigarette gezogen« (1 Punkt) und »Ich habe schon öfter geraucht« (2 Punkte).

Verhaltenserwartung. Zur Erfassung der Erwartung, in Zukunft zu rauchen, wurde ein Summenindex aus drei Items gebildet: »Ich werde nie rauchen« (0 Punkte), »Ich werde vielleicht mal eine Zigarette probieren« (1 Punkt) und »Ich werde später bestimmt rauchen« (2 Punkte). Das zweite Item konnte auch zusätzlich zu den anderen beiden Items angekreuzt werden, so daß sich als Maximalwert für den Index drei Punkte ergeben konnten.

Für alle folgenden Instrumente wurden als Skalenwerte nicht die Summenscores sondern die jeweiligen Skalenmittelwerte verwendet, wobei ge-

gensinnig formulierte Items zuvor umgepolt wurden. Damit ergibt sich für diese Skalen ein Wertebereich zwischen 0 und 1.

Einstellung zum Rauchen. Die Skala zur Einstellungsmessung enthielt sechs Items. Davon entsprachen drei einer positiven Einstellung (»Ich finde Zigarettenwerbung cool«, »Rauchen ist irgendwie ziemlich stark«, »Ich finde Rauchen aufregend«) und drei einer negativen Einstellung (»Ich finde Rauchen eklig«, »Ich finde Rauchen doof«, »Rauchen ist out«).

Wahrnehmung sozialer Normen bezüglich Rauchen. Zur Erfassung dieser Skala wurden drei Items eingesetzt: »Die meisten Erwachsenen finden Rauchen gut«, »Viele Kinder finden Rauchen gut«, »Rauchen ist normal bei Erwachsenen«.

Motivationaler Zustand. Drei Items dienten der Erfassung des motivationalen Zustandes in bezug auf das Rauchen: »Ich bin neugierig, wie es wohl wäre, mal eine Zigarette zu rauchen«, »Rauchen interessiert mich nicht«, »Rauchen ist langweilig. Ich mache lieber andere Sachen«.

Widerstandsgewißheit. Mit zwei Items wurde die Überzeugung der Schüler erhoben, ein Rauchangebot ablehnen zu können: »Ich kann leicht ›Nein‹ sagen, wenn mir jemand eine Zigarette anbietet« und »Wenn mich jemand überredet, mal einen Zug zu nehmen, würde ich es tun«. Diese Skala stellt eine spezifische Form der Selbstwirksamkeitserwartung dar.

Subjektive Konsequenzerwartungen. Sechs Items wurden zur Erfassung von Erwartungen subjektiver Konsequenzen durch das Rauchen verwendet. Davon repräsentierten drei Items positive Erwartungen (z.B. »Wenn ich rauchen würde, hätte ich mehr Spaß«) und drei Items negative Erwartungen (z.B. »Wenn ich rauchen würde, würde ich gelbe Finger und gelbe Zähne kriegen«).

Generelle Konsequenzerwartungen. Acht Items wurden zur Erfassung von Erwartungen genereller Konsequenzen durch das Rauchen eingesetzt. Davon repräsentierten vier Items positive Erwartungen (z.B. »Rauchen ist gut gegen Streß«) und vier Items negative Erwartungen (z.B. »Raucher müssen oft stark husten«, »Raucher bekommen leichter Erkältungen«). Diese vier negativen Items sollten auch den Wissensstand der Schüler über die Gefahren und Risiken des Rauchens erfassen.

Körperbewußtsein. Auf die Erfassung des Körperbewußtseins bezogen sich zwei Items: »Wenn ich gut auf meinen Körper aufpasse, werde ich nicht so leicht krank« und »Ich achte darauf, fit zu sein«.

Klassenklima. Diese Skala bestand aus acht Items (z.B. »Ich bin gern in dieser Klasse«, »In unserer Klasse helfen wir uns gegenseitig«, »Ich werde oft von anderen aus meiner Klasse geärgert«).

Selbstwert. Zur Messung des Selbstwertgefühls wurden in Anlehnung an die Rosenberg-Self-Esteem-Scale (ROSENBERG, 1965) und an HESSE (1993) acht Aussagen formuliert (z.B. »Ich finde, ich bin ganz in Ordnung«, »Ich glaube, es gibt viele Leute, die mich mögen«).

5 Stichprobe

Die Auswahl der Interventionsklassen erfolgte auf freiwilliger Basis, d.h. nach der Kontaktierung am Projekt interessierter Schulleiter wurden an den betreffenden Schulen Lehrkräfte ausgewählt, die sich zur Durchführung bereit erklärten. Für die Kontrollstichprobe wurden überwiegend Parallelklassen aus der jeweils gleichen Schule ausgewählt.

An der Datenerhebung nahmen insgesamt 1142 Schüler der Klassenstufen 3 und 4 teil. In der Experimentalgruppe befanden sich 626 Schüler aus 35 Klassen und 29 Schulen. In der Kontrollgruppe waren 516 Schüler aus 34 Klassen und 32 Schulen.

Aus der Lehrerbeurteilung mit dem TRF waren vollständige Datensätze für beide Meßzeitpunkte für 562 Schüler der Experimentalgruppe und 436 Schüler der Kontrollgruppe vorhanden (87% der Gesamtstichprobe). In der Experimentalgruppe betrug das Durchschnittsalter dieser Kinder zum ersten Meßzeitpunkt 9.1 Jahre (*SD*=.72); 49% der Kinder waren weiblich und 51% männlich. In der Kontrollgruppe lag das Durchschnittsalter bei 9.2 Jahren; 53% der Kinder waren weiblich und 47% männlich. Der Altersunterschied zwischen beiden Gruppen war nicht signifikant ($t(986)=1.7$, n.s.). Das Geschlechterverhältnis wich sowohl innerhalb der beiden Gruppen ($\chi^2(1, 562)=.064$, n.s.; $\chi^2(1, 436)=2.34$, n.s.) als auch in der Gesamtstichprobe nicht bedeutsam voneinander ab ($\chi^2(1, 998)=.677$, n.s.).

Die Befragung der Schüler erbrachte vollständige Datensätze für 526 Schüler der Experimentalgruppe und 424 Schüler der Kontrollgruppe (83% der Gesamtstichprobe).

6 Ergebnisse

6.1 Teacher's Report Form

Zur Überprüfung der Programmwirkungen auf die im TRF erfaßten Verhaltensbereiche wurden univariate 2 (»Gruppe«: Experimental- vs. Kontrollgruppe) X 2 (»Zeitpunkt«: prä vs. post) Varianzanalysen mit Meßwiederholung nach dem allgemeinen linearen Modell gerechnet. Für alle Tests wurde ein α-Fehler-Niveau von 5% zugrunde gelegt. Tabelle 2 zeigt die Hauptergebnisse der TRF-Skalen im Überblick.

TRF-Skala	Gr	M_1	SD_1	M_2	SD_2	F_{Gruppe}	F_{Zeit}	$F_{Gr x Ze}$
Sozialer	Ex	2.36	(2.82)	1.87	(2.52)	5.15 *	41.88 ***	1.69
Rückzug	Ko	2.65	(3.05)	2.33	(2.81)			
Angst / De-	Ex	4.36	(5.37)	3.20	(4.26)	3.17	77.71 ***	4.53 *
pressivität	Ko	4.64	(4.77)	3.93	(4.52)			
Soziale Pro-	Ex	2.35	(3.59)	1.91	(3.07)	.07	22.22 ***	6.22 *
bleme	Ko	2.25	(3.26)	2.11	(3.22)			
Aufmerksam-	Ex	6.11	(7.27)	5.32	(6.59)	2.31	3.03 ***	1.70
keitsstörung	Ko	6.60	(7.02)	6.12	(6.70)			
Delinquentes	Ex	1.10	(2.15)	.88	(1.81)	2.87	14.17 ***	5.07 *
Verhalten	Ko	1.22	(2.06)	1.17	(2.10)			
Aggressives	Ex	4.80	(8.50)	4.12	(7.21)	8.18 **	12.53 ***	2.90
Verhalten	Ko	6.02	(8.34)	5.78	(8.58)			

Tabelle 2: Teacher's Report Form: Mittelwerte, Standardabweichungen und univariate F-Werte der Prä- und Postmessung in Experimental- und Kontrollgruppe.

Anmerkungen: Gesamtstichprobenumfang N=998; Experimentalgruppe (Ex) N=562, Kontrollgruppe (Ko) N=436; df=(1/996) für alle Tests.
Gr=Gruppe, M_1=Mittelwert zum 1. Meßzeitpunkt, M_2=Mittelwert zum 2. Meßzeitpunkt, SD_1=Standardabweichung zum 1. Meßzeitpunkt, SD_2=Standardabweichung zum 2. Meßzeitpunkt.
$^{*}p<.05$, $^{**}p<.01$, $^{***}p<.001$.

Signifikante Haupteffekte für den Gruppierungsfaktor fanden sich für die Skalen »Aggressives Verhalten« und »Sozialer Rückzug«, wobei aus der deskriptiven Statistik ersichtlich ist, daß diese Verhaltensweisen in der Kontrollgruppe zu beiden Meßzeitpunkten stärker ausgeprägt waren als in der Experimentalgruppe.

Für den Meßwiederholungsfaktor »Zeitpunkt« ergaben sich höchst signifikante Effekte auf allen Syndromskalen, die jeweils durch eine Abnahme der Problemverhaltensweisen vom ersten zum zweiten Meßzeitpunkt bedingt waren.

Bei den vor allem interessierenden Interaktionen zwischen Gruppenzugehörigkeit und Meßzeitpunkt ergaben sich signifikante Wechselwirkungseffekte für die drei Skalen »Angst/Depressivität«, »Soziale Probleme« und »Delinquentes Verhalten«. Der deskriptiven Statistik ist zu entnehmen, daß diese Effekte durch eine stärkere Abnahme der Problemverhaltensweisen in der Experimentalgruppe gegenüber der Kontrollgruppe zustande kommen.

6.2 Fragebogen für Schülerinnen und Schüler

Ausgehend von der Überlegung, daß Schüler der untersuchten Altersgruppe über geringe Raucherfahrungen verfügen und erfahrungsgemäß noch eine überwiegend ablehnende Haltung gegenüber dem Rauchen aufweisen, wurde erwartet, daß Interventionseffekte generell schwerer nachweisbar sein würden als bei älteren Schülern. Um auch geringe Programmeffekte auf gesundheitsrelevante Verhaltensweisen der Schüler aufzudecken, wurde deshalb auf eine alpha-Fehler-Adjustierung für die 13 Skalen verzichtet.

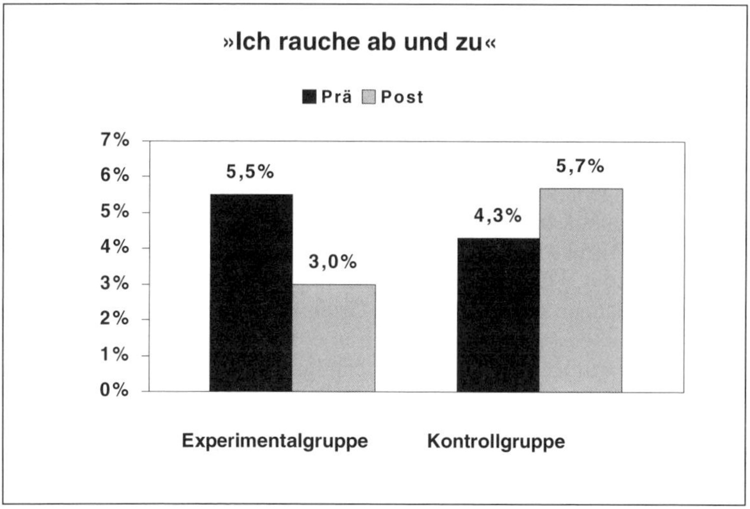

Abbildung 3: Selbstberichteter Zigarettenkonsum

Zigarettenkonsum. Die Aussage »Ich rauche ab und zu« wurde innerhalb der beiden Gruppen mit dem χ^2-Verfahren für abhängige Stichproben von McNemar ausgewertet. Dabei fand sich in der Experimentalgruppe von der Prä- zur Postmessung eine signifikante Reduzierung des Anteils der Kinder mit gelegentlichem Zigarettenkonsum ($\chi^2(1, 524)=4.97$, $p<.05$). Die leichte Zunahme rauchender Schüler in der Kontrollgruppe von 4,3% auf 5,7% war statistisch nicht signifikant (vgl. Abb. 3)

Weitere rauchbezogene Variablen und übrige Variablen. Zur Überprüfung von Interventionseffekten auf den übrigen 13 Skalen des Schülerfragebogens wurden wiederum Varianzanalysen mit Meßwiederholung eingesetzt.

In Tabelle 3 sind die Hauptergebnisse der Analysen dargestellt. Für fünf der 13 Variablen deuten sich signifikante Effekte des Interventionsprogramms an. Für die Schüler mit Programmteilnahme ergab sich im Vergleich zur Kontrollgruppe

- eine geringere Erwartung, in Zukunft zu rauchen,
- eine negativere Einstellung zum Rauchen,
- eine stärkere Erwartung subjektiver und genereller negativer Konsequenzen durch das Rauchen
- sowie ein verbessertes Körperbewußtsein.

Ein tendenziell signifikanter Interaktionseffekt in der erwünschten Richtung fand sich für die Variable »Raucherfahrung«($F(1,942)=3.09$; $p=.079$). Die deskriptive Statistik zeigte, daß der Anteil der Schüler, die angaben schon öfter geraucht zu haben, in der Kontrollgruppe von 5,6% auf 9,2% stieg, während der Anteil dieser Schüler in der Experimentalgruppe unverändert blieb (prä: 5,8%, post: 5,4%).

Signifikante Haupteffekte für den Gruppierungsfaktor fanden sich für die Skalen »Wahrnehmung sozialer Normen«, »Subjektive negative Konsequenzerwartungen« und »Generelle negative Konsequenzerwartungen«. Die deskriptive Statistik belegt, daß im Falle der Skala »Wahrnehmung sozialer Normen« der Effekt durch schwächer ausgeprägte (ungünstige) normative Überzeugungen der Experimentalgruppe zu beiden Meßzeitpunkten zustande kommt. Dagegen ergeben sich die Gruppeneffekte auf den beiden Konsequenzerwartungsskalen allein durch die verstärkte Ausprägung dieser negativen Erwartungen in der Experimentalgruppe bei der Postmessung und sind somit hypothesenkonform.

Für den Meßwiederholungsfaktor »Zeitpunkt« ergaben sich signifikante Effekte auf insgesamt sechs Skalen. Bei den subjektiven positiven Konsequenzerwartungen ist für beide Gruppen ein Abnahme von prä nach post festzustellen, während die generellen positiven Konsequenzerwartungen für beide Gruppen stärker werden. Hinsichtlich der negativen Konsequenzen nehmen sowohl die subjektiven als auch die generellen Erwartungen dieser Konsequenzen für beide Gruppen zu. Bei der Skala »Einstellung zum Rauchen« ist der Zeiteffekt im wesentlichen auf die Negativierung der Einstellungen in der Experimentalgruppe zurückzuführen und somit hypothesenkonform. Vergleichbar damit ergibt sich der Zeiteffekt für den Index »Raucherfahrung« im wesentlichen durch die zunehmende Raucherfahrung der Kontrollgruppe.

Variablen	Gr	M_1	SD_1	M_2	SD_2	F_{Gruppe}	F_{Zeit}	$F_{Gr\,x\,Ze}$
Rauchbezogene Variablen								
Raucherfahrung	Ex	.27	(.56)	.28	(.56)	1.10	6.12 *	3.09
	Ko	.28	(.56)	.36	(.65)			
Verhaltenserwartung	Ex	.41	(.79)	.35	(.67)	.00	.04	4.77 *
	Ko	.36	(.73)	.41	(.79)			
Einstellung zum Rauchen	Ex	.16	(.19)	.12	(.18)	.75	14.07 ***	6.45 *
	Ko	.16	(.18)	.15	(.21)			
Wahrnehmung sozialer Normen	Ex	.51	(.33)	.50	(.35)	9.29 **	.35	.02
	Ko	.57	(.34)	.56	(.35)			
Motivationaler Zustand	Ex	.88	(.22)	.89	(.21)	.38	2.27	.96
	Ko	.88	(.21)	.88	(.22)			
Widerstandsgewißheit	Ex	.89	(.24)	.90	(.24)	.07	1.03	1.77
	Ko	.91	(.23)	.89	(.25)			
Subjektive positive Konsequenzerwartungen	Ex	.11	(.20)	.10	(.19)	2.54	8.97 **	1.10
	Ko	.14	(.23)	.11	(.22)			
Subjektive negative Konsequenzerwartungen	Ex	.69	(.30)	.81	(.24)	5.56 *	69.19 ***	18.01 ***
	Ko	.69	(.29)	.73	(.28)			
Generelle positive Konsequenzerwartungen	Ex	.12	(.18)	.14	(.19)	3.55	6.44 *	.07
	Ko	.14	(.19)	.16	(.21)			
Generelle negative Konsequenzerwartungen	Ex	.76	(.24)	.90	(.16)	11.59 ***	170.14 ***	19.10 ***
	Ko	.76	(.23)	.83	(.22)			

Variablen	Gr	M_1	SD_1	M_2	SD_2	F_{Gruppe}	F_{Zeit}	$F_{Gr\,x\,Ze}$
Übrige Variablen								
Körperbe-	Ex	.91	(.22)	.94	(.18)	.02	2.99	7.24 **
wußtsein	Ko	.93	(.20)	.92	(.20)			
Klassenkli-	Ex	.85	(.16)	.84	(.17)	2.93	.03	.05
ma	Ko	.83	(.17)	.83	(.18)			
Selbstwert	Ex	.75	(.21)	.75	(.21)	.40	.13	.07
	Ko	.74	(.21)	.74	(.21)			

Tabelle 3: Fragebogen für Schüler: Mittelwerte, Standardabweichungen und univariate F-Werte der Prä- und Postmessung in Experimental- und Kontrollgruppe.

Anmerkungen: Gesamtstichprobenumfang N=950; Experimentalgruppe (Ex) N=526, Kontrollgruppe (Ko) N=424
df=(1/942) für alle Skalen bis auf »Raucherfahrung« (df=1/828) und »Verhaltenserwartung« (df=1/945)
Gr=Gruppe, M_1=Mittelwert zum 1. Meßzeitpunkt, M_2=Mittelwert zum 2. Meßzeitpunkt, SD_1=Standardabweichung zum 1. Meßzeitpunkt, SD_2=Standardabweichung zum 2. Meßzeitpunkt
$^{*}p<.05$, $^{**}p<.01$, $^{***}p<.001$.

7 Diskussion

Trotz zahlreicher positiver Evaluationsergebnisse von Lebenskompetenztrainings in den USA und einiger erster Untersuchungen mit Schülern höherer Klassenstufen in Deutschland lagen zum Entwicklungszeitpunkt des Curriculums *»Fit und stark fürs Leben«* noch keine Erkenntnisse über die Effektivität derartiger Trainings für den Grundschulbereich vor.

Die Ergebnisse der vorliegenden Untersuchung sprechen dafür, daß ein Lebenskompetenztrainingsprogramm einen positiven Einfluß auf das psychosoziale Verhalten von Grundschülern haben kann. Die Analyse des TRF erbrachte bei den Schülern mit Projektteilnahme eine signifikante Reduzierung sozialer Probleme, delinquenter sowie ängstlich-depressiver Verhaltensweisen im Vergleich zur Kontrollstichprobe. Keine Interventionseffekte konnten für die Skalen »Sozialer Rückzug«, »Aufmerksamkeitsstörung« und »Aggressives Verhalten« belegt werden.

Absolut betrachtet sind die signifikanten Mittelwertsveränderungen auf den drei Skalen von prä nach post zum Teil relativ gering. Es ist jedoch zu beachten, daß der TRF insbesondere zur Erfassung klinisch auffälliger Problemverhaltensweisen konzipiert wurde. Wenn man davon ausgeht, daß vor allem bei verhaltensauffälligen Schülern positive Änderungen zu beobachten bzw. zu erwarten sind, ist es natürlich schwieriger, solche Effekte für die Gesamtstichprobe nachzuweisen, die überwiegend aus unauffälligen Schülern bestand.

Den vorliegenden Daten war weiterhin zu entnehmen, daß die Ausgangslage in den Kontrollklassen teilweise ungünstiger war als in den Experimentalklassen. Dies widerspricht der in manchen Präventionsstudien zu beobachtenden Tendenz, daß sich offenbar eher Lehrkräfte mit »schwierigeren« Klassen zur Teilnahme an Präventionsprojekten bereit erklären. Mögliche Gruppenunterschiede beim Prä-Test konnten jedoch aufgrund der fehlenden Möglichkeit zur Randomisierung der Gruppenzugehörigkeit nicht verhindert werden. Die gefundenen Baseline-Unterschiede dürften jedoch insofern eher zu vernachlässigen sein, als sie nicht in Verhaltensbereichen auftraten, in denen auch Interventionseffekte belegt werden konnten.

Allerdings muß in Erwägung gezogen werden, daß Erwartungs- und Hawthorne-Effekte (ROETHLISBERGER & DIXSON, 1939) die Beantwortung des TRF beeinflußt haben. Ein Hawthorne-Effekt würde auftreten, wenn die Lehrkräfte der Experimentalklassen ihre Schüler deswegen positiver beurteilt haben, weil sie im Bewußtsein waren, Teilnehmer einer wissenschaftlichen Untersuchung zu sein. Ein Erwartungseffekt würde sich bemerkbar machen, wenn die Lehrkräfte der Experimentalklassen stärker motiviert waren, das Sozialverhalten ihrer Schüler zu verbessern. Gegen die Gefährdung der internen Validität der Untersuchung durch diese Effekte sprechen jedoch verschiedene Gründe. Erstens waren sich beide Lehrergruppen ihrer Teilnahme an der Studie bewußt. Zweitens fanden sich nur auf drei TRF-Skalen stärkere Verbesserungen für die Experimentalgruppe. Und schließlich ließe sich im Hinblick auf die beobachteten Zeiteffekte (Verbesserungen von prä nach post) auch argumentieren, daß auch die Lehrkräfte der Kontrollgruppe »unter Beweis stellen« wollten, daß sie mit ihrem »normalen« Unterricht die psychosoziale Entwicklung ihrer Schüler positiv beeinflussen können. Abgesehen davon könnten die generellen Effekte über die Zeit auch auf Entwicklungseffekte, z.B. besseres Kennenlernen der Kinder untereinander im Verlauf des Halbjahres, zurückzuführen sein.

Bei der Befragung der Schüler zeigten sich Interventionseffekte sowohl auf der Ebene von Verhalten und Verhaltenserwartungen (verringerter Konsum, geringere Erwartung, in Zukunft zu rauchen) als auch auf der Einstellungs-, Wissens- und Erwartungsebene (negativere Einstellung zum Rauchen, stärkere Erwartung subjektiver und genereller Konsequenzen durch das Rauchen). Darüber hinaus verbesserte sich das Körperbewußtsein der Schüler der Experimentalgruppe.

Bei verschiedenen anderen Variablen konnten dagegen keine Interventionseffekte belegt werden. Dabei könnten Deckeneffekte eine wichtige Rolle gespielt haben. So zeigte sich bei der Skala »Motivationaler Zustand«, daß die Schüler dieser Altersgruppe generell am Rauchen noch weitgehend uninteressiert sind. Auch das Klassenklima wurde von durchschnittlich 85% der Schüler als positiv erlebt, so daß Verbesserungen hier u.U. nur schwer nachweisbar sind. Dies gilt auch für die Widerstandsgewißheit: auch ohne Programmteilnahme und entsprechende Rollenspiele waren fast 90% der Kinder der Experimentalgruppe der Meinung, leicht »Nein« sagen zu können, wenn ihnen eine Zigarette angeboten würde. Auf der Selbstwertskala hatten die Schüler ebenfalls ein hohes, positives Ausgangsniveau. Hierzu ist allerdings ergänzend anzumerken, daß es auch in anderen, ähnlich angelegten Evaluationstudien kaum gelingt, die durch entsprechende Programme angestrebte Selbstwertverbesserung mittels Fragebogenmethoden nachzuweisen. Es stellt sich die Frage, ob die gängigen Selbstwertskalen zu unspezifisch sind oder ob das Konstrukt eine stabile Disposition mißt, die durch eine verhältnismäßig kurze Intervention nicht nennenswert beeinflußt werden kann.

Auch die ungünstigen und teilweise falschen normativen Überzeugungen (»Andere Kinder und Erwachsene finden Rauchen gut«, »Rauchen ist für Erwachsene normal«) konnten durch das Programm nicht verändert werden. Dies mag ein Hinweis darauf sein, daß im Unterrichtsprogramm auf diese Problematik noch stärker eingegangen werden müßte. Wichtig für eine Modifizierung des Unterrichtsmanuales erscheint auch, daß es nicht gelang, die Erwartung positiver Konsequenzen durch das Programm differentiell zu beeinflussen. Während die Erwartungen persönlicher positiver Konsequenzen durch das Rauchen im Durchschnitt beider Gruppen von prä nach post signifikant abnahmen, kam es unerfreulicherweise zu einer signifikanten *Zunahme* der generellen positiven Konsequenzerwartungen in beiden Gruppen. Da diese Erwartungen vermutlich eng mit der Funktionalität des Rauchens zusammenhängen, sollte im Programm vielleicht eine noch gezieltere Veränderung solcher Erwartungen angestrebt werden.

Insgesamt betrachtet können die Ergebnisse der Studie als ermutigend bezeichnet werden. Im Hinblick auf den Zigarettenkonsum konnte zwar nur eine geringe (wenn auch signifikante) Reduktion beobachtet werden. Dabei muß allerdings beachtet werden, daß die Rauchprävalenz in dieser Altersgruppe nur sehr niedrig ist und somit auch nur geringe Abnahmen zu erwarten sind.

Eine wichtige Einschränkung der Studie liegt darin, daß nur die Kurzzeiteffekte der Intervention untersucht werden konnten und nichts über deren Stabilität ausgesagt werden kann. HUNT, BARNETT und BRANCH (1971) gelangen z.B. zu der Schlußfolgerung, daß ein follow-up-Zeitraum von mindestens sechs Monaten erforderlich ist, um zuverlässige Aussagen über die Stabilität von Programmeffekten im Suchtbereich treffen zu können. In bezug auf das vorliegende Programm wären natürlich noch wesentlich längere follow-up-Perioden wünschenswert, da die Wahrscheinlichkeit eines experimentellen als auch regelmäßigen Tabakkonsums gerade in den nachfolgenden Jahren auf weiterführenden Schulen noch stark zunimmt (vgl. USDHHS, 1994). Es ist auch nicht auszuschließen, daß bestimmte Effekte bei einer Postmessung sogar unterschätzt werden. Für einige Variablen (z.B. Selbstwert oder Widerstandsgewißheit) ist denkbar, daß deutlichere Unterschiede zwischen Experimental- und Kontrollgruppe erst nach einer Latenzzeit auftreten.

Eine weitere Schwäche der Untersuchung könnte darin gesehen werden, daß keine Verfahren eingesetzt wurden, um den Wahrheitsgehalt der Schülerangaben in bezug auf ihren Zigarettenkonsum zu überprüfen (vgl. MURRAY, CONNETT, LAUGHER & VOELKER, 1993). Mithilfe verschiedener Testverfahren können z.B. Bestandteile und Abbauprodukte des inhalierten Tabbakrauches in Blut, Speichel, Urin oder Atemluft nachgewiesen werden und somit Rückschlüsse auf den Konsum getroffen werden (IRVING, CLARK, CROMBIE & SMITH, 1988; SCHNEIDER, JACOB, NILSSON, LEISCHOW, BENOWITZ & OLMSTEAD, 1997). In Evaluationsstudien zur Drogenprävention wird die Erfassung biochemischer Parameter zumeist als bogus-pipeline-Methode eingesetzt (MURRAY & PERRY, 1987). Hierbei werden die Tests zwar durchgeführt, aber nicht ausgewertet. Die Probanden werden jedoch im Glauben einer Überprüfung belassen. VELICER, PROCHASKA, ROSSI und SNOW (1992) kommen in einem Forschungs-Review allerdings zu dem Schluß, daß eine effektive Herstellung von Anonymität die Gefahr von Falschangaben verringert und ein bogus-pipeline-Paradigma überflüssig machen kann.

Im letzten Jahrzehnt haben sich Programme zur Prävention des Substanzmißbrauchs überwiegend auf Schüler der Klassenstufen 5–8 konzentriert, da in dieser Zeit das Experimentieren mit Tabak, Alkohol und anderen Drogen verstärkt beginnt. In Anbetracht dessen, daß in der hier untersuchten Stichprobe etwa 5% der durchschnittlich 9-jährigen Schüler einen aktuellen Zigarettenkonsum angaben und auch vergleichbare Prävalenzraten aus anderen Studien in verschiedenen Ländern vorliegen (O'LOUGHLIN, PARADIS, RENAUD & GOMEZ, 1998; PETERS, HEDLEY, LAM, BETSON & WONG, 1997; ZHU, LIU, SHELTON, LIU ET AL., 1996), sollte in Erwägung gezogen werden, Präventionsprogramme bereits in der Grundschule einzusetzen. Die Ergebnisse der vorliegenden Studie deuten an, daß ein auf dem Lebenskompetenzansatz beruhendes Programm in der Lage ist, auch schon in dieser Altersstufe bedeutsame Effekte zu erzielen. Allerdings sind sowohl Replikationsstudien als auch follow-up-Untersuchungen erforderlich, um die gefundenen positiven Programmeffekte zu validieren.

8 Literatur

ACHENBACH, T.M. (1991). *Manual for the teacher's report form and 1991 profile.* Burlington, VT: University of Vermont Department of Psychiatry.

ACHENBACH, T.M. & MCCONAUGHY (1997). Empirically based assessment of child and adolescent psychopathology: Practical applications. *Developmental clinical psychology and psychiatry, Vol. 13.* Thousand Oaks, CA: Sage.

ARBEITSGRUPPE DEUTSCHE CHILD BEHAVIOR CHECKLIST. (1993). *Lehrerfragebogen über das Verhalten von Kindern und Jugendlichen. Deutsche Bearbeitung der Teacher's Report Form (TRF) der Child Behavior Checklist. Einführung und Anleitung zur Handauswertung.* Bearbeitet von M. Döpfner & P. Melchers. Köln: Arbeitsgruppe Kinder-, Jugend- und Familiendiagnostik.

AßHAUER, M., BUROW, F. & HANEWINKEL, R. (1999). *Fit und stark fürs Leben. 3. und 4. Schuljahr. Persönlichkeitsförderung zur Prävention von Aggression, Streß und Sucht.* Leipzig: Ernst Klett Grundschulverlag.

AßHAUER, M. & HANEWINKEL, R. (1998). Prozeßevaluation eines Lebenskompetenztrainings in der Grundschule. *Empirische Pädagogik, 12,* 327-345.

AßHAUER, M. & HANEWINKEL, R. (in Druck). Lebenskompetenztraining für Erst- und Zweitkläßler: Ergebnisse einer Interventionsstudie. *Kindheit und Entwicklung.*

BANDURA, A. (1969). *Principles of behavior modification.* New York: Holt, Rinehart & Wilson.

BARTH, R.P. (1993). Promoting self-protection and self-control through life skill training. Special Issue: Enhancing the skills of adolescents as individuals and as parents. *Children-and-Youth-Services-Review, 15,* 281-293.

BÖLCSKEI, P.L., HÖRMANN, A., HOLLEDERER, A., JORDAN, S. & FENZEL, H. (1997). Suchtprävention an Schulen – Besondere Aspekte des Nikotinabusus. *Prävention-Rehabilitation, 9,* 82–88.

BOTVIN, G.J. (1995). Drug abuse prevention in school settings. In G.J. Botvin, S. Schinke & M.A. Orlandi (Eds.), *Drug abuse prevention with multiethnic youth* (pp. 169-192). Thousands Oaks, CA: Sage.

BOTVIN, G.J., BAKER, E., DUSENBURY, L., BOTVIN, E. M. & DIAZ, T. (1995). Long-term follow-up results of a randomized drug abuse prevention trial in a white middle-class population. *Journal of the American Medical Association, 273,* 1106-1112.

BOTVIN, G.J., BAKER, E., FILAZZOLA, A.D. & BOTVIN, E.M. (1990). A cognitive-behavioral approach to substance abuse prevention: One-year follow-up. *Addictive Behaviors, 15,* 47-63.

BOTVIN, G.J. & TORTU, S. (1988). Preventing adolescent substance abuse through life skills training. In R.H. PRICE, E.L. COWEN, R.P. LORION & J.R-MCKAY (Eds.), *14 ounces of prevention: A casebook for practitioners* (pp. 98–110). Washington: American Psychological Association.

BRUVOLD, W.H. (1993). A meta-analysis of adolescent smoking prevention programs. *American Journal of Public Health, 83,* 872-880.

BÜHRINGER, G. (1994). Aktuelle Konzepte zur Primärprävention des Substanzmißbrauchs mit Schwerpunkt »Schulische Prävention«. In Deutsche Hauptstelle gegen die Suchtgefahren (Hrsg.), *Suchtprävention* (S. 55-64). Freiburg: Lambertus.

BUROW, F., AßHAUER, M. & HANEWINKEL, R. (1998). *Fit und stark fürs Leben. 1. und 2. Schuljahr. Persönlichkeitsförderung zur Prävention von Aggression, Rauchen und Sucht.* Leipzig: Klett.

CONRAD, K.M., FLAY, B.R. & HILL, D. (1992). Why children start smoking cigarettes: Predictors of onset. *British Journal of Addiction, 87,* 1711-1724.

DENIS, A., HEYNEN, S. & KRÖGER, C. (1993). *Fortschreibung der Expertise zur Primärprävention des Substanzmißbrauchs.* München: IFT-Berichte Bd. 72.

DURLAK, J.A. (1995). *School-based prevention programs for children and adolescents. Developmental clinical psychology and psychiatry (Vol. 34).* Thousands Oaks, CA: Sage.

FRIEDMAN, A.S. & UTADA, A.T. (1992). Effects of two group interaction models on substance-using adjudicated adolescent males. Special Issue: Programs for change: Office for Substance Abuse Prevention demonstration models. *Journal of Community Psychology, 20,* 106-117.

HANEWINKEL, R., BUROW, F. & FERSTL, R. (1996). Verhaltenstherapeutische Primär- und Sekundärprävention des Rauchens am Beispiel einer Interventionsstudie an Schulen. In H.S. Reinecker & D. Schmelzer (Hrsg.), *Verhaltenstherapie, Selbstregulation, Selbstmanagement* (S. 417-433). Göttingen: Hogrefe.

HANEWINKEL, R., FERSTL, R. & BUROW, F. (1994). Konzeption und Evaluation einer verhaltensorientierten Nichtraucherförderung an Schulen. *Verhaltenstherapie, 4,* 104-110.

HANEWINKEL, R., PETERMANN, U., BUROW, F., DUNKEL, A. & FERSTL., R. (1994). Förderung der Lebenskompetenzen von Kindern und Jugendlichen im Rahmen der Kampagne »Rauchfreie Schule«. *Kindheit und Entwicklung, 3,* 112-116.

HANSEN, W.B. (1992). School-based substance abuse prevention: A review of the state of the art in curriculum, 1980-1990. *Health Education Research, 7*, 403-430.

HESSE, S. (1993). *Suchtprävention in der Schule. Evaluation der Tabak- und Alkoholprävention.* Opladen: Leske + Budrich.

HUNT, L.W., BARNETT, L.W. & BRANCH, L.G. (1971). Relapse rates in addiction programs. *Journal of Clinical Psychology*, *27*, 455-456.

IBM JUGENDSTUDIE (1995). *»Wir sind o.k.!«: Stimmungen, Einstellungen, Orientierungen der Jugend in den 90er Jahren; die IBM-Jugendstudie / Institut für Empirische Psychologie.* Köln: Bund-Verlag.

IRVING, J.M., CLARK, E.E., CROMBIE, I.K. & SMITH, W.C.S. (1988). Evaluation of a portable measure of expired-air carbon monoxide. *Preventive Medicine, 17,* 109-115.

JERUSALEM, M. (1997). Gesundheitserziehung und Gesundheitsförderung in der Schule. In R. Schwarzer (Hrsg.), *Gesundheitspsychologie* (S. 575-593). Göttingen: Hogrefe.

JESSOR, R. & JESSOR, S.L. (1977). *Problem behavior and psychosocial development*. New York: Academic Press.

JOHNSON, R.A. & GERSTEIN, D.R. (1998). Initiation of use of alcohol, cigarettes, marijuana, cocaine, and other substances in US birth cohorts since 1919. *American Journal of Public Health*, *88*, 27-33.

KING, A., WOLD, B., TUDOR-SMITH, C. & HAREL, Y. (1996). *The health of youth: A cross-national survey.* Copenhagen: World Health Organization.

KIRBY, D., BARTH, R.P., LELAND, N. & FETRO, J.V. (1991). Reducing the risk: Impact of a new curriculum on sexual risk-taking. *Family Planning Perspectives, 23,* 253-263.

KRÖGER, C. & HANEWINKEL, R. (1996). Prävention des Rauchens in der Schule. *Praxis der Klinischen Verhaltensmedizin und Rehabilitation*, *9*, 134–139.

KÜNZEL-BÖHMER, J., BÜHRINGER, G. & JANIK-KONECNY, T. (1993). *Expertise zur Primärprävention des Substanzmißbrauchs.* Baden Baden: Nomos.

LANDESINSTITUT FÜR SCHULE UND WEITERBILDUNG NRW (Hrsg.). (1988). *Sucht- und Drogenvorbeugung in der Schule. Materialien und Medien.* Soest: Landesinstitut für Schule und Weiterbildung NRW.

MURRAY, D.M. & PERRY, C.L. (1987). The measurement of substance use among adolescents: When is the 'bogus pipeline' method needed? *Addictive Behaviors, 12*, 225-233.

MURRAY, R.P., CONNETT, J.E., LAUGHER, G.G. & VOELKER, H.T. (1993). Error in smoking measures: Effects of intervention on relations of cotinine and carbon monoxide to self-reported smoking. *American Journal of Public Health, 83,* 1251-1257.

O'LOUGHLIN, J., PARADIS, G., RENAUD, L. & GOMEZ, L.S. (1998). One-year predictors of smoking initiation and of continued smoking among elementary schoolchildren in multiethnic, low-income, inner-city neighbourhoods. *Tobacco Control*, *7*, 268-275.

PAAVOLA, M., VARTIAINEN, E. & PUSKA, P. (1996). Predicting adult smoking: The influence of smoking during adolescence and smoking among friends and family. *Health Education Research*, *11*, 309-315.

QUIGLEY, M., JEFFERY, G.H. & MCNUTT, M. (1993). Computer-assisted vocational life skills program for offenders. *Canadian Journal of Counselling*, *27*, 3-13.

PETERMANN, F., JUGERT, G., TÄNZER, U. & VERBEEK, D. (1997). *Sozialtraining in der Schule.* Weinheim: Psychologic Vcrlags Union.

PETERMANN, H., MÜLLER, H., KERSCH, B. & RÖHR, M. (1997). *Erwachsen werden ohne Drogen. Ergebnisse schulischer Drogenprävention.* Weinheim: Juventa.

PETERMANN, U. & PETERMANN, F. (1994). *Training mit sozial unsicheren Kindern, (5. Aufl.).* Weinheim: Psychologie Verlags Union.

PETERS, J., HEDLEY, A.J., LAM, T.H., BETSON, C.L. & WONG, C.M. (1997). A comprehensive study of smoking in primary school children in Hong Kong: Implications for prevention. *Journal of Epidemiology and Community Health, 51,* 239-245.

ROETHLISBERGER, F.J. & DIXSON, W.J. (1939). *Management and the worker.* Cambridge, MA: Harvard University.

ROSENBERG, M. (1965). *Society and the adolescent self-image.* Princeton: Princeton University Press.

SCHNEIDER, N.G., JACOB, P., NILSSON, F., LEISCHOW, S.J., BENOWITZ, N.L. & OLMSTEAD, R.E. (1997). Saliva nicotine levels as a function of collection method. *Addiction*, *92,* 347-351

SHEDLER, J. & BLOCK, J. (1990). Adolescent drug use and psychological health: A longitudinal inquiry. *American Psychologist*, *45,* 612–630.

SLONIM, N.V., AUSLANDER, W.F., OZAWA, M.N. & JUNG, K.G. (1996). The long-term impact of AIDS-preventive interventions for delinquent and abused adolescents. *Adolescence*, *31*, 409-21.

TOBLER, N. S. & STRATTON, H. H. (1997). Effectiveness of school-based drug prevention programs: A meta-analysis of the research. *Journal of Primary Prevention, 18*, 71-128.

U.S. DEPARTMENT OF HEALTH AND HUMAN SERVICES (1994). *Preventing tobacco use among young people: A report of the Surgeon General.* Washington: U.S. Department of Health and Human Services, Public Health Service, Centers for Disease Control and Prevention, National Center for Chronic Disease Prevention and Health Promotion, Office on Smoking and Health.

VELICER, W.F., PROCHASKA, J.O., ROSSI, J.S. & SNOW, M.G. (1992). Assessing outcome in smoking cessation studies. *Psychological Bulletin, 111,* 23-41.

VERBECK, D., PETERMANN, P. & JUGERT, G. (1998). Verhaltenstrainings in der Schule. *Verhaltenstherapie und Verhaltensmedizin, 19*, 253-269.

WALDEN, K., KUTZA, R., KRÖGER, C. & KIRMES, J. (1998). *ALF – Allgemeine Lebenskompetenzen und Fertigkeiten für 5. Klassen.* Hohengehren: Schneider.

WEEKS, K., LEVY, S.R., ZHU, C., PERHATS, C., HANDLER, A. & FLAY, B.R. (1995). Impact of a school-based AIDS prevention program on young adolescents' self-efficacy skills. *Health Education Research, 10*, 329-344.

WHITE, M.P. (1995). A comprehensive approach to violence prevention. *Journal of Health-Care for the Poor and Underserved, 6*, 254-260

WHO (1994a). *Life skills education in schools,* parts 1 and 2. Geneva: WHO, Division of Mental Health.

WHO (1994b). »Life Skills«. *Praktische Lebenskunde – Rundschreiben.* Zusammenfassung der englischen »Skills for Life Newsletter« No. 1-3. Geneva: WHO, Division of Mental Health.

WHO (1994c). *Training workshops for the development and implementation of life skill programmes: Part 3 of the document on life skills education in schools.* Geneva: WHO, Division of Mental Health.

ZHU, B.P., LIU, M., SHELTON, D., LIU, S. ET AL. (1996). Cigarette smoking and its risk factors among elementary school students in Beijing. *American Journal of Public Health, 86*, 368-375.

Wie effektiv ist schulische Suchtprävention? Ergebnisse der Leipziger Präventionsstudie

Harald Petermann und Volkhard Fischer

1 Einführung

Mit den gesellschaftlichen Wandlungen in den neuen Bundesländern hat auch die öffentliche Diskussion zur Thematik des Drogenkonsums einen hohen Aufmerksamkeitswert erlangt. Dies trifft vor allem auf die Konsummuster von Kindern und Jugendlichen in Ostdeutschland zu, die sich in einer zweifach determinierten Risikolage befinden. Zum einen verkörpert das frühe und mittlere Jugendalter eine entwicklungspsychologisch schwierige Lebenssituation, in der auch der Drogengebrauch eine Form der Lebensbewältigung darstellt (SILBEREISEN & KASTNER, 1985). Der zweite Risikoaspekt ist in der gesellschaftlichen Situation mit ihrem gewachsenen Anforderungsdruck und Bedrohungen zu sehen, mit denen sich auch ostdeutsche Kinder und Jugendliche auseinandersetzen müssen. Diese Belastungssituation hat HURRELMANN (1991) in seinem Modell des Zusammenhangs von Belastung, Bewältigung, Gesundheit und Krankheit dimensioniert und um zusätzliche Belastungsfacetten ergänzt. Die Anforderungen, die von den Kindern zusätzlich zu bewältigen sind, haben vor allem im letzten Jahrzehnt an Bedeutung gewonnen. Sie bestehen in einer veränderten Lebens- und Berufsperspektive der Eltern, die das Zeitvolumen, das die Eltern für die Kinder zur Verfügung haben, deutlich begrenzen. Auf die Kinder kommen neben den schulischen Leistungsanforderungen auch Freiheiten zur Entwicklung des eigenen Lebensentwurfs hinzu, denen sie und auch die Eltern (vor allem aufgrund fehlender persönlicher Erfahrung) oft distanziert bzw. hilflos gegenüberstehen. Es hängt von den personalen und sozialen Kompetenzen eines Kindes sowie vom Grad der sozialen Unterstützung ab, ob die Anforderungen bewältigt werden oder Dysregulationen und Problemverhaltensweisen auftreten. In diesem Zusammenhang spielt der Mißbrauch psychotroper Substanzen als spezifische Form des Problemverhaltens eine bedeutsame Rolle. So ist es eine gesellschaftliche Notwendigkeit, daß primärpräventive Konzepte des Substanzmißbrauchs an Bedeutung gewinnen müssen. Dabei geht es bevorzugt darum, die Ressourcen der

Heranwachsenden zu fördern und an ihren Stärken und Kompetenzen anzusetzen. Ein dafür wesentlicher Interventionsbereich ist die Schule (LEPPIN, KOLIP & HURRELMANN, 1996). Als gesellschaftliche Institution erreicht die Schule fast alle Kinder und Jugendlichen in der Zeit der Entscheidung über den Einstieg in den Drogengebrauch und der Entwicklung des Konsummusters hinsichtlich Alkohol, Tabak, illegale Drogen sowie einiger stoffungebundener Abhängigkeiten. Vorteilhaft ist weiterhin, daß sich Programme schulischer Suchtprävention nach fachgerechter Implementierung in den Unterrichtsplan integrieren und in den folgenden Jahren erweitern und wiederholen lassen. Die Schule ermöglicht auch die Beeinflussung von Gruppennormen in den Klassen, spricht also nicht nur den einzelnen Schüler an. Schulische Suchtprävention muß dabei aber die individuellen Sichtweisen von Kindern und Jugendlichen berücksichtigen: Wer z.B. schon Erfahrung im Umgang mit legalen oder illegalen Drogen hat, kogniziert die Inhalte eines Präventionsprogramms vermutlich ganz anders als ein Kind ohne eigene Konsumerfahrung (PETERMANN, 1998). Dieser essentiellen Schwierigkeit der suchtpräventiven Arbeit versucht man gegenwärtig u.a. durch die Kombination spezifischer sucht- und drogenpräventiver Maßnahmen und unspezifischer Gesundheitsförderung zu begegnen. Die von der Deutschen Forschungsgemeinschaft finanzierte Leipziger Präventionsstudie (Teilprojekt B6 »Evaluation von Maßnahmen der Suchtprävention an Schulen des Freistaates Sachsen« des Sonderforschungsbereichs 227 »Prävention und Intervention im Kindes- und Jugendalter« an der Universität Bielefeld) folgt diesem Ansatz. Im Rahmen der mehrjährigen Untersuchungen kamen ausgewählte Themen eines nordrhein-westfälischen Präventionsprogramms in Leipziger Schulen zum Einsatz. Es handelte sich dabei um die Materialien und Medien des Landesinstituts für Schule und Weiterbildung in Nordrhein-Westfalen zur Sucht- und Drogenvorbeugung in der Schule, das sogenannte »Soester Programm« (1993). Gemäß der primärpräventiven Ausrichtung umfassen die empfohlenen Unterrichtsthemen sowohl unspezifische Maßnahmen im Sinn der Entwicklung allgemeiner Handlungskompetenz und Stärkung der Selbstwertschätzung als auch Inhalte spezifischer Kompetenzen (z.B. Gruppendruck widerstehen) unter Einschluß der Wissensvermittlung zu Drogen. Im Rahmen dieses Beitrags wird über die Ergebnisse von Effektivitätsuntersuchungen schulischer Drogenprävention berichtet, die 1995 in Leipzig begannen und Ende des Jahres 1997 abgeschlossen wurden. Der Längsschnittstudie gehörten Schülerinnen und Schüler an, die zum Untersuchungsbeginn die 7. Klasse besuchten. Wir skizzieren im vorliegenden Beitrag zuerst den Untersuchungsplan der Studie, indem u.a. das Design, das schulische Interventionsprogramm sowie die Erhebungsmethode dargestellt werden. Daran schließen sich die Inhalte der Ergebnisdarstellung sowie die Diskussion an.

2 Untersuchungsanlage

2.1 Design

Die Leipziger Präventionsstudie verwirklicht ein quasi-experimentelles Vortest-Nachtest Design mit unbehandelten Kontrollgruppen und wiederholtem Treatment. Die Zuordnung der Schülerinnen und Schüler zur Versuchs- und Kontrollgruppe erfolgte auf der Basis von Schulklassen. Die Versuchsklassen unterscheiden sich von den Kontrollklassen dadurch, daß bei ihnen zwischen Prä- und Posttest die suchtpräventiven Lehrinhalte des noch vorzustellenden Soester Programms zum Einsatz kamen, während die Kontrollklassen ohne gezielten suchtpräventiven Unterricht blieben. In Abbildung 1 ist dies für die Versuchsklassen schraffiert dargestellt. Zusätzliche Informationen enthält die Abbildung 1. Zu beachten ist dabei, daß im Zeitraum jeweils vor und nach der Interventionsphase sowohl in den Versuchs- als auch Kontrollklassen Daten mit dem Fragebogen für Schüler erhoben wurden (vgl. Abschnitt Erfassungsmethoden). Dies veranschaulicht der Buchstabe T, der die Anzahl der Meßpunkte des Längsschnitts (T1, 2, .., n) bezeichnet.

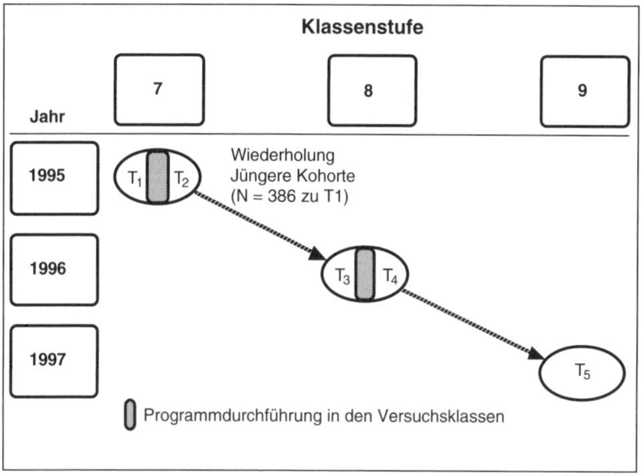

Abbildung 1: Untersuchungsplan des Längsschnitts »Wiederholung jüngere Kohorte«

2.2 Repräsentativität des Längsschnitts

Als Grundgesamtheit der Leipziger Präventionsstudie sind die Schulen im Stadtgebiet von Leipzig definiert. Ihre Auswahl erfolgte nach dem »Modell der bewußten Auswahl nach Heterogenität« (COOK & CAMPBELL, 1979, S. 75f). Folgt man den Autoren, so ist dieses Vorgehen besonders unter Feldbedingungen besser geeignet, eine weitgehende Repräsentativität der Ergebnisse sicherzustellen, als es die reine Zufallsauswahl vermag. Zur praktischen Umsetzung des Auswahlmodus benannten die Projektmitarbeiter sowie Experten der Schulbehörde Schulen, auf die man generalisieren wollte. Hinsichtlich des Hauptmerkmals »Lage im Stadtgebiet« (z.B. Altbau, Neubau, Stadtrand, Zentrum) und Größe der Schule wurden solche Mittelschulen und Gymnasien bestimmt, die für den jeweiligen Einzugsbereich charakteristisch sind. Die fachliche Spezifik der Einrichtungen fand ebenfalls Berücksichtigung.

In die Untersuchung auf der Grundlage des Längsschnitts »Wiederholung jüngere Kohorte« waren 18 Schulklassen aus 6 Leipziger Mittelschulen und 3 Gymnasien einbezogen. Es nahmen insgesamt 186 Mädchen und 218 Jungen teil, die sich in 225 Schüler der Mittelschulen und 161 Gymnasiasten unterteilten. Von den insgesamt 423 Schülern (Angaben aus den jeweiligen Klassenbüchern) waren zu T1 386 Schüler anwesend. Dies entspricht einer Ausschöpfungsquote von 91,3%. Zum vierten Meßpunkt der Untersuchung (T4) verminderte sich die Anzahl der Schülerinnen und Schüler um 125. Damit beträgt die Panelsterblichkeit 32,4%.

In der spezifischen Ausfallanalyse (Attrition) wurde überprüft, ob regelmäßige Konsumenten von Alkohol und Tabak zum Meßpunkt T1 im Verlauf der Untersuchung häufiger aus dem Längsschnitt ausscheiden als gering konsumierende Jugendliche. Zusätzlich wurde noch geprüft, ob die Zugehörigkeit der Schülerinnen und Schüler zur Versuchs- oder Kontrollgruppe einen Einfluß hat. Unabhängig von der Wahl der späteren Meßpunkte (T2-T4), läßt sich lediglich eine signifikante Interaktion der beiden unabhängigen Variablen auf die Konsumangaben feststellen (z.B. für T4: $F_{(2, 378)} = 5.02$, $\alpha = .01$, f = .16, 1-β = .89). Wie getrennte univariate Analysen für die beiden Substanzen zeigen, ist dieser multivariate Effekt auf den Tabakkonsum zurückzuführen ($F_{(1, 379)} = 6.45$, $\alpha = .01$, f = .13, 1-β = .81). So nehmen zum Meßpunkt T4 häufiger jene Schülerinnen und Schüler der Kontrollgruppe nicht mehr an der Untersuchung teil, die zu T1 Zigaretten rauchten. Der Nachweis von Präventionseffekten des implementierten Programms wird durch diese signifikante Aussteigerrate deutlich erschwert und erfordert Konsequenzen bei der Definition der Stichproben für die Effektbestimmung.

2.3 Interventionsprogramm

Die Materialien des Soester Programms lassen sich in die von Botvin und Mitarbeitern entwickelten Konzeptionen der Förderung von Lebenskompetenzen einordnen (BOTVIN, BAKER, DUSENBURY, TORTU & BOTVIN, 1990; LEPPIN ET AL., 1996). Das Programm knüpft an den bewährten didaktischen Grundsatz an, bereits gut entwickelte gesundheitsförderliche Kompetenzen der Schülerinnen und Schüler zu verstärken und je nach Entwicklungsstand altersgerecht zu ergänzen. Schulische Suchtvorbeugung, die der Lebenskompetenzförderung verpflichtet ist, setzt die Anwendung spezifischer didaktischer Methoden voraus. In Abbildung 2 sind einige Methodenprinzipien des Soester Programms in Anlehnung an KOLLEHN und WEBER (1988) zusammengestellt.

Eine wesentliche Bedingung für die Wirksamkeit dieser Prinzipien ist die Entwicklung eines angenehmen Schulklimas, das durch gegenseitiges Vertrauen, Verständnis, Achtung und Toleranz geprägt ist und den Schülern genügend Raum zur Mitgestaltung des Schullebens einräumt (LEPPIN, HURRELMANN & FREITAG, 1994).

1. *Schülerorientierter Unterricht*
   Berücksichtigung von Erlebnissen, Interessen, Bedürfnissen und Lernmöglichkeiten der Schüler; Förderung ihrer Mitbestimmung.
2. *Situationsbezogener Unterricht*
   Im Mittelpunkt stehen die Lebenserfahrungen der Schüler in ihrer Umwelt.
3. *Handlungsorientierter Unterricht*
   Aktive Gestaltung des Lernprozesses durch Spiele und Übungen.
4. *»Exemplarischer" Unterricht*
   Geübte Verhaltensweisen haben Transfereffekt für die Lebensorientierung insgesamt.

Abbildung 2: Methodenprinzipien zur Lebenskompetenzförderung

Die unterrichtliche Prävention erfolgte in Phasen von jeweils 12 Wochen (Februar bis Mai) in den Jahren von 1995 bis 1997. In jeder dieser Interventionsphasen wurde ein durchschnittliches Stundenvolumen von 2-3 Wochenstunden suchtpräventiven Unterrichts auf der Grundlage des Soester Programms realisiert. Einen Überblick über die Unterrichtsinhalte vermittelt die Abbildung 3.

Die angestrebte fächerübergreifende Umsetzung der Unterrichtsvorschläge wurde erfüllt. In den meisten Schulen waren die Fächer Deutsch, Ethik, Kunst, Biologie, Geschichte, aber auch die der suchtpräventiven

Arbeit traditionell fernstehenden Fächer Sport, Sprachunterricht und Mathematik beteiligt.

Klasse 7

Wissen über Sucht und Drogen

Auf der Suche nach den Quellen der Sucht: Erkennen von Abhängigkeitsstrukturen; Erarbeiten von Alternativen

Drogen und Gesellschaft

Alkohol - ein Problem: Kennenlernen von Ursachen des Alkoholmißbrauchs und alternativen Verhaltensweisen

Entwicklung der Persönlichkeit

Was soll ich bloß tun?: Kennenlernen der Phänomene des Gruppendrucks, seiner Dynamik und Möglichkeiten zu widerstehen
Überreden zum Rauchen (Rollenspiel): Ursachen und Rollenklischees, die zum Rauchen führen, kennenlernen; Fähigkeit entwickeln, verstärktem Gruppendruck zu widerstehen

Entwicklung eines Selbstkonzepts

Ich bin stolz: Das Aussprechen eigener Stärken fördert Selbstvertrauen der Schüler und ihrer Selbstwirksamkeitserwartung
Feed-back (situative Kommunikationsübung): Rückmeldungen geben und annehmen können.

Zukunftsperspektive

Konflikte in meinem Leben: Sensibilisierung für persönliche und soziale Konfliktsituationen; Vermittlung von Bewältigungsstrategien

Werte und Normen

Das Titanic-Spiel: Bedeutung von Werten bei der Entscheidungsfindung, individuelle Entscheidungen beim Verhalten begründen;
Typische Trinkanlässe für Jugendliche: Über eigenes Trinkverhalten reflektieren, Alternativen ohne Alkohol entwickeln

Umgang mit anderen - Problemlösefertigkeiten

Kontingenzvertrag mit der Klasse: Systematisches Vorgehen bei selbstgesteuertem Verhalten anhand eines Vertrages;
Schul- und Klassenfest ohne Alkohol: Alternativen ohne Alkohol entwickeln und durchführen;
Kinder wollen anders feiern: Spiele kennenlernen und ausprobieren, Spielanleitungen verstehen und umsetzen;
Familienleben: Probleme in einer sozialen Gruppe (Familie) sind normal und können bewältigt werden.

Klasse 8

Wissen über Sucht und Drogen

Rauchen und Gesundheit: Kennenlernen von Auswirkungen des Rauchens auf Atemwege und Kreislauf;
Alkohol - Umgang und Wirkung: Auswirkungen des Alkoholkonsums; Unterscheidung von Mißbrauch und »sinnvollem« Konsum;
Regeln für »sinnvollen« Gebrauch aufstellen;

Entwicklung der Persönlichkeit

Schüler rauchen (Reportage): Kennenlernen der Gründe, die zum Rauchen führen; Bewußtmachen von Gruppendruck und seiner Wirksamkeit.

Entwicklung eines Selbstkonzepts

Wer bin ich? Stärkung des Einzelnen in seinem Selbstwert- und Gruppenzugehörigkeitsgefühl
Phantasiereise: Sich selbst und seine Gefühle wahrnehmen; Anspannungen lösen, sich konzentrieren.

Werte und Normen

Werte und Entscheidungen (eine Umfrage): Schüler erleben, daß es zu einem Thema unterschiedliche Meinungen gibt; Sie haben den Mut, abweichende Meinungen darzustellen. Die Methode der Umfrage stärkt das Selbstwertgefühl

Abbildung 3: Programmangebote für die Klassen 7 und 8

2.4 Erfassungsmethoden

Die Bestimmung von Präventionseffekten der Leipziger Studie erfolgte auf der Grundlage definierter Evaluationskriterien. Es handelte sich dabei um die Fortführung gesundheitsförderlicher Verhaltensstile der völligen Abstinenz bei illegalen Drogen, einer Abstinenz bzw. des späteren Einstiegs in den Nikotinkonsum sowie um Alkohol-Mindergebrauch. Weiterhin wurde die Förderung protektiver Ressourcen zur Erhöhung von Lebenskompetenzen angestrebt. Die Erfassung dieser Kriterien d.h. des Konsums psychotroper Substanzen und der protektiven Person- und Kontextvariablen erfolgte über einen Fragebogen, der von den beteiligten Schülern zu jedem Meßpunkt (vgl. Abbildung 1) anonym bearbeitet wurde.

Die protektiven Person- und Kontextvariablen wurden auf der Basis des Variablenkonzepts von HESSE (1993) bestimmt und um Merkmale des sozial-kognitiven Prozeßmodells gesundheitlichen Handelns (SCHWARZER, 1992; 1996) ergänzt. Hinzu kamen ausgewählte Merkmale des sozialen Umfelds aus dem Variablenkonzept der Leipziger Studie zur Primärprävention des Substanzmißbrauchs (PETERMANN, MÜLLER, KERSCH & RÖHR, 1997). Dies waren insbesondere die Variablen Selbstwertgefühl, Kontrollüberzeugungen, Soziale Kompetenz, Selbstwirksamkeitserwartungen (Widerstandsgewißheit), sowie substanzspezifisches Wissen bzw. Abstinenzintentionen bezüglich Alkohol, Tabak und illegalen Drogen. Hinzu kam noch das protektive Personmerkmal »Drogendistanz« (KERSCH, 1998). Es handelt sich dabei um eine abgeleitete Variable, die Ausprägungen substanzspezifischen Wissens, ablehnende Einstellungen zum Drogennutzer sowie Abstinenzabsichten bezüglich psychotroper Substanzen für das nächste Jahr beinhaltet. Niedrige Werte in den genannten drei Dimensionen konstituieren eine hohe Drogendistanz, die signifikant mit Substanzmindergebrauch korreliert ist (KERSCH, 1998).

Für alle einbezogenen Variablen wurden Aufgabenanalysen durchgeführt sowie Zuverlässigkeit und Gültigkeit bestimmt. Die Itemanalyse umfaßte die übliche Berechnung von Schwierigkeit und Trennschärfe. Zur Reliabilitätsbestimmung der in Skalenform vorliegenden Merkmale wurde die innere Konsistenz (Cronbachs α) berechnet. Informationen zur Höhe der berechneten Maßzahlen enthält die Tabelle 1.

Skala	**N**	**Schwierigkeit**	**Trennschärfe**	**Cronbachs α**
Wissen über Drogen	677	0,56	0,29	0,72
Selbstwertgefühl	677	0,75	0,54	0,80
Kontrollüberzeugung	677	0,71	0,48	0,70
Soziale Kompetenz	679	0,51	0,44	0,81
Widerstandsgewißheit	679	0,30	0,56	0,71

Tabelle 1: Schwierigkeit, Trennschärfe und Reliabilität protektiver Variablen

Die Items aller Skalen wurden mittels eines Expertenratings auf ihre inhaltliche Validität überprüft. Nach dem Vorliegen erster empirischer Fragebogendaten aus den Voruntersuchungen der Leipziger Studie erfolgten Faktoranalysen auf Itemebene zur Bestimmung der faktoriellen Validität. Die Berechnung der inneren kriterienbezogenen Validität nutzte die Daten von anderen Längsschnittuntersuchungen im Rahmen der Leipziger Studie der Jahre 1993 und 1994. Der Großteil der in die folgenden Analysen eingehenden Variablen wies Produkt-Moment-Koeffizienten auf, die für eine ausreichende Konstruktvalidität sprechen. Ausführlichere Darstellungen zur psychometrischen Güte der eingesetzten Skalen finden sich in PETERMANN ET AL. (1997) bzw. FISCHER und PETERMANN (1999).

Der Substanzgebrauch wurde durch eine kindgerechte Fragenversion erfaßt. Dabei wurde der WHO-Forderung Rechnung getragen, sowohl die Häufigkeit des Konsums als auch die Gebrauchsmenge jedes Konsumereignisses zu erfassen. So ist es z.B. möglich, die getrunkene Alkoholmenge in Gramm im Drei-Monats-Prävalenzzeitraum für jeden Probanden zu berechnen. Auf der Grundlage der angegebenen Häufigkeit und Trinkmenge wurden die Probanden in die Gruppen 0 = Abstinenz, 1=Mindergebrauch (bis 200g), 2=mittlerer Gebrauch (201-900g) und 3=Vielgebrauch (über 900g) eingeteilt. Zur Erfassung des Zigarettenkonsums dienten die Häufigkeitskategorien 1=Nichtraucher, 2=Gelegenheitsraucher (2x wöchentlich bis 1x im Monat) und 3=Gewohnheitsraucher (3x wöchentlich bis täglich). Der Haschischgebrauch wurde mit einer 6-stufigen Häufigkeitsskala (1=täglich bis 6=überhaupt nicht) ermittelt.

Die Bestimmung des Wahrheitsgehalts der Selbstangaben zum Konsum von psychotropen Substanzen berührt Fragen der Reliabilität und Gültigkeit gleichermaßen, so daß häufig zusammenfassend von Verläßlichkeit der Angaben zum Substanzgebrauch gesprochen wird (SIEBER, 1993). Als bestes Validitätskriterium für den Gebrauch psychotroper Substanzen gelten erfahrungsgemäß medizinische Daten, deren Erhebung bei einer Reihe von Präventionsstudien auch erfolgten (BOTVIN et al., 1990). Dies war in der vorliegenden Untersuchung nicht durchführbar. Zur Kontrolle der Verläßlichkeit wurden deshalb die Anonymität der Angaben gewährleistet, Erhebungen ausschließlich durch Projektmitarbeiter in Abwesenheit der Lehrer vorgenommen und für jeden Datensatz die Zeitstabilität der Konsumangaben zwischen den Meßpunkten auf Plausibilität geprüft. In der Gesamtbetrachtung kann die Validität der Konsumangaben als gut bezeichnet werden.

3 Ergebnisse

Der Effektivitätsbestimmung lagen die im vorangegangenen Gliederungspunkt genannten Evaluationskriterien zugrunde:

- Fortführung der völligen Abstinenz bei illegalen Drogen, Abstinenz bzw. späterer Einstieg in den Nikotinkonsum sowie Mindergebrauch von Alkohol,
- Förderung protektiver Persönlichkeitsmerkmale zur Erhöhung von Lebenskompetenzen.

Die Wirkungsbestimmung nutzte varianzanalytische Pläne auf der Grundlage des quasi-experimentellen Designs mit dem Faktor Versuchs- versus Kontrollgruppe. Die Kontrolle der Ausgangswertabhängigkeit erfolgte über Kovarianzanalysen, indem standardmäßig die Ausprägungsgrade der Variablen vor der Intervention als Kovariate in die Analysen einbezogen wurden. Für alle Berechnungen lag das a priori festgelegte Signifikanzniveau bei 10%, um in den univariaten Analysen die Wahrscheinlichkeit für eine fälschliche Annahme der Nullhypothese auf das vertretbare Maß von 45% zu reduzieren. Dies erschien uns notwendig, um sicherzustellen, daß man den eingesetzten Programmangeboten nur dann keinen Einfluß auf die Persönlichkeitsentwicklung und das Konsumverhalten zuschreibt, wenn dieser vernachlässigbar klein ist.

3.1 Prüfung der Prätestäquivalenz

Das stichprobentheoretische Auswahlelement der Studie ist die Schulklasse. Dieses für schulische Feldstudien übliche Vorgehen geht bei kleineren Stichproben meist mit mangelnder Prätestäquivalenz einher. So war zu überprüfen, ob es statistisch bedeutsame Unterschiede zwischen den Versuchs- und Kontrollschülern hinsichtlich ihres berichteten Konsumverhaltens und der Ausprägung der protektiven Persönlichkeitsmerkmale bereits vor der ersten Intervention gab (Meßpunkt T1).

In Tabelle 2 sind die Mittelwerte und Standardabweichungen für die beiden Versuchsbedingungen und das Ergebnis univariater Varianzanalysen für die einzelnen Variablen zusammengefaßt. Bezüglich der Wissensvariablen wurde im Vortest zur Fragebogenkonstruktion Homogenität der Gesamtstichprobe festgestellt und deshalb auf eine erneute Erhebung zu T1 und T2 verzichtet.

Sowohl die multivariaten ($F_{(9,295)} = 0.617$, $\alpha = .78$, $f = .137$, $1-\beta = .43$) als auch die univariaten Varianzanalysen zeigen, daß es keine signifikanten Prätestunterschiede zwischen der Versuchsgruppe und der Kontrollgruppe gibt. Mögliche Mittelwertsunterschiede bei späteren Meßpunkten sind somit als Interventionseffekte interpretierbar.

Variable	Versuchs-gruppe M	SD	Kontroll-gruppe M	SD	F	df	α	f	1-β
Alle Variablen					0.617	9;295	0.78	0.137	0.43
Konsumangaben									
Alkohol [a]	0.86	0.70	0.78	0.75	0.964	1;303	0.33	0.056	0.27
Tabak [b]	1.35	0.70	1.32	0.65	0.262	1;303	0.61	0.029	0.24
Haschisch [c]	3.69	0.61	3.76	0.60	1.099	1;303	0.30	0.060	0.28
Abstinenzintention [d]									
Alkohol	2.80	1.21	2.73	1.29	0.288	1;303	0.59	0.031	0.26
Tabak	1.61	1.09	1.57	1.02	0.074	1;303	0.79	0.015	0.14
Haschisch	1.10	0.40	1.09	0.42	0.070	1;303	0.79	0.015	0.14
Persönlichkeitsmerkmale									
Selbstwertgefühl	20.48	4.35	19.70	4.38	2.353	1;303	0.13	0.088	0.45
Kontrollüberzeugung	11.84	2.29	11.41	2.31	2.460	1;303	0.12	0.090	0.47
Soz. Kompetenz			zu T1 nicht erhoben						
Widerstandsgewißheit	43.58	6.93	43.56	7.03	0.001	1;303	0.97	0.000	0.12
Wissen			zu T1 nicht erhoben						
Alkohol									
Tabak									
Drogendistanz			zu T1 nicht berechenbar						
Alkohol									
Tabak									

Tabelle 2: Prüfung der Prätestäquivalenz für Versuchs- und Kontrollgruppe zu T1

Anmerkungen: a) Gruppierung nach Konsumfrequenz und -menge von »0« (abstinent) bis »3« (viel); b) Gruppierung nach Konsumfrequenz und -menge von »1« (Nichtraucher) bis »3« (Gewohnheitsraucher); c) Häufigkeitsskala (1=täglich bis 6=überhaupt nicht); d) hohe Werte entsprechen einer geringen Abstinenzintention

3.2 Stabilisierung von Abstinenz und Mindergebrauch

Primärprävention soll die Inzidenz einer Krankheit oder des Problemverhaltens verringern. Geht man von dieser Definition aus, dann entsprechen Wirkungsnachweise von Präventionsprogrammen zur Stabilisierung von Abstinenz und Mindergebrauch genau dieser Intention. Gewohnheitsmäßige Nutzer von Tabak, Alkohol und illegalen Drogen sind primärpräventiv meist unbeeinflußbar. Dies ist nicht überraschend, da für habituelle Konsumenten therapeutische Konzepte die Mittel der Wahl sind. Diesem Umstand trägt die vorgelegte Analyse Rechnung. So wurden in die folgenden Analysen nur jene Schülerinnen und Schüler einbezogen, die weder Gewohnheitsraucher noch Vieltrinker waren, eine Einschränkung, die 84,9% der Schülerinnen und Schüler der Gesamtstichprobe erfüllten.

	Versuchsgruppe		**Kontrollgruppe**						
Variable	**M**	**SD**	**M**	**SD**	**F**	**df**	**α**	**f**	**1-β**
Konsumangaben T2-T1					1.51	3;339	0.21	0.116	0.52
Alkohol [a]	0.70	0.82	0.82	0.79	3.15	1;341	0.08	0.096	0.55
Tabak [b]	1.37	0.74	1.43	0.75	1.11	1;341	0.29	0.057	0.28
Haschisch [c]	5.97	0.27	5.98	0.35	0.30	1;341	0.59	0.030	0.27
Konsumangaben T3-T1					2.02	3;266	0.11	0.151	0.64
Alkohol [a]	0.98	0.86	1.13	0.83	2.71	1;268	0.10	0.101	0.50
Tabak [b]	1.54	0.85	1.70	0.87	3.92	1;268	0.05	0.121	0.63
Haschisch [c]	5.94	0.40	5.87	0.51	1.57	1;268	0.21	0.077	0.35
Konsumangaben T4-T1					4.85	3;255	0.00	0.239	0.95
Alkohol [a]	0.91	0.92	1.15	0.88	5.45	1;257	0.02	0.146	0.75
Tabak [b]	1.67	0.89	1.74	0.90	0.58	1;257	0.45	0.048	0.34
Haschisch [c]	5.96	0.19	5.71	0.86	11.07	1;257	0.00	0.208	0.95
Konsumangaben T4-T2					4.42	3;241	0.01	0.235	0.93
Alkohol [a]	0.94	0.93	1.13	0.87	3.25	1;243	0.07	0.116	0.56
Tabak [b]	1.70	0.89	1.71	0.89	0.01	1;243	0.94	0.005	0.12
Haschisch [c]	5.98	0.14	5.72	0.78	11.27	1;243	0.00	0.215	0.96
Konsumangaben T4-T3					4.69	3;231	0.00	0.247	0.94
Alkohol [a]	0.96	0.93	1.12	0.87	2.36	1;233	0.13	0.101	0.45
Tabak [b]	1.75	0.89	1.68	0.90	0.92	1;233	0.34	0.063	0.26
Haschisch [c]	5.97	0.17	5.70	0.90	10.47	1;233	0.00	0.212	0.94

Tabelle 3: Multi- und univariate F-Werte, Effektstärken und Power sowie die adjustierten Mittelwerte und Standardabweichungen hinsichtlich des Substanzkonsums für Versuchs- und Kontrollgruppe

Anmerkungen: a) Gruppierung nach Konsumfrequenz und -menge von »0« (abstinent) bis »3« (viel); b) Gruppierung nach Konsumfrequenz und –menge von »1« (Nichtraucher) bis »3« (Gewohnheitsraucher); c) Häufigkeitsskala (1=täglich bis 6=überhaupt nicht)

Bei den Ergebnisdarstellungen wird vereinfachend zwischen kurz-, mittel- und längerfristigen Effekten unterschieden. Effekte zum Meßpunkt T2 werden hier als kurzfristig, zu T3 als mittelfristig und zu T4 als längerfristig definiert. Diese Sprachregelung dient einer besseren Übersichtlichkeit der

Befunde. Bei Vergleichen mit anderen Studien ist aber immer zu beachten, daß dort andere Zeitintervalle zwischen den Meßpunkten bestehen können. Zusätzlich wurde noch die Wirkung der zweiten Interventionsphase untersucht.

Die Ergebnisse der Analysen zum Gebrauch sind in Tabelle 3 dargestellt. Dazu werden in den Spalten 1 sowie 3 die hinsichtlich der Prätestausprägung adjustierten Mittelwerte und in den Spalten 2 bzw. 4 die Standardabweichungen getrennt für Versuchs- und Kontrollgruppe aufgeführt. Zusätzlich sind noch F-Werte mit Freiheitsgraden, Effektstärken und ihre Power für die univariaten Tests angegeben.

Die multivariate Kovarianzanalyse konnte keinen kurzfristigen Effekt der ersten Intervention auf das berichtete Konsumverhalten zum Meßpunkt T2 bestätigen ($F_{(3,339)} = 1.51$, $\alpha = .21$, $f = .116$, $1\text{-}\beta = .52$). Wertet man die Angaben zum Konsumverhalten getrennt nach den einzelnen Substanzen aus, so läßt sich in der Versuchsgruppe eine Stabilisierung des Anteils Abstinenter von Alkohol gegenüber der Kontrollgruppe nachweisen (vgl. Tabelle 3, Zeile 2).

Aufgrund des Untersuchungsdesigns ist neben den kurzfristigen Interventionseffekten für den Alkohol- und Haschischkonsum auch das Ausmaß mittelfristiger Effekte der ersten Intervention einfach prüfbar. Dazu werden die Konsumangaben zum Meßpunkt T3 als Zielgrößen gewählt. Wieder ist kein multivariater ($F_{(3,266)} = 2.02$, $\alpha = .11$, $f = .151$, $1\text{-}\beta = .64$), wohl aber ein univariater Effekt für eine Droge (Tabak) nachweisbar (vgl. Tabelle 3, Zeile 7).

In den Zeilen 9 bis 12 der Tabelle 3 sind die Ergebnisse für die längerfristige Programmwirkung zwischen den Meßpunkten T1 und T4 angegeben. In dieser Analyse sind sowohl ein multivariater ($F_{(3,255)} = 4.85$, $\alpha < .01$, $f = .239$, $1\text{-}\beta = .95$) als auch ein univariater Effekt für den Alkohol- und den Haschischkonsum signifikant (Zeile 10 und 12).

Der als T3 bezeichnete Meßpunkt ist bezogen auf die erste Intervention sowohl Posttest 2 als auch Prätest der zweiten Intervention (vgl. Abbildung 1). Entsprechend ist der Meßpunkt T4 einerseits der Posttest 3 für die erste Intervention und andererseits der Posttest 1 für die zweite Interventionsphase. Auch für diese Phase lassen sich Effekte der Intervention für die Versuchsgruppe nachweisen: Sowohl der Vergleich der Konsumangaben in Versuchs- und Kontrollgruppe für den Meßpunkt T4 mit den Ausgangswerten zu T2 (Tabelle 3, Zeile 13 bis 16) als auch zu T3 (Tabelle 3, Zeile 17 bis 21) belegen die suchtpräventive Wirkung der implementierten Programmbausteine zur Stabilisierung der Abstinenz. Eine Veranschaulichung der Entwicklungsverläufe des Anteils abstinenter Schüler für die vier Meßpunkte ist in Abbildung 4 zu finden. Sie macht die Präventionseffekte bezüglich der Substanzen Haschisch und Alkohol noch einmal deutlich.

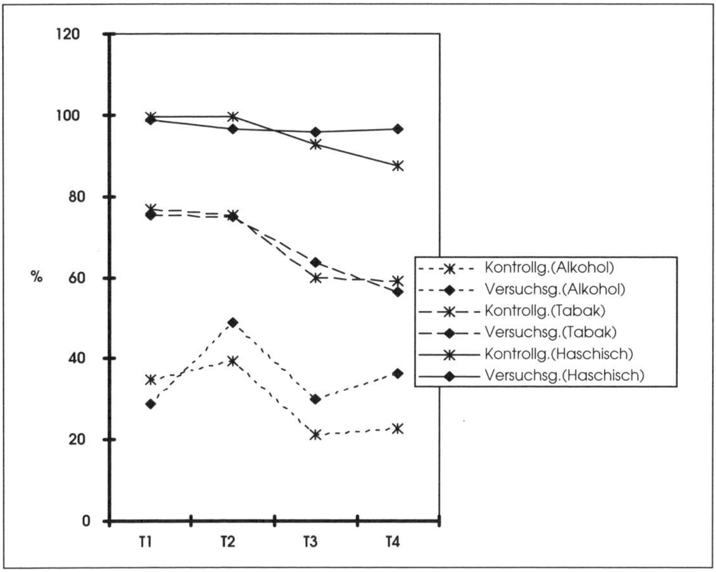

Abbildung 4: Entwicklung des Anteils abstinenter Schülerinnen und Schüler für Alkohol, Tabak und Haschisch über die vier Meßpunkte, getrennt nach Versuchs- und Kontrollgruppe

Drei Punkte sind unter methodischen Gesichtspunkten noch hervorzuheben: Erstens verdeutlichen die Kurvenverläufe für Haschisch die Schwierigkeit, einen Programmeffekt nachzuweisen, wenn es in der Gesamtpopulation nur einen sehr geringen Prozentsatz an Konsumenten gibt. Analog zu diesem Deckeneffekt läßt sich hinsichtlich des Wissens über die Wirkung von Alkohol und Tabak in unseren Daten z.B. ein Bodeneffekt beobachten. Zweitens wird der Einfluß des Befragungszeitpunktes im Jahr auf die Angaben zum Alkoholkonsum deutlich. Fallen Feiertage wie Weihnachten und Sylvester in den Prävalenzzeitraum, wie bei T1 und T3, so steigt der Anteil der Konsumenten an, was wiederum als Indiz gegen verfälschte Antworten im Fragebogen gewertet werden kann. Drittens läßt sich anhand der Kurvenverläufe für Tabak und Alkohol sehr gut demonstrieren, warum bei der Berechnung der Programmwirkung die Ausgangswerte in die Kovarianzanalyse mit einbezogen werden müssen. Wenn die Schülerinnen und Schüler nicht zufällig den beiden Gruppen zugeteilt werden, spielt es letztlich keine Rolle, ob sich die antezedenten Konsumangaben signifikant zwischen Kontroll- und Versuchsgruppe unterscheiden, wie ein Vergleich des Anteils der Nichtraucher für T1 und T3 deutlich macht.

3.3 Förderung protektiver Ressourcen

Als protektive Ressourcen sind in der Leipziger Präventionsstudie 11 Variablen definiert. Sie sind in Tabelle 4 vollständig aufgeführt. Das Ausmaß ihrer Förderung wurde über multivariate Kovarianzanalysen in Form kurz-, mittel- und längerfristiger Effekte bestimmt (vgl. Abschnitt Stabilisierung von Abstinenz und Mindergebrauch). In Tabelle 4 sind die kurzfristigen Wirkungsnachweise dargestellt. Dabei ist zu berücksichtigen, daß das drogenspezifische Wissen nur zu den Meßpunkten 3 und 4 erfragt wurde und damit auch die Drogendistanz für T1/T2 nicht berechnet werden konnte (KERSCH, 1998).

	Versuchsgruppe		Kontrollgruppe						
Variable	**M**	**SD**	**M**	**SD**	**F**	**df**	**α**	**f**	**1-β**
Abstinenzintention [a]					0.34	3;331	0.80	0.056	0.20
Alkohol	2.92	1.20	2.94	1.19	0.07	1;331	0.79	0.015	0.14
Tabak	1.81	1.24	1.81	1.19	0.00	1;331	0.99	0.000	0.12
Haschisch	1.13	0.49	1.10	0.39	0.86	1;331	0.36	0.051	0.27
Persönlichkeitsmerkmale					2.69	4;264	0.03	0.202	0.83
Selbstwertgefühl	20.77	4.01	19.83	4.35	5.86	1;267	0.02	0.148	0.78
Kontrollüberzeugung	11.95	2.32	11.86	2.33	0.13	1;267	0.72	0.022	0.16
Soziale Kompetenz	37.02	6.02	35.51	6.01	4.70	1;267	0.03	0.133	0.69
Widerstandsgewißheit	42.40	8.04	42.82	7.39	0.41	1;267	0.53	0.039	0.34
Wissen			zu T2 nicht erhoben						
Alkohol									
Tabak									
Drogendistanz [b]			zu T2 nicht berechenbar						
Alkohol									
Tabak									

Tabelle 4: Multi- und univariate F-Werte, Effektstärken und Power sowie die adjustierten Mittelwerte und Standardabweichungen für Versuchs- und Kontrollgruppe zu T2

Anmerkung: a) hohe Werte entsprechen einer geringen Abstinenzintention, b) niedrige Werte entsprechen einer hohen Distanz

Während sich für die Abstinenzintention zum Meßpunkt T2 kein Effekt des Präventionsprogramms nachweisen läßt ($F_{(3,331)} = 0.34$, $\alpha = .80$, $f = .056$,

1-β = .20), ergab sich für die einbezogenen Persönlichkeitsmerkmale Selbstwertgefühl, Kontrollüberzeugung, Soziale Kompetenz und Widerstandsgewißheit ein multivariater Effekt der Intervention ($F_{(4,264)}$ = 2.69, α = .03, f = .202, 1-β = .83). Die anschließenden univariaten Analysen zeigen, daß dieser Effekt vor allem auf eine Verbesserung des Selbstwertgefühls (Tabelle 4, Zeile 6) und der Sozialen Kompetenz (Tabelle 4, Zeile 8) in der Versuchsgruppe zurückgeführt werden kann.

Die Ergebnisse mittelfristiger Effekte der Förderung protektiver Personmerkmale sind in Tabelle 5 wiedergegeben. Sie ist analog der Tabelle für die kurzfristigen Wirkungsnachweise aufgebaut.

	Versuchsgruppe		**Kontrollgruppe**						
Variable	**M**	**SD**	**M**	**SD**	**F**	**df**	**α**	**f**	**1-β**
Abstinenzintention [a]					3.96	3;259	0.01	0.214	0.90
Alkohol	1.97	0.93	2.33	0.99	10.05	1;261	0.00	0.196	0.93
Tabak	2.00	1.40	2.20	1.40	1.98	1;261	0.16	0.087	0.40
Haschisch	1.19	0.59	1.36	0.83	3.55	1;261	0.06	0.117	0.59
Persönlichkeitsmerkmale					2.06	4;206	0.09	0.200	0.72
Selbstwertgefühl	20.85	4.05	19.81	4.25	4.21	1;209	0.04	0.142	0.65
Kontrollüberzeugung	11.99	2.45	11.93	2.29	0.04	1;209	0.84	0.014	0.13
Soziale Kompetenz	36.13	6.62	35.93	6.40	0.05	1;209	0.83	0.015	0.13
Widerstandsgewißheit	42.86	7.51	40.91	6.98	4.29	1;209	0.04	0.143	0.66
Wissen					4.28	2;281	0.02	0.174	0.83
Alkohol	1.41	1.04	1.63	1.08	2.79	1;282	0.10	0.099	0.51
Tabak	0.84	0.75	1.14	0.90	8.39	1;282	0.00	0.172	0.89
Drogendistanz [b]					5.91	2;237	0.00	0.223	0.93
Alkohol	0.52	0.59	0.78	0.65	11.87	1;238	0.00	0.223	0.96
Tabak	0.95	0.75	1.03	0.77	0.78	1;238	0.38	0.057	0.27

Tabelle 5: Multi- und univariate F-Werte, Effektstärken und Power sowie die adjustierten Mittelwerte und Standardabweichungen für Versuchs- und Kontrollgruppe zu T3

Anmerkung: a) hohe Werte entsprechen einer geringen Abstinenzintention, b) niedrige Werte entsprechen einer hohen Distanz

Sowohl für Abstinenzintentionen ($F_{(3,259)}$ = 3.96, α = .01, f = .214, 1-β = .90), Persönlichkeitsmerkmale ($F_{(4,206)}$ = 2.06, α = .09, f = .200, 1-β = .72) und Drogendistanz ($F_{(2,237)}$ = 5.91, α < .01, f = .223, 1-β = .93) bestätigen die multivariaten Kovarianzanalysen einen primärpräventiven Effekt. Lediglich bezogen auf das Wissen der Schülerinnen und Schüler über die Wirkung legaler Drogen (als Kovariate wurden die Wissensausprägungen im Vortest gewählt) ist eine entgegengesetzte Tendenz beobachtbar ($F_{(2,281)} = 4.28$, $\alpha = .02$, $f = .174$, $1\text{-}\beta = .83$). Die univariaten Analysen belegen, daß die multivariaten Effekte differenziert betrachtet werden müssen, weil sich bei einzelnen Variablen kein Einfluß der Programmimplementierung nachweisen läßt.

Variable	**Versuchsgruppe M**	**Versuchsgruppe SD**	**Kontrollgruppe M**	**Kontrollgruppe SD**	**F**	**df**	**α**	**f**	**1-β**
Abstinenzintention [a]					3.82	3;252	0.01	0.213	0.89
Alkohol	2.06	0.99	2.38	1.07	6.71	1;254	0.01	0.163	0.82
Tabak	2.16	1.49	2.32	1.34	1.14	1;254	0.29	0.067	0.28
Haschisch	1.20	0.57	1.47	0.97	7.50	1;254	0.01	0.172	0.86
Persönlichkeitsmerkmale					1.00	4;176	0.41	0.151	0.44
Selbstwertgefühl	20.94	3.94	20.15	4.43	2.05	1;179	0.15	0.107	0.41
Kontrollüberzeugung	11.99	2.19	12.10	2.48	0.12	1;179	0.73	0.025	0.15
Soziale Kompetenz	36.83	6.19	36.69	5.75	0.02	1;179	0.88	0.011	0.12
Widerstandsgewißheit	42.61	7.08	41.37	7.91	1.31	1;179	0.25	0.086	0.31
Wissen					1.08	2;273	0.34	0.089	0.35
Alkohol	1.93	0.91	1.83	0.98	0.73	1;274	0.40	0.051	0.29
Tabak	1.15	0.79	1.24	0.83	0.73	1;274	0.39	0.052	0.29
Drogendistanz [b]					7.60	2;256	0.00	0.244	0.97
Alkohol	0.63	0.57	0.87	0.63	10.36	1;257	0.00	0.201	0.94
Tabak	1.13	0.74	1.05	0.79	0.70	1;257	0.40	0.052	0.30

Tabelle 6: Multi- und univariate F-Werte, Effektstärken und Power sowie die adjustierten Mittelwerte und Standardabweichungen für Versuchs- und Kontrollgruppe zu T4

Anmerkung: a) hohe Werte entsprechen einer geringen Abstinenzintention, b) niedrige Werte entsprechen einer hohen Distanz

Während sich für die Abstinenzintention zum Meßpunkt T2 kein Effekt des Präventionsprogramms nachweisen läßt ($F_{(3,331)} = 0.34$, $\alpha = .80$, $f = .056$, $1\text{-}\beta = .20$), ergab sich für die einbezogenen Persönlichkeitsmerkmale Selbstwertgefühl, Kontrollüberzeugung, Soziale Kompetenz und Widerstandsgewißheit ein multivariater Effekt der Intervention ($F_{(4,264)} = 2.69$,

$\alpha = .03, f = .202, 1\text{-}\beta = .83$). Die anschließenden univariaten Analysen zeigen, daß dieser Effekt vor allem auf eine Verbesserung des Selbstwertgefühls (Tabelle 4, Zeile 6) und der Sozialen Kompetenz (Tabelle 4, Zeile 8) in der Versuchsgruppe zurückgeführt werden kann.

4 Zusammenfassung und Diskussion

Die Effektivität schulischer Suchtprävention ist durch eine Reihe von Publikationen hinreichend belegt. Zu nennen sind u.a. Botvin et al. (1990), Bruvold (1993), LEPPIN, KOLIP und HURRELMANN (1996), DONALDSON, GRAHAM, PICCININ und HANSEN (1997), FUCHS und SCHWARZER (1997), JESSOR, VAN DEN BOS, VANDERRYN, COSTA und TURBIN (1997) sowie SILBEREISEN (1997). Ergänzend zu diesen Arbeiten liefert die vorliegende Studie einen begrenzten Beitrag zur Evaluation schulischer Suchtprävention. Die wesentlichen Ergebnisse werden abschließend noch einmal kurz skizziert.

- Bezüglich der *methodischen Anforderungen* an schulische suchtpräventive Längsschnittstudien mit quasi-experimentellem Design werden als zu kontrollierende Bereiche vor allem die externe und interne Validität genannt (COOK & CAMPBELL, 1979). Damit im Zusammenhang stehende Teilfragen betreffen u.a. die Güte der Selbstberichte, eingesetzte statistische Verfahren, Prätestäquivalenz sowie Repräsentativität des Längsschnitts (BOTVIN et al., 1990). In der vorliegenden Studie bestätigen die psychometrische Qualität der eingesetzten Verfahren, eine ausreichende Repräsentativität des Längsschnitts sowie die erfolgte statistische Kontrolle der Prätestäquivalenz und Ausgangswertabhängigkeit, daß diese methodischen Voraussetzungen berücksichtigt und kontrolliert wurden. Die Berechtigung zur inhaltlichen Interpretation der Präventionsergebnisse erscheint uns damit gegeben.
- Eine Erhöhung *protektiver Ressourcen* zeigt sich in allen Variablenbereichen. Hinsichtlich der Abstinenzbereitschaft sind vor allem mittel- und längerfristige positive Programmwirkungen beobachtbar, während kurzfristige Effekte ausbleiben. Die Stärkung suchtprotektiver Persönlichkeitsmerkmale (Selbstwertgefühl, Kontrollüberzeugung, Soziale Kompetenz und Widerstandsgewißheit) drückt sich in kurz- bis mittelfristigen Programmeffekten aus, die durch eine zweite Intervention stabilisiert werden konnten.

Es ist allerdings nicht möglich, diese multivariaten Effekte eindeutig auf die Stärkung aller Merkmale zurückzuführen. Es gibt auch Einzelvariablen, bei denen keine Wirkungen oder entgegengesetzte Verläufe registriert wurden. Zu nennen sind z. B. die Variablen des Drogenwissens, wo es zu einer mittelfristigen Verschlechterung der Versuchsgruppe im Vergleich zur Kontrollgruppe kommt. Für das von KERSCH (1998) vorgeschlagene Einstellungsmaß der Drogendistanz findet sich dagegen ein durchgängig positiver Effekt der suchtpräventiven Intervention. Wie bei den Ergebnissen zur Abstinenzbereitschaft und zum Substanzgebrauch ist dabei ein univariater Effekt bezüglich der Alkoholdistanz festzustellen, während hinsichtlich der Tabakdistanz keine signifikante Wirkung des Programms nachweisbar ist.

Die Betrachtung des Effektivitätskriteriums der Stärkung protektiver Merkmale ergibt somit ein sehr differenziertes Bild: Neben positiven Präventionseffekten sind auch ausbleibende Wirkungen bzw. eine Überlegenheit der Kontroll- im Vergleich zur Versuchsgruppe zu registrieren. Insgesamt ist bei der Beurteilung des Einflusses der Programmbausteine auf die protektiven Persönlichkeitsmerkmale aber zu bedenken, daß es sich um eine niedrigdosierte Intervention handelt. Es wäre deshalb vermessen, wenn man Interventionseffekte erwarten würde, die alle anderen Einflüsse überdecken, denen die Schülerinnen und Schüler im Untersuchungszeitraum ausgesetzt waren. Außerdem handelt es sich bei den betrachteten Protektivmerkmalen um eher breite Faktoren, die durch unsere Meßinstrumente nicht so erfaßt werden können, wie dies mit Hilfe von umfänglichen Persönlichkeitstests möglich wäre. Eine differenziertere Analyse der Programmwirkung auf die Persönlichkeitsentwicklung ist daher nicht möglich.

- Hinsichtlich des *Gebrauchskriteriums* lassen sich längerfristige multivariate Effekte nachweisen. Neben den multivariaten Wirkungen des primärpräventiven Programms auf den Alkohol-, Tabak- und Haschischkonsum zum Meßpunkt T4 finden sich auch längerfristige univariate Effekte einer Stabilisierung der Abstinenz von Haschisch in der Versuchsgruppe im Vergleich zur Kontrollgruppe. Bezogen auf eine Stabilisierung der Abstinenz von Alkohol sind sowohl kurz- als auch längerfristige Effekte (nach der zweiten Intervention) registrierbar. Beim Tabakkonsum lassen sich dagegen nur mittelfristige Präventionseffekte bestätigen. Hier scheint sich der entwicklungspsychologische Trend zum Einstieg in den Konsum am stärksten auszuwirken.

Die Deskription der Wirkungsnachweise sei abschließend noch um den quantitativen Vergleich der berechneten Effektstärken mit analogen Maßzahlen aus der Präventionsliteratur ergänzt. Diese sind von der Größe der untersuchten Stichprobe unabhängig und ermöglichen daher einen präziseren Vergleich verschiedener Arbeiten. Da insbesondere amerikanische Studien häufig um ein Vielfaches größere Stichprobenumfänge aufweisen als die vorliegende Untersuchung, ist es möglich, daß das von uns implementierte Präventionsprogramm ähnliche Wirkungen auf das Gebrauchsverhalten hat, ohne daß gleichzeitig ein überzufälliger Unterschied zwischen Versuchs- und Kontrollgruppe festgestellt werden kann. BRUVOLD (1993) berichtet in seiner Metaanalyse zur Evaluation von Präventionsprogrammen des Tabakkonsums auch über die mittleren Effektstärken für das Kriterium Gebrauch. Dabei verwendet er, ebenso wie TOBLER und STRATTON (1997), als Maß der Effektstärke die standardisierte Differenz zweier Mittelwerte (d). Bei Varianzanalysen mit zwei oder mehr Gruppen, die miteinander verglichen werden sollen, bietet es sich an, die Standardabweichung der standardisierten Mittelwerte als Maß der Effektstärke zu verwenden (COHEN, 1988). Für zwei Mittelwerte läßt sich dann die Beziehung zwischen diesen beiden Maßen folgendermaßen ausdrücken: f = 1/2 d, wenn beide Teilstichproben gleich groß sind.

Rechnet man nun die von Bruvold ermittelten Effektstärken auf das in unseren Tabellen verwendete Maß f um, so läßt sich für Programme, die sich am life skills-Ansatz orientieren (BOTVIN, BAKER, RENICK, FILAZZOLA & BOTVIN, 1984) eine Reduktion des Gebrauchs um 0,18 Standardabweichungen unmittelbar nach der Intervention, um 0,04 Standardabweichungen bei der Post 2 Messung und -0,21 Standardabweichungen bei der Post 3 Messung registrieren.

Bei vergleichbaren Zeiträumen weist die vorliegende Studie eine kurz- bzw. mittelfristige Reduktion des Substanzkonsums um 0,12 bzw. 0,15 Standardabweichungen aus. Längerfristig beträgt die Gebrauchsminderung 0,24 Standardabweichungen. Dies entspricht dem, was COHEN (1988; 1992) als kleine bis mittlere Effekte bezeichnet und als realistisch für sozialwissenschaftliche Untersuchungsergebnisse betrachtet. Bezogen auf den Substanzgebrauch ließen sich somit in der Leipziger Studie bessere Präventionsergebnisse ermitteln als die in der Literatur mitgeteilten. Das Ausbleiben signifikanter substanzunabhängiger (multivariater) Unterschiede im berichteten Konsumverhalten zwischen der Versuchs- und der Kontrollgruppe in der kurz- bzw. mittelfristigen Betrachtung bedeutet somit *nicht*, daß es keine kurz- oder mittelfristigen Effekte der Programmimplementierung gegeben hat. Der fehlende Nachweis ist vielmehr auf die Größe der untersuchten Stichprobe zurückzuführen. Neben dieser Bestätigung der publizierten Präventionsergebnisse ist besonders hervorzuheben, daß der von BRUVOLD (1993) konstatierte negative längerfristige Effekt von Präventionsprogrammen des life skills-Ansatzes auf das Gebrauchsverhalten in unserer Untersuchung ausgeschaltet werden konnte.

5 Literatur

BOTVIN, G.J., BAKER, E., DUSENBURY, L., TORTU, S., & BOTVIN, E.M. (1990). Preventing adolescent drug abuse through a multimodal cognitive-behavioral approach: Results of a 3-year study. *Journal of Consulting and Clinical Psychology, 58*, 437-446.

BOTVIN, G. J., BAKER, E., RENICK, N. L., FILAZZOLA, A.D., & BOTVIN, E. M. (1984). A cognitive-behavioral approach to substance abuse prevention. *Addictive Behaviors, 9*, 137-147.

BRUVOLD, W. H. (1993). A meta-analysis of adolescent smoking prevention programs. *American Journal of Public Health, 83*, 872-880.

COHEN, J. (1988). *Statistical power analysis for the behavioral sciences.* (2. ed.). Hillsdale, NJ: Erlbaum.

COHEN, J. (1992). Statistical power analysis. *Current directions in psychological science, 1*, 98-101.

COOK, T.D., & CAMPBELL, D.T. (1979). *Quasi-experimentation.* Chicago: Rand McNally.

DONALDSON, S.I., GRAHAM, J.W., PICCININ, A.M., & HANSEN, W.B. (1997). Resistance-skills training and onset of alcohol use: Evidence for beneficial and potentially harmful effects in public schools and in private catholic schools. In G.A. Marlatt & G.R. VandenBos (Eds.), *Addictive behaviors. Readings on etiology, prevention, and treatment* (pp. 215-238). Washington, DC: American Psychological Association. (Reprinted from Health Psychology, 14, 291-300,1995).

FISCHER, V., & PETERMANN, H. (1999). Persönlichkeitsmerkmale als Antezedenzien des Drogengebrauchs Jugendlicher. *Zeitschrift für Medizinische Psychologie*, 7, 53-59.

FUCHS, R., & SCHWARZER, R. (1997). Tabakkonsum: Erklärungsmodelle und Interventionsansätze. In R. Schwarzer (Hrsg.), *Gesundheitspsychologie*, (S. 209-244). Göttingen: Hogrefe.

HESSE, S. (1993). *Suchtprävention in der Schule.* Opladen: Leske & Budrich.

HURRELMANN, K. (1991). *Sozialisation und Gesundheit.* Weinheim: Juventa.

JESSOR, R., VAN DEN BOS, J., VANDERRYN, J., COSTA, F. M., & TURBIN, M. S. (1997). Protective factors in adolescent problem behavior: Moderator effects and developmental change. In G. A. Marlatt & G. R. VandenBos (Eds.), *Addictive behaviors. Readings on etiology, prevention, and treatment.* (Reprinted from Developmental Psychology, 31, 923-933. (1995), pp. 239-264). Washington, DC: American Psychological Association.

KERSCH, B. (1998). »Tabakdistanz» – ein Evaluationskriterium unterrichtlicher Suchtpräventionsmaßnahmen bei 13- bis 16jährigen Schülerinnen und Schülern. Ergebnisse einer Leipziger Längsschnittstudie. *Sucht, 44*, 15-24.

KOLLEHN, K., & WEBER, N.H. (Hrsg.). (1988). *Alkohol und Erziehung.* Berlin: Technische Universität.

LANDESINSTITUT FÜR SCHULE UND WEITERBILDUNG NORDRHEIN-WESTFALEN. (1993). *Suchtvorbeugung in der Grundschule.* (2. Aufl.). Hamm: Soester Verlagskontor.

LEPPIN, A., HURRELMANN, K., & FREITAG, M. (1994). Schulische Gesundheitsförderung im Kontext von Klassenklima und sozialem Rückhalt durch die Lehrer. *Zeitschrift für Pädagogik, 40*, 872-889.

LEPPIN, A., KOLIP, P., & HURRELMANN, K. (1996). Gesundheitsförderung in der Schule. *Prävention, 19*, 52-54.

PETERMANN, H. (1998). Das Soester Programm zur Suchtprävention: Konzept, Akzeptanz und Effektivität. In P. Kolip (Hrsg.), *Programme gegen Sucht. Internationale Ansätze der Suchtprävention im Jugendalter*, (S. 199-214). Weinheim: Juventa.

PETERMANN, H., MÜLLER, H., KERSCH, B., & RÖHR, M. (1997). *Erwachsen werden ohne Drogen.* Weinheim: Juventa.

SCHWARZER, R. (1992). *Psychologie des Gesundheitsverhaltens.* Göttingen: Hogrefe.

SCHWARZER, R. (1996). *Psychologie des Gesundheitsverhaltens.* (2. Aufl.). Göttingen: Hogrefe.

SIEBER, M. (1993). *Drogenkonsum: Einstieg und Konsequenzen.* Bern: Huber.

SILBEREISEN, R.K. (1997). Konsum von Alkohol und Drogen über die Lebensspanne. In R. Schwarzer (Hrsg.), *Gesundheitspsychologie*, (S. 189-208). Göttingen: Hogrefe.

SILBEREISEN, R.K., & KASTNER, P. (1985). Jugend und Drogen: Entwicklung von Drogengebrauch – Drogengebrauch als Entwicklung? In R. OERTER (Hrsg.), *Lebensbewältigung im Jugendalter*, (S. 192-219). Weinheim: VCH Verlagsgesellschaft.

TOBLER, N.S. & STRATTON, H.H. (1997). Effectiveness of school-based drug prevention programs: A meta-analysis of the research. *Journal of Primary Prevention, 18*, 71-128.

Prävention von Alkohol- und Medikamentenkonsum in der Schule

Waldemar Mittag und Matthias Jerusalem

1 Prävention des Substanzgebrauchs in der Schule

Es gibt eine ganze Reihe von Gründen für den Einsatz schulischer Maßnahmen und Programme zur Prävention des Substanzgebrauchs und zur Gesundheitsförderung. Neben allgemeinen gesundheits- und bildungspolitischen Argumenten oder Zielsetzungen ist von Bedeutung, daß die Grundlagen für den Substanzgebrauch bereits im Kindes- und Jugendalter zu finden sind. Als besonders einflußreich und prägend in der Entwicklung der Kinder und Jugendlichen ist dabei die Schulzeit anzusehen, in der Verhaltensgewohnheiten erworben und Lebensstile geformt werden, wozu auch der Gebrauch und Mißbrauch von Substanzen wie Alkohol, Tabak und Medikamenten gehört (siehe LOHAUS, 1993). Darüber hinaus hat das schulische Umfeld aufgrund der vielfältigen leistungsbezogenen und sozialen Anforderungen, die an Kinder und Jugendliche gestellt werden, einen wesentlichen Einfluß auf die Entwicklung der Persönlichkeit und die Ausbildung sozialer Fertigkeiten (siehe z.B. PEKRUN & FEND, 1991), die wiederum in einem komplexen Beziehungsgefüge zu gesundheitsriskanten Verhaltensweisen stehen. Aus entwicklungspsychologischer Perspektive erscheinen primärpräventive schulische Maßnahmen insbesondere deshalb erfolgversprechend, weil gesundheitsriskante Verhaltensweisen in diesem Altersbereich in der Regel noch nicht gänzlich ausgeformt und verfestigt sind und die Maßnahmen und Programme in einem aktuellen und zentralen Lebenskontext der Kinder und Jugendlichen stattfinden.

Anfänglich hat man sich bei der Gestaltung und Konzeption schulischer Präventionsprogramme überwiegend von rationalen Modellüberlegungen wie zum Beispiel dem »Health Belief Modell« (vgl. BECKER, 1974) oder der »Theory of Reasoned Action« (AJZEN & FISHBEIN, 1980) leiten lassen. Entsprechend waren die Präventionsbemühungen überwiegend auf unterrichtliche Wissensvermittlung ausgerichtet. Man versuchte durch Aufklärung und Informationsvermittlung substanz- und gesundheitsbezogene Einstellungen, Normen und Intentionen zu verändern, in der Hoffnung, darüber auch die gewünschten Verhaltensveränderungen bewirken zu können. Dabei wurde die Wissensvermittlung oft mit massiven Angstappellen gekoppelt. Die Wirksamkeit dieser Präventionsprogramme war jedoch im allgemeinen nur gering und von kurzer Dauer. Darüber hinaus beschränkten sich die erzielten Programmeffekte meist auf die Wissensebene, während die gewünschten Einstellungs- und Verhaltensänderungen weitgehend ausblieben. Mitunter traten sogar unerwünschte und negative Verhaltenseffekte bei Kindern und Jugendlichen auf (BANGERT-DROWNS, 1988; BRUVOLD, 1993; BRUVOLD & RUNDALL, 1988; DONALDSON, GRAHAM, PICCININ & HANSEN, 1995).

Eine wesentliche Ursache für die mangelnde Wirksamkeit dieses Präventionsansatzes dürfte sicherlich darin liegen, daß weder die alters- bzw. entwicklungsspezifischen Besonderheiten des Substanzgebrauchs noch der soziale Lebenskontext von Kindern und Jugendlichen berücksichtigt wurden (vgl. JERUSALEM, 1997; JERUSALEM & MITTAG, 1994; LOHAUS, 1993). Das Handeln und Erleben von Kindern und Jugendlichen orientiert sich vornehmlich an der Befriedigung aktueller Bedürfnisse und der subjektiven Qualität des augenblicklichen Erlebens, so daß Überlegungen zu den negativen Konsequenzen des Substanzgebrauchs kaum handlungswirksam werden. Hinzu kommt die soziale und psycho-emotionale Funktionalität des Verhaltens bei der Bewältigung aktueller Lebensprobleme und Entwicklungsaufgaben. Dabei kann der Gebrauch von Tabak, Alkohol oder illegalen Drogen als »geeignetes« Mittel zur Beseitigung negativer Befindlichkeiten oder zur Erreichung erwünschter Ziele angesehen werden (vgl. FUCHS & SCHWARZER, 1997; HURRELMANN, 1991; JESSOR, DONOVAN & COSTA, 1990; SILBEREISEN, 1997).

Schulische Präventionsprogramme können nur dann erfolgreich sein, wenn sie die Komplexität des jugendlichen Verhaltens sowie die entwicklungsspezifischen Besonderheiten des Substanzgebrauchs hinreichend berücksichtigen. Entsprechend geht man in neueren Programmen von einem breiteren, psychosozialen Präventionsansatz aus und versucht, den komplexen Zusammenhang von Persönlichkeitsentwicklung, Lebensbewältigung und psychosozialer Funktionalität des Verhaltens einzubeziehen. So orientieren sich beispielsweise Programme zum sozialen Einfluß an empirischen Befunden, aus denen hervorgeht, daß der Beginn des Substanzgebrauchs primär durch den Einfluß und die Verhaltensnormen der Gleichaltrigengruppe bestimmt wird. Die Maßnahmen sind von daher eher substanzspezifisch ausgerichtet und zielen auf die Förderung und Vermittlung von Fertigkeiten, dem Gruppendruck und der sozialen Einflußnahme durch Gleichaltrige erfolgreich begegnen und widerstehen zu können (siehe z.B. EVANS, ROZELLE, MITTELMARK, HANSEN, BANE & HAVIS, 1978; EVANS, 1988). Evaluationsstudien belegen, daß solche Programme in der Lage sind, den Beginn des Tabak- und Alkoholkonsums um mehrere Jahre hinauszuzögern

(HANSEN, 1992; KELDER, PERRY, KLEPP & LYLE, 1994; TELCH, MILLER, KILLEN & COOKE, 1990). Im Gegensatz zu diesem spezifischen Ansatz sind Programme zur Förderung allgemeiner Lebens- und Bewältigungskompetenzen eher substanzunspezifisch ausgerichtet. Sie zielen auf die Entwicklung und Förderung von Fertigkeiten, die auch in anderen Lebensbereichen von Bedeutung sind. Entsprechende Programmaßnahmen sind beispielsweise von der Arbeitsgruppe um BOTVIN im Rahmen ihres »Life-Skills-Ansatzes« entwickelt worden (BOTVIN & WILLS, 1986; BOTVIN & TORTU, 1988; DUSENBURY & BOTVIN, 1990). Dieser Präventionsansatz ist sehr verhaltensorientiert und pragmatisch ausgerichtet. Im Rahmen einer allgemeinen Persönlichkeitsförderung werden Kompetenzen vermittelt, die für die Streßbewältigung, Kommunikation, Konfliktregelung, Entscheidungsfindung, sowie den Widerstand gegenüber Gruppendruck von Bedeutung sind und zu einer Stärkung des Selbstkonzepts und einem positiven Selbstwertgefühl beitragen sollen. Die bislang vorliegenden Evaluationsbefunde zeigen ähnlich gute Programmwirkungen wie Programme zum sozialen Einfluß (siehe BOTVIN, DUSENBURY, BAKER, JAMES-ORTIZ, BOTVIN & KERNER, 1992; ELLICKSON, BELL & MCGUIGAN, 1993). Zur theoretischen Fundierung beider Präventionsansätze wird im wesentlichen auf die Arbeiten von BANDURA (1986) zur sozialen Lerntheorie und zur Selbstwirksamkeitserwartung sowie auf Modellüberlegungen von JESSOR und JESSOR (1977) zum Problemverhalten Jugendlicher Bezug genommen.

Im folgenden wird ein schulisches Programm zur Primärprävention des Ge- und Mißbrauchs von Alkohol und Medikamenten vorgestellt, das in seinen Grundzügen dem zuvor dargestellten psychosozialen Präventionsansatz folgt. Nach der Darstellung der Programmkonzeption und der Evaluationsstrategie werden zentrale Befunde zur Wirksamkeit des Präventionsprogrammes berichtet.

2 Programmkonzeption und Evaluationsstrategie

Das vorliegende Präventionsprogramm wurde auf der Grundlage theoretischer Überlegungen und empirischer Erkenntnisse zum Gesundheitsverhalten von Kindern und Jugendlichen entwickelt. Gesundheitsriskante Verhaltensweisen wie der Gebrauch von Tabak, Alkohol oder Drogen werden dabei vor dem Hintergrund jugendbezogener Probleme und Entwicklungsaufgaben gesehen, zu deren erfolgreicher Bewältigung der Erwerb allgemeiner personaler und sozialer Kompetenzen notwendig ist. Der Programmkonzeption liegt somit ein psychosozialer Präventionsansatz zugrunde. Im Zentrum der Präventionsbemühungen stehen die Entwicklung und Förderung grundlegender Kompetenzen sowie das Erleben eigener Handlungskompetenz und Selbstbestimmtheit. In der hier vorgestellten Form ist das Programm primär auf die Prävention des Ge- und Mißbrauchs von Alkohol und Medikamenten ausgerichtet. Es kann aber auch problemlos auf andere gesundheitsriskante Verhaltensweisen bzw. Substanzen übertragen werden, da der überwiegende Teil der Maßnahmen aus substanzunspezifischen Programmelementen besteht.

Da das Präventionsprogramm in Aufbau und Form neu konzipiert wurde und darüber hinaus der Einsatz verschiedener Programmvarianten vorgesehen war, wurde bei der Bewertung des Programmes eine umfassende Evaluationsstrategie zugrundegelegt (vgl. MITTAG & JERUSALEM, 1997; MITTAG & HAGER, 1998), in der neben der Wirksamkeit des Programmes auch die Programmkonzeption und deren schulpraktische Umsetzbarkeit sowie die Durchführung der Programmaßnahmen und Unterrichtseinheiten in den einzelnen Interventionsklassen zu evaluieren waren. Auf die einzelnen Evaluationsschritte sowie die Programmkonzeption wird im folgenden genauer eingegangen.

2.1 Entwicklung und Konzeption des Präventionsprogrammes

Die Entwicklung und Konzeption des Präventionsprogrammes erfolgte nach eingehender Prüfung des bisherigen Forschungsstandes zum Substanzgebrauch bei Kindern und Jugendlichen. Insbesondere wurden solche Faktoren berücksichtigt, die im Zusammenhang mit dem Beginn und der Habitualisierung des Substanzgebrauchs stehen. Berücksichtigung fanden ferner Befunde bislang vorliegender Evaluationen und Metaevaluationen zur Wirksamkeit schulischer Präventionsprogramme (siehe zusammenfassend z.B. BANGERT-DROWNS, 1988; BRUVOLD, 1993; BRUVOLD & RUNDALL, 1988; TOBLER & STRATTON, 1997). Auf der Grundlage dieser Erkenntnisse wurden zunächst einschlägige Programme zur Prävention des Substanzgebrauchs gesichtet und eine Sammlung von Übungen, Unterrichtsmaterialien und Unterrichtsentwürfen angelegt. Die Auswahl der Übungen und Unterrichtsmaterialien erfolgte aufgrund zuvor festgelegter Kriterien. Dazu zählten u.a. die Umsetzbarkeit für Lehrer, das Zeitvolumen, die voraussichtliche Akzeptanz und der Bedarf, die Durchführbarkeit unter Berücksichtigung der besonderen schulischen Gegebenheiten sowie die theoretische und empirische Fundierung der Übungen und Unterrichtsmaterialien hinsichtlich Aufbau, Struktur und Zielsetzung. Soweit notwendig und möglich, wurden einzelne Übungen und Unterrichtsmaterialien im Hinblick auf diese Kriterien optimiert. Zur weiteren Systematisierung wurden die ausgewählten Übungen und Unterrichtsentwürfe anschließend verschiedenen Programmkomponenten bzw. Zielbereichen zugeordnet.

2.2 Programmkomponenten und Programmvarianten

Es entstand eine Grundform des Präventionsprogrammes, die sich aus insgesamt acht Komponenten zusammensetzt. Jede Programmkomponente besteht aus zwei bis 12 Übungen bzw. Unterrichtseinheiten. Tabelle 1 gibt einen Überblick über die Programmkomponenten, die Anzahl der Übungen je Komponente und die darin angesprochenen Themenbereiche. Eine genauere Beschreibung zu den Inhalten der Themenbereiche findet sich bei MITTAG und JERUSALEM (1999).

Aus dieser Grundform wurden schließlich zwei unterschiedliche Programmvarianten konzipiert, die von den Lehrern der beteiligten Schulen durchgeführt werden sollten. Die Lehrer der unstandardisierten Programmvariante (Interventionsgruppe I) erhielten ein Programmanual mit den darin enthaltenen Übungen, Unterrichtseinheiten und Durchführungshinweisen. Mit Ausnahme der drei Unterrichtseinheiten zur Programmkomponente »Wissen und Information«, die in jedem Fall durchgeführt werden sollten, war diesen Lehrern die Auswahl und zeitliche Abfolge der Übungen innerhalb des vorgegebenen Zeitrahmens (s.u.) freigestellt. In einer zweiten, standardisierten Programmvariante (Interventionsgruppe II) waren Art und zeitliche Abfolge der Übungen und Unterrichtseinheiten dagegen festgelegt. Die Festlegung erfolgte aufgrund pädagogisch-didaktischer Überlegungen und sollte sicherstellen, daß aufeinander aufbauende Übungen und Unterrichtseinheiten in adäquater Abfolge durchgeführt werden. Aus diesem Grunde erhielten die Lehrer dieser Interventionsgruppe zusätzlich zum Programmanual einen Ablaufplan, in dem die genaue Sequenz der obligatorisch durchzuführenden Übungen und Unterrichtseinheiten festgelegt war. Neben diesen obligatorischen Programmeinheiten enthielt das Manual weitere Übungen (überwiegend Entspannungsübungen, die auch in der unstandardisierten Programmvariante enthalten waren), deren Durchführung zwar empfohlen wurde, die jedoch wahlweise eingesetzt werden konnten.

Zunächst war vorgesehen, das Programmpaket in beiden Varianten über ein Schulhalbjahr hinweg als festen Bestandteil in den wöchentlichen Unterricht zu integrieren. Diese Absicht ließ sich jedoch aufgrund der schulischen Rahmenbedingungen nicht realisieren. Statt dessen mußten die Programmaßnahmen auf fünf Projekttage während eines Schulhalbjahres verteilt werden. Durch die Vorgabe der obligatorischen Übungen und Unterrichtseinheiten sowie die festgelegte Abfolge in der standardisierten Interventionsbedingung wurde in beiden Programmvarianten als untere Grenze für die Durchführung der Programmaßnahmen ein zeitlicher Umfang von knapp 32 Unterrichtsstunden vorgegeben (zur Struktur und zum Ablauf der standardisierten Programmvariante an den fünf Projekttagen siehe: MITTAG & JERUSALEM, in Druck).

Programmkomponenten	Anzahl der Übungen	Themenbereiche
1. Selbstkonzept und Selbstwertgefühl	2	Selbstwert und Selbstvertrauen, Selbstwertsteigerung
2. (Selbst-) Wahrnehmung und Gefühle	12	Förderung der (Selbst-) Wahrnehmung; Ausdruck von und Umgang mit Gefühlen; Verbesserung der Selbsteinschätzung
3. Wertvorstellungen und Lebensziele	6	Werte, Wünsche und Sehnsüchte; Real- und Idealbild; Handlungsplanung und Entscheidungsfindung
4. Selbstbehauptung	2	Standfestigkeitstraining; Selbstbehauptung bei Gruppendruck; Erlernen von Integrationsstrategien
5. Konfliktbewältigung	2	Förderung von Konfliktfähigkeit und Konfliktbewältigung
6. Soziale und kommunikative Fertigkeiten	11	Kontaktaufnahme; Beziehungsgestaltung; Gruppennormen; Gesprächsführung; Kooperatives Verhalten und soziale Unterstützung
7. Entspannung und Streßbewältigung	8	Streßmanagement durch Entspannung; Förderung der Konzentrationsfähigkeit
8. Wissen und Information	3	Substanzen: Wirkung, Sucht und Ursachen
Gesamt	**46**	

Tabelle 1: Programmkomponenten und angesprochene Themenbereiche

2.3 Lehrertraining

Das Präventionsprogramm wurde von den beteiligten Lehrern insgesamt positiv aufgenommen, jedoch fühlten sich zahlreiche Lehrer im Vorfeld des Projektes mit der Durchführung einiger Übungen und Unterrichtseinheiten ohne zusätzliche Schulung überfordert. Um die Vermittlung der Programmaßnahmen im Schulalltag sicher zu stellen, wurde deshalb zusätzlich ein Lehrertraining ausgearbeitet. Die allgemeine Zielsetzung des Trainings bestand darin, den Lehrern die notwendigen Basiskompetenzen zur Anleitung und Durchführung der Übungen und Unterrichtseinheiten zu vermitteln. Darüber hinaus sollte die Motivation und Bereitschaft der Lehrer zur Programmdurchführung weiter verbessert werden. Das Lehrertraining wurde von einer geschulten Projektmitarbeiterin durchgeführt und erstreckte sich in beiden Programmvarianten über 2 ½ Tage (zum genauen Ablauf sowie den Inhalten des Lehrertrainings siehe MITTAG & JERUSALEM, in Druck).

2.4 Programmdurchführung und Qualitätskontrolle

Zur Qualitätskontrolle der Programmdurchführung wurde in den standardisierten Interventionsklassen geprüft, ob und inwieweit die Übungen und Unterrichtseinheiten in Übereinstimmung mit den Vorgaben und der Konzeption dieser Programmvariante ausgeführt wurden. Zusätzlich wurde durch kontinuierliche Überwachung der unstandardisierten Programmvariante festgehalten, welche Übungen von den durchführenden Lehrern ausgewählt und eingesetzt wurden und inwieweit sich diese Programmvariante in Art, Aufbau und Struktur von der standardisierten Variante unterscheidet. Dieser Evaluationsschritt war insofern von zentraler Bedeutung, als ein fehlender Wirkungsnachweis keineswegs bedeuten muß, daß die in Frage stehende Programmkonzeption unwirksam oder ungeeignet ist. Dies kann auch damit zusammenhängen, daß die geplanten Maßnahmen nur unvollständig, falsch oder überhaupt nicht durchgeführt wurden, oder daß eine nicht-standardisierte Durchführung in den Interventionsklassen zu einer Verwischung durchaus vorhandener Programmwirkungen geführt hat. Dieser Evaluationsschritt stellt nicht nur eine wichtige Ergänzung der Programmbewertung dar, er ist auch eine notwendige Voraussetzung, um die Wirksamkeit des Präventionsprogrammes angemessen und valide bewerten zu können (vgl. MITTAG & JERUSALEM, 1997; MITTAG & HAGER, 1998).

Die zur Qualitätskontrolle und Programmüberwachung notwendigen Daten wurden durch Befragungen und Interviews mit den beteiligten Lehrern erhoben. Zusätzlich fanden nach den Projekttagen Beratungsgespräche mit den Lehrern statt, die ebenfalls protokolliert wurden. Der überwiegende Teil dieser Daten wurde in halbstrukturierter und zum Teil qualitativer Form erhoben. Da im Rahmen dieses Beitrages die Programmwirksamkeit im Vordergrund steht, kann hier nur in knapper Form auf einige Ergebnisse zur Evaluation der Programmdurchführung eingegangen werden. Bezogen auf die Programmvarianten war natürlich von Interesse, in welchem Umfang die Lehrer in der standardisierten Variante die Programmvorgaben umsetzen konnten, ob gegebenenfalls Probleme und Hindernisse auftraten, die zu Abweichungen in der Programmdurchführung führten und inwieweit sich die unstandardisierte Variante aufgrund der von den Lehrern ausgewählten Übungen und Unterrichtseinheiten von der standardisierten Programmvariante unterschied. Ein Vergleich der beiden Programmvarianten hinsichtlich Zeit und Anzahl der eingesetzten Übungen ergab zunächst keine grundlegenden Unterschiede. Auffallend war jedoch, daß der für beide Programmvarianten vorgegebene Zeitumfang von 32 Unterrichtsstunden von den Lehrern aus beiden Varianten nicht eingehalten werden konnte. Ein wesentlicher Grund dafür lag vor allem darin, daß die Programmdurchführung aufgrund der besonderen schulischen Rahmenbedingungen nur an fünf Projekttagen möglich war, wodurch sich pro Projekttag ein Zeitumfang von sechs bis sieben Unterrichtsstunden ergab. Aus Sicht der durchführenden Lehrer war aber bereits nach etwa vier Unterrichtsstunden bei den Schülern ein deutliches Nachlassen in Aufmerksamkeit, Motivation und aktiver Mitarbeit erkennbar, was insbesondere auf die für die Übungen und Programmeinheiten spezifische Lehr- und Lernform und die dafür zu hohen Klassenfrequenzen zurückgeführt wurde. Entsprechend lag der tatsächlich erreichte Zeitumfang in den Klassen beider Programmvarianten deutlich unter 32 Unterrichtsstunden. Dieses Ergebnis weist darauf hin, daß sich die Qualität von Maßnahmen zur schulischen Gesundheitsförderung verbessern ließe, wenn die Übungen und Unterrichtseinheiten weniger gebündelt, auf mehr als nur fünf Tage innerhalb eines Schulhalbjahres verteilt und in Gruppen mit weniger Schülern durchgeführt werden könnten. Darüber hinaus wurden bei der Datenauswertung aber auch Unterschiede zwischen den beiden Programmvarianten deutlich. So wurden in der standardisierten Variante im Mittel vergleichsweise mehr Übungen und Unterrichtseinheiten aus den Zielbereichen »Selbstkonzept und Selbstwertgefühl«, »Selbstbehauptung«, »Konfliktbewältigung« sowie »soziale und kommunikative Fertigkeiten« eingesetzt (vgl. Tabelle 1), während der Schwerpunkt in der unstandardisierten Programmvariante eher in den Zielbereichen »Selbstwahrnehmung und Gefühle« sowie »Entspannung und Streßbewältigung« lag. In den Bereichen »Wertvorstellungen und Lebensziele« sowie »Wissen« unterschieden sich beide Varianten dagegen kaum voneinander. Dieser Vergleich zeigt, daß in der standardisierten Programmvariante mehr Übungen und Unterrichtseinheiten realisiert wurden, die auf die Förderung allgemeiner Lebens- und Bewältigungskompetenzen abzielen. Von daher entspricht diese Variante auch stärker der Konzeption sozial-kognitiver Präventionsprogramme zur schulischen Gesundheitsförderung. Ob und inwieweit damit auch stärkere Programmeffekte einhergehen, wie sie aufgrund des Forschungsstandes zu erwarten sind (z.B. BRUVOLD & RUNDALL, 1988), wird in den nachfolgenden Abschnitten ausgeführt.

3 Evaluation der Programmwirksamkeit

3.1 Stichprobe und Untersuchungsdesign

Die Evaluation der beiden zuvor skizzierten Programmvarianten wurde in den siebten bis neunten Klassen zweier Gesamtschulen des Landes Brandenburg durchgeführt. Die insgesamt 22 Klassen wurden entweder einer der beiden Programmvarianten oder einer Kontrollbedingung ohne Training zugewiesen. Der Evaluation lag somit ein quasi-experimenteller Versuchsplan mit zwei Interventionsgruppen und einer Kontrollgruppe zugrunde (siehe Tabelle 2). In allen 22 Klassen erfolgte unmittelbar vor der Programmdurchführung eine erste Befragung der Schüler und Schülerinnen mittels Fragebogen (Prätest). In dem Fragebogen wurden außer dem selbstberichteten Alkohol- und Medikamentenkonsum weitere personbezogene und kognitive Variablen erhoben. Die Programmdurchführung erstreckte sich in beiden Interventionsvarianten über das nachfolgende Schulhalbjahr. Unmittelbar danach erfolgte eine zweite Befragung der Schüler und Schülerinnen (Posttest). Zur Bestimmung langfristiger Effekte wurden die Jugendlichen schließlich acht Monate nach Ende der Programmdurchführung ein drittes Mal befragt (Follow-Up).

	Prätest	Treatment	Posttest	Follow-Up
Interventionsgruppe I	O	X_1	O	O
Interventionsgruppe II	O	X_2	O	O
Kontrollgruppe	O	-	O	O

Tabelle 2: Versuchsplan der Evaluationsstudie

Zum Prätest konnten insgesamt 493 Jugendliche in die Evaluationsstudie einbezogen werden. Mit 124 Jugendlichen aus sechs Klassen wurde die unstandardisierte Programmvariante durchgeführt *(Interventionsgruppe I).* In jeweils acht Klassen der standardisierten Programmvariante *(Interventionsgruppe II)* und der *Kontrollgruppe* befanden sich 197 respektive 172 Schüler und Schülerinnen. Von den 493 Jugendlichen der ersten Befragung konnten zum Posttest entsprechende Daten von 413 und zum Follow-Up von 357 Schülern und Schülerinnen erhoben werden. Damit lag die Rücklaufquote zum Posttest bei 83,8% und zum Follow-Up bei 72,4%. Von den 357 Jugendlichen, die an allen drei Befragungen teilgenommen hatten, waren 168 männlich (47,1%) und 189 weiblich (52,9%). Der Altersbereich erstreckte sich entsprechend den einbezogenen Klassenstufen von 13 bis 18 Jahren.

3.2 Erhebungsinstrumente

Die zur Evaluation der Programmwirksamkeit zentralen Zielindikatoren bezogen sich auf den Alkohol- und Medikamentenkonsum der Jugendlichen. Daneben wurden weitere personbezogene und kognitive Variablen erhoben, von denen angenommen wurde, daß sie im Zusammenhang mit dem Beginn und der Habitualisierung des Alkohol- und Medikamentenkonsums stehen oder einen moderierenden Einfluß auf die Programmwirkung haben. Die Messung dieser Variablen erfolgte überwiegend durch bereits bewährte psychometrische Skalen und Instrumente.

Alkohol- und Medikamentenkonsum. Zur Ermittlung des Alkoholkonsums wurde ein Quantitäts-Frequenz-Index (QF-Index) berechnet, der sich aus den Angaben der Jugendlichen zur konsumierten Menge und zur Häufigkeit des Konsums verschiedener alkoholischer Getränke zusammensetzt. Dieser Index gibt die konsumierte Menge reinen Alkohols in Gramm pro Woche wieder (vgl. MITTAG & ONNEN, 1991; MITTAG & SCHWARZER, 1993). Zur Bestimmung des Medikamentenkonsums wurde ein entsprechender Index auf der Grundlage der Häufigkeitsangaben der Jugendlichen zum Konsum verschiedenartiger Medikamente gebildet.

Kognitive Zielindikatoren. Zusätzlich zu den verhaltensbezogenen Programmwirkungen wurden zur Veränderungsmessung auf der kognitiven Ebene verschiedene substanzspezifische Erwartungstypen sowie der substanzspezifische Wissensstand bei den Jugendlichen erhoben. Zur Bestimmung der alkoholbezogenen Instrumentalitätserwartungen der Jugendlichen wurde eine von LEPPIN und NORDLOHNE (1993) entwickelte Skala eingesetzt. Die Skala wurde für die vorliegende Untersuchung leicht modifiziert und umfaßt insgesamt 17 Items. Die Items thematisieren die Instrumentalität bzw. Funktionalität des Alkoholgebrauchs in verschiedenen Kontexten, wie z.B. soziale Beziehungen und Kontakte oder Problembewältigung und Emotionsregulation (z.B. »Wenn ich alkoholische Getränke wie Bier, Wein oder Schnaps trinke, werde ich von meinen Freunden eher akzeptiert.«). Die interne Konsistenz (Cronbach's alpha) lag in der untersuchten Stichprobe bei .93. In Anlehnung an diese Skala wurde eigens für die vorliegende Studie eine Kurzskala zur Erfassung medikamentenbezogener Instrumentalitätserwartungen konstruiert. Diese enthält sieben Items, die eine interne Konsistenz von α =.80 aufweisen (Beispiel-Item: »Wenn ich hin und wieder ein Arzneimittel einnehme, kann ich in der Schule leistungsfähiger sein.«). Neben diesen Instrumentalitätserwartungen waren weiterhin alkoholbezogene Wirksamkeitserwartungen von Interesse. Dabei geht es darum, wie schwer bzw. wie leicht es den Jugendlichen fällt, in bestimmten Situationen auf Alkohol zu verzichten (Beispiel-Item: »Deine Freunde bieten Dir Alkohol an.«). Die alkoholbezogenen Wirksamkeitserwartungen wurden wiederum mittels einer von LEPPIN und NORDLOHNE (1993) entwickelten Skala gemessen. Die hier eingesetzte Kurzform enthält zehn Items, deren interne Konsistenz bei .93 lag. Als weitere kognitive Variable, die im Zusammenhang mit Alkohol- und Medikamentenkonsum steht, wurde das substanzspezifische Wissen erfaßt. Der Wissensstand der Jugendlichen über die Wirkungen, gesundheitlichen Risiken und sozialen Aspekte des Alkohol- und Medikamentenkonsums wurde dabei über zwei Skalen mit jeweils zehn Items erhoben (Beispiel-Items: »Durch zuviel Alkohol werden die Leberzellen geschädigt« bzw. »Anregungs- und Aufputschmittel können zu Schlaflosigkeit und Erschöpfungszuständen führen«). Die internen Konsistenzen dieser Skalen lagen bei .66 respektive .79.

Personbezogene Variablen. Von den zahlreichen personbezogenen Variablen, denen bei der Entwicklung des Substanzgebrauchs eine besondere Bedeutung zugeschrieben wird, wurden in der vorliegenden Evaluationsstudie u.a. der wahrgenommene soziale Rückhalt bzw. die wahrgenommene soziale Unterstützung sowie die Depressivität und soziale Ängstlichkeit der Jugendlichen erhoben. Der soziale Rückhalt bzw. die erwartete Unterstützung durch die Eltern wurde über eine Kurzskala mit sechs Items erfaßt. Beispiel-Items sind »Meine Eltern sind immer für mich da, wenn ich sie brauche« oder »Meine Eltern hören mir zu, wenn ich Probleme habe«. Die interne Konsistenz lag bei $\alpha = .83$. Ergänzend dazu wurde auch der soziale Rückhalt bzw. die erwartete Unterstützung durch die Mitschüler mittels einer Skala erhoben (Beispiel-Items: »Wenn ein Schüler in der Klemme sitzt, kann er sich auf seine Mitschüler verlassen« und »Wenn ein Schüler Schwierigkeiten hat, helfen ihm Mitschüler«). Die Skala enthält insgesamt acht Items, deren interne Konsistenz bei $\alpha = .80$ lag . Zur Erfassung der Depressivität wurde eine Subskala aus dem Berner Fragebogen zum Wohlbefinden Jugendlicher eingesetzt (GROB, LÜTHI, KAISER, FLAMMER, MACKINNON & WEARING, 1991), die für die vorliegende Untersuchung auf drei Items reduziert wurde. Die Reliabilität dieser Kurzskala betrug .70 (Beispiel-Item: »Nichts macht mir mehr richtig Freude.«). Die *soziale Ängstlichkeit* wurde schließlich mit einer auf 9 Items verkürzten Skala von SCHWARZER, JERUSALEM und QUAST (1986) erhoben, deren interne Konsistenz ein *alpha* von .77 erreichte (Beispiel-Item: »Wenn ich vor einer Gruppe sprechen muß, ist mir sehr unbehaglich zumute«).

3.3 Auswertungsstrategien und Fragestellungen

Die längsschnittliche Auswertung der Daten orientierte sich im wesentlichen an den zentralen Fragestellungen der vorliegenden Evaluationsstudie und erfolgte jeweils getrennt für die Bereiche Alkohol und Medikamente. Von besonderem Interesse war zunächst die Wirksamkeit der beiden Programmvarianten auf der Verhaltensebene (Fragestellung I), d.h. die Frage, ob sich zwischen den beiden Interventionsgruppen und der Kontrollgruppe unterschiedliche Veränderungen über die drei Erhebungszeitpunkte im Alkohol- und Medikamentengebrauch beobachten lassen. Dazu wurden die Quantitäts-Frequenz-Werte zum selbstberichteten Alkoholkonsum sowie der Häufigkeitsindex zum Medikamentenkonsum der Jugendlichen zu den drei Erhebungszeitpunkten ermittelt und auf varianzanalytischem Wege im Hinblick auf Unterschiede zwischen den beiden Interventionsgruppen und der Kontrollgruppe geprüft. In einem zweiten Auswertungsschritt wurde dann untersucht, ob sich differentielle Programmwirkungen in Abhängigkeit von Alter und Geschlecht nachweisen lassen (Fragestellung II). Auch in Fragestellung III wurde einer differentiellen Fragestellung nachgegangen. Dabei ging es um die Frage, ob sich in Abhängigkeit vom Eingangsniveau des Substanzkonsums zum Prätest – also in verschiedenen Risikogruppen – unterschiedliche Programmwirkungen auffinden lassen.

Daran anschließend wurde überprüft, ob und inwieweit die beiden Programmvarianten auch in den hier erhobenen, nicht verhaltensbezogenen, kognitiven Zielindikatoren – den substanzspezifischen Instrumentalitäts- und Selbstwirksamkeitserwartungen sowie dem substanzspezifischen Wissen – bedeutsame Veränderungen erzielt hatten (Fragestellung IV). In einem letzten Auswertungsschritt wurde schließlich der Frage nachgegangen, in welcher Beziehung die zum Prätest erfaßten personbezogenen Variablen zur Intensität im Alkohol- und Medikamentenkonsum stehen und ob sich ein moderierender Einfluß dieser Variablen auf die Programmwirkung nachweisen läßt (Fragestellung V).

4 Veränderungen im Substanzgebrauch

4.1 Alkoholkonsum

In Abbildung 1 ist der mittlere Alkoholkonsum (QF-Werte) der Jugendlichen aus der Kontrollgruppe und den beiden Interventionsgruppen zum Prä- und Posttest sowie zum Follow-Up dargestellt.

Wie zu erkennen ist, stieg der Alkoholkonsum der Jugendlichen aus der Kontrollgruppe und der unstandardisierten Programmvariante über die drei Erhebungszeitpunkte kontinuierlich an. Im Vergleich dazu nahm der Alkoholkonsum in der standardisierten Programmvariante vom Prä- zum Posttest erwartungsgemäß stark ab, stieg jedoch zum Follow-Up wieder an. Bemerkenswert war in dieser Programmvariante darüber hinaus der vergleichsweise hohe Alkoholkonsum zum Prätest, der deutlich über dem der Kontrollgruppe und der unstandardisierten Programmvariante lag. Die varianzanalytische Prüfung der Konsumwerte ergab eine signifikante Wechselwirkung

($F_{4, 624} = 3.63$, $p < .01$), die auf die statistische Bedeutsamkeit der unterschiedlichen Veränderungen in Abhängigkeit von der Interventionsart hinweist. Darüber hinaus war nur noch der allgemeine Konsumanstieg über die drei Erhebungszeitpunkte als Haupteffekt bedeutsam ($F_{2, 624} = 3.38$, $p < .04$).

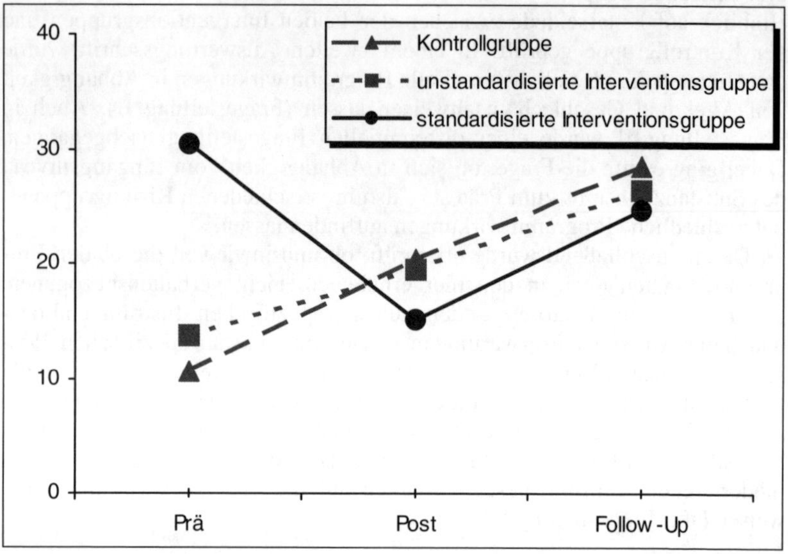

Abbildung 1: Mittlerer Alkoholkonsum zum Prä- und Posttest sowie zum Follow-Up in der Kontrollgruppe und den beiden Interventionsgruppen

Auch wenn die signifikante Abnahme im Alkoholkonsum vom Prä- zum Posttest in der standardisierten Interventionsgruppe ($F_{2, 624} = 4.28$, $p < .02$) zunächst auf eine kurzfristige positive Wirkung dieser Programmvariante hinweist, so wird diese Schlußfolgerung durch die bedeutsamen Unterschiede zwischen den Gruppen zum Prätest ($F_{2, 312} = 5.84$, $p < .005$) in ihrer Gültigkeit in Frage gestellt. So lag der mittlere Konsumwert der standardisierten Interventionsgruppe signifikant über dem der Kontrollgruppe ($F_{2, 312} = 5.21$, $p < .01$), und zwischen standardisierter und unstandardisierter Interventionsgruppe bestand immerhin noch ein tendenzieller Unterschied ($F_{2, 312} = 2.54$, $p < .09$). Hinzu kommt, daß zum Posttest keinerlei signifikante Unterschiede zwischen den drei Gruppen bestehen ($F_{2, 312} < 1.00$) und sich die drei Gruppen auch zum Follow-Up aufgrund des Konsumanstiegs in der standardisierten Interventionsgruppe nicht signifikant voneinander unterschieden ($F_{2, 312} < 1.00$). Aufgrund dieser Ausgangslage wurde zusätzlich geprüft, ob sich eine positive Programmwirkung für die standardisierte

Programmvariante auch dann noch nachweisen läßt, wenn die Unterschiede im Alkoholkonsum zu Prätest auf kovarianzanalytischem Wege kontrolliert werden und damit von einem gleich hohen Alkoholkonsum in allen drei Gruppen ausgegangen werden kann.

Abbildung 2 zeigt im linken Teil die mittleren Veränderungswerte für die drei Gruppen, die sich aus der Differenz der Prä- und Posttest-Werte ohne Berücksichtigung der Eingangsunterschiede ergeben. Im Vergleich dazu sind im rechten Teil der Abbildung die adjustierten Veränderungswerte wiedergegeben, wenn der Alkoholkonsum zum Prätest als Kovariate berücksichtigt und damit die Eingangsunterschiede zwischen den drei Gruppen kontrolliert werden. Wie zu erkennen ist, fielen die mittleren Veränderungswerte deutlich geringer aus. Entsprechend lag der Interventionseffekt bei der kovarianzanalytischen Prüfung über den üblichen statistischen Vertrauensgrenzen ($F_{2, 314} = 2.20$, $p < .12$), so daß die Annahme einer positiven Programmwirkung nur mit einem erhöhten Fehlerrisiko aufrechtzuerhalten ist.

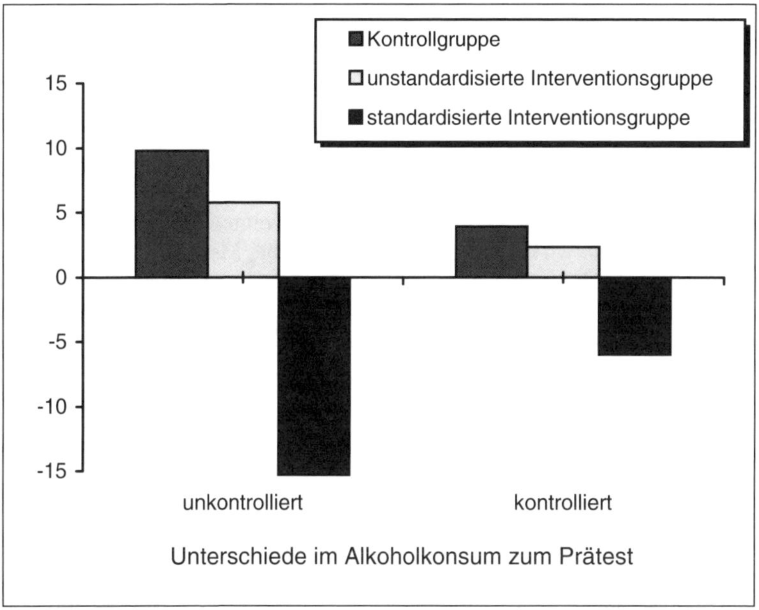

Abbildung 2: Mittlere Veränderungswerte in der Kontrollgruppe und den beiden Interventionsgruppen mit und ohne Kontrolle der Unterschiede im Alkoholkonsum zum Prätest

Angesichts dieser Befundlage war natürlich von besonderem Interesse, ob dies für alle Schüler und Schülerinnen der untersuchten Stichprobe gilt oder ob in bestimmten Subgruppen deutlichere Programmeffekte aufgetreten sind. In einem weiteren Auswertungsschritt wurde deshalb der Frage nachgegangen, ob sich *differentielle Programmwirkungen in Abhängigkeit von Alter und Geschlecht* nachweisen lassen (Fragestellung II). Zu diesem Zweck wurden zwei dreifaktorielle Varianzanalysen mit dem Alkoholkonsum als Meßwiederholungsfaktor, der Interventionsart als erstem Gruppierungsfaktor sowie jeweils dem Geschlecht und der Klassenstufe als zweitem Gruppierungsfaktor berechnet. Die gleichzeitige Berücksichtigung von Geschlecht und Jahrgangsstufe im Rahmen einer vierfaktoriellen Varianzanalyse war wegen der zu geringen Zellfrequenzen nicht möglich.

In beiden Varianzanalysen konnte die vorauslaufend dargestellte Wechselwirkung zwischen der Interventionsart und den Erhebungszeitunkten betätigt werden ($F_{4, 610} = 3.65$, $p < .01$ bzw. $F_{4, 612} = 3.77$, $p < .01$). Interessanter in diesem Zusammenhang waren jedoch die geschlechts- und alters- bzw. klassenstufenspezifischen Effekte. Hinsichtlich des Geschlechts der Jugendlichen zeigte sich zunächst, daß der erwartete Unterschied zugunsten eines generell höheren Alkoholkonsums bei Jungen ausblieb. Zwar konsumierten die Jungen insgesamt etwas mehr Alkohol als die Mädchen, jedoch ließ sich dieser Unterschied nicht innerhalb der üblichen statistischen Vertrauensgrenzen absichern ($F_{1, 305} = 2.27$, $p < .14$). Bedeutsam war dagegen, daß der Konsumanstieg über die drei Meßzeitpunkte bei Jungen signifikant stärker ausfiel als bei Mädchen (Interaktion von Geschlecht und Meßzeitpunkt: $F_{2, 610} = 5.44$, $p < .05$). Darüber hinaus zeigte sich eine tendenzielle dreifache Wechselwirkung zwischen Geschlecht, Meßzeitpunkt und Interventionsgruppe ($F_{4, 610} = 2.06$, $p < .09$). Die genaue Analyse dieser Wechselwirkung ergab zum einen, daß signifikant unterschiedliche Veränderungen über die Erhebungszeitpunkte in Abhängigkeit von der Interventionsart lediglich bei den Mädchen auftraten ($F_{4, 610} = 4.06$, $p < .005$), nicht dagegen bei den Jungen ($F_{4, 610} = 1.88$, $p > .10$). Zum anderen war dieser Geschlechtsunterschied in der standardisierten Interventionsgruppe besonders ausgeprägt. Abbildung 3 zeigt, daß die Präventionsmaßnahmen der standardisierten Programmvariante bei den Mädchen deutlich erfolgreicher waren als bei den Jungen. Zwar reduzierte sich der Alkoholkonsum vom Prä- zum Posttest sowohl bei den Mädchen als auch bei den Jungen, die Abnahme bei den Mädchen war jedoch stärker ausgeprägt als bei den Jungen und auch noch acht Monate nach Programmende auf einem vergleichsweise niedrigen Niveau, während der Konsum bei den Jungen zum Follow-Up wieder deutlich anstieg.

Differentielle Programmwirkungen in Abhängigkeit vom Alter bzw. der Klassenstufe konnten dagegen nicht innerhalb der üblichen statistischen Vertrauensgrenzen nachgewiesen werden ($F_{8, 612} = 1.61$, $p > .10$). Altersspezifische Unterschiede traten nur insoweit auf, als der Alkoholkonsum erwartungsgemäß von der siebten zur neunten Klassenstufe anstieg ($F_{2, 306} = 3.73$, $p < .03$).

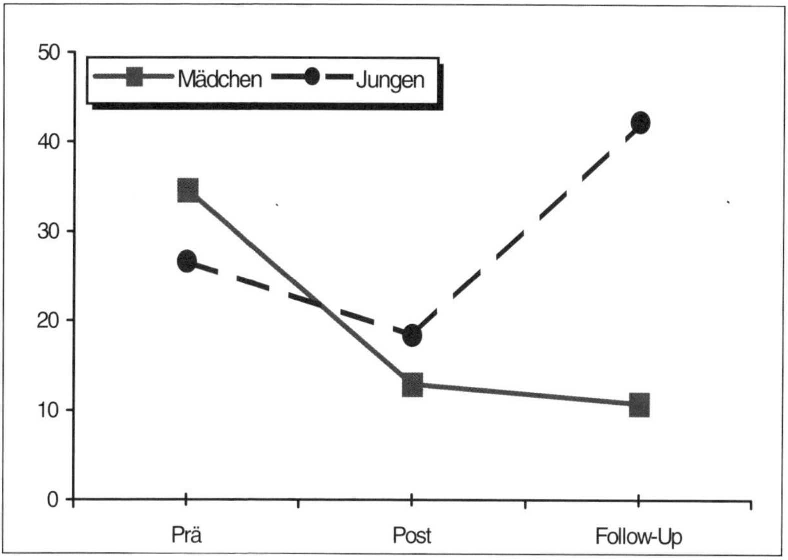

Abbildung 3: Mittlerer Alkoholkonsum bei Mädchen und Jungen aus der standardisierten Interventionsgruppe zum Prä- und Posttest sowie zum Follow-Up

Schulische Interventionsprogramme zur Gesundheitsförderung sind im allgemeinen primärpräventiv ausgerichtet. Sie sollen Zuwachsraten bzw. Zunahmen im Risikoverhalten der Jugendlichen, wie sie ohne entsprechende Präventionsmaßnahmen mit hoher Wahrscheinlichkeit zu erwarten sind, verhindern oder zumindest reduzieren helfen. Bezogen auf den Substanzgebrauch bedeutet dies, daß der Einstieg in regelmäßige und exzessive Gebrauchsmuster verhindert oder eingeschränkt werden soll. Ob und inwieweit dabei auch Reduktionen im Substanzgebrauch bereits betroffener Risikogruppen erwartet werden können, ist aufgrund der empirischen Befundlage zur Wirkung solcher Programme zweifelhaft (vgl. z.B. ELLICKSON & BELL, 1990). Gleichwohl erscheint es im Hinblick auf die Reichweite der Wirksamkeit bestehender Programme und ihrer konzeptionellen Weiterentwicklung sinnvoll, *differentielle Programmwirkungen in verschiedenen Zielgruppen* zu untersuchen (vgl. MITTAG & HAGER, 1998). Entsprechend wurde auch in der vorliegenden Evaluationsstudie geprüft, ob sich zielgruppenspezifische Programmwirkungen auffinden lassen. Dazu wurden die Jugendlichen aufgrund ihres Alkoholkonsums zum Prätest jeweils einer der drei folgenden Konsumentengruppen zugewiesen: (1) Abstinente oder unregelmäßige Alkoholkonsumenten, (2) leichte Alkoholkonsumenten und (3) starke Alkoholkonsumenten. Bei der Auswertung der Daten bestätigte sich, daß in den drei Konsumentengruppen unterschiedliche Programmwirkungen aufgetreten sind (zur genaueren Ergebnisdarstellung siehe MITTAG & JERUSALEM, 1998).

Bei den ehemals abstinenten oder unregelmäßig konsumierenden Jugendlichen sowie den ehemals leichten Alkoholkonsumenten zeigte sich ein annähernd ähnliches Ergebnismuster. In beiden Konsumentengruppen ergab sich für die Jugendlichen aus der Kontrollgruppe jeweils ein stetiger und statistisch bedeutsamer Konsumanstieg über die drei Erhebungszeitpunkte. Bei den Jugendlichen, die an der standardisierten Interventionsvariante teilgenommen hatten, waren dagegen nur geringfügige und statistisch unbedeutsame Zuwächse im Alkoholkonsum festzustellen. Dieses Ergebnismuster macht deutlich, daß der unter normalen Entwicklungsbedingungen zu erwartende Anstieg im Alkoholkonsum bei vergleichsweise wenig gefährdeten Jugendlichen durch die primärpräventiven Maßnahmen der standardisierten Interventionsvariante erfolgreich verhindert werden konnte. Bei den Jugendlichen, die an der unstandardisierten Interventionsvariante teilgenommen hatten und zum Prätest abstinent waren oder nur unregelmäßig Alkohol konsumiert hatten, erwiesen sich die Zuwächse im Alkoholkonsum über die Erhebungszeitpunkte ebenfalls als unbedeutsam. Allerdings war der Wirkungsgrad dieser Interventionsvariante bereits bei den ehemals leicht konsumierenden Jugendlichen nicht hinreichend, um die weitere Zunahme des Alkoholkonsums in dieser Konsumentengruppe zu verhindern.

Ein völlig anderes Ergebnismuster zeigte sich schließlich in der Risikogruppe der bereits zum Prätest stark Alkohol konsumierenden Jugendlichen. Für die unstandardisierte Interventionsvariante konnte lediglich eine leichte, statistisch aber unbedeutsame Abnahme im Alkoholkonsum festgestellt werden, so daß bei diesen Jugendlichen weiterhin von einem stabilen Konsumverhalten auf hohem Niveau ausgegangen werden muß. Demgegenüber fand sich bei den Jugendlichen der standardisierten Interventionsvariante die gewünschte und vergleichsweise stärkste Abnahme im Alkoholkonsum vom Prä- zum Posttest, jedoch auch ein erneuter Konsumanstieg zum Follow-Up. Aber selbst der kurzfristige Konsumrückgang vom Prä- zum Posttest ließ sich nicht zweifelsfrei auf die standardisierte Interventionsform zurückführen, da auch bei den stark konsumierenden Jugendlichen der Kontrollgruppe eine bedeutsame, wenngleich etwas schwächere Abnahme im Alkoholkonsum zu beobachten war. Für den erwartungswidrigen Konsumrückgang in der Kontrollgruppe kommen aus unserer Sicht vor allem

Stichprobenfehler in Frage. Belege für diese Annahme ließen sich in unseren Daten insoweit aufzeigen, als der Anteil der stark Alkohol konsumierenden Jugendlichen in der standardisierten Interventionsgruppe in etwa doppelt so groß war wie in der Kontrollgruppe. Offensichtlich wurden bei der Auswahl und Zuweisung der Jugendlichen bzw. Klassen zu den Interventionsgruppen, die natürlich nur in Abstimmung mit den betroffenen Lehrern erfolgen konnte, eher Klassen mit einem höheren Anteil an gefährdeten Jugendlichen vorgeschlagen und ausgewählt, so daß in diesen Klassen von einem höheren Gefährdungspotential ausgegangen werden muß als in den Kontrollklassen. Angesichts dieser verzerrten Auswahl ist eine endgültige Bewertung zur Wirksamkeit der standardisierten Interventionsvariante bei bereits gefährdeten Jugendlichen kaum möglich, so daß weiterer Klärungsbedarf besteht.

Gleichwohl läßt sich aufgrund der Ergebnisse zusammenfassend feststellen, daß die vorauslaufend dargestellte Zielsetzung primärpräventiver Maßnahmen im Hinblick auf den Alkoholkonsum durch das vorliegende Interventionsprogramm durchaus erreicht werden konnte. So konnte der unter »normalen Entwicklungsbedingungen« zu erwartende Anstieg im Alkoholkonsum bei den ehemals Abstinenten oder unregelmäßig konsumierenden Jugendlichen sowie den ehemals leichten Konsumenten durch schulische Präventionsmaßnahmen nicht nur kurz- sondern auch langfristig erfolgreich verhindert werden. Allerdings konnte eine langfristige Programmwirkung bei leichten Alkoholkonsumenten nur durch die standardisierte und elaborierte Interventionsvariante erzielt werden, nicht dagegen durch die unstandardisierte bzw. unstrukturierte Variante. Dies spricht zum einen für die Überlegenheit der standardisierten Interventionsform, zum anderen wird deutlich, daß der hier zugrunde gelegte Präventionsansatz mit den verschiedenen Programmkomponenten einen besseren Wirkungsgrad erreicht, wenn die Einzelmaßnahmen aufeinander abgestimmt und in strukturierter Form vermittelt werden. Die Ergebnisse bei den ehemals stark konsumierenden Jugendlichen deuten aber auch an, daß selbst der Wirkungsgrad der standardisierten Interventionsform begrenzt zu sein scheint und die hier durchgeführten Präventionsmaßnahmen nicht ausreichen, um den erhöhten Alkoholkonsum in bereits gefährdeten Zielgruppen langfristig erfolgreich senken zu können.

4.2 Medikamentenkonsum

Im Vergleich zum Alkoholkonsum waren die Veränderungen im Medikamentenkonsum weniger stark ausgeprägt. Traten Konsumveränderungen auf, so bestanden sie im allgemeinen aus einer Zunahme des Medikamentenkonsums. Bedeutsame Rückgänge im Medikamentenkonsum konnten dagegen nicht nachgewiesen werden. Dies lag vor allem daran, daß Medikamente von den hier untersuchten Jugendlichen dieses Altersbereiches eher selten konsumiert wurden und die Basisraten im allgemeinen im unteren Konsumbereich lagen. Angesichts dieser Ausgangslage waren Konsumrückgänge allenfalls nur im geringen Umfang zu erwarten, was natürlich den statistischen Nachweis bedeutsamer Veränderungen erschwert. Aus diesem Grund erschienen beim Medikamentenkonsum auch keine zielgruppenspezifischen Analysen der Programmwirkungen sinnvoll, wie sie zuvor beim Alkoholkonsum durchgeführt wurden. Gleichwohl ist damit nicht die zu bewertende Wirksamkeit der beiden untersuchten Programmvarianten in Frage gestellt, besteht doch das primärpräventive Ziel vor allem darin, den Einstieg in einen regelmäßigen und erhöhten Medikamentenkonsum zu verhindern. Entsprechend ist der Wirkungsgrad erfolgreicher Präventionsprogramme daran zu messen, inwieweit ein bedeutsamer Konsumanstieg – wie er zum Beispiel aus den Befunden epidemiologischer Jugendsurveys zu prognostizieren und in unbehandelten Stichproben (Kontrollgruppe) zu erwarten wäre – verhindert wird (siehe z.B. KOLIP, 1997a, 1997b).

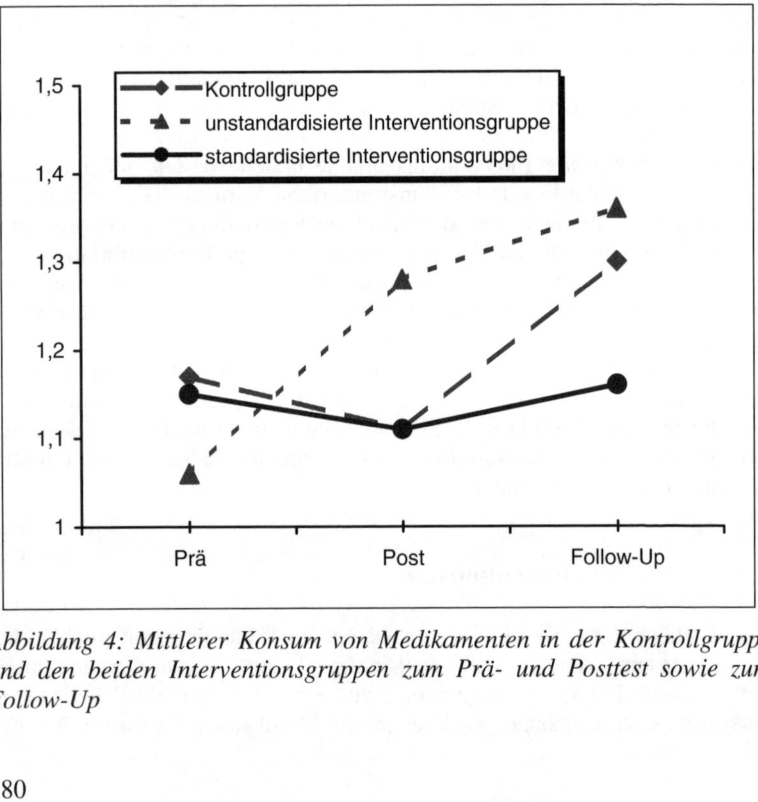

Abbildung 4: Mittlerer Konsum von Medikamenten in der Kontrollgruppe und den beiden Interventionsgruppen zum Prä- und Posttest sowie zum Follow-Up

Abbildung 4 zeigt den mittleren Medikamentenkonsum (Häufigkeitsindex) in den beiden Interventionsgruppen und der Kontrollgruppe. Wie aus der Abbildung zu erkennen ist, traten in der standardisierten Programmvariante im Sinne der oben formulierten Zielsetzung nur sehr geringfügige und unbedeutsame Veränderungen im Medikamentenkonsum auf ($F_{1, 305} < 1.00$). Entgegen den Erwartungen war der Medikamentenkonsum zum Prä- und Posttest jedoch auch in der Kontrollgruppe auf einem vergleichsweise niedrigen Niveau stabil ($F_{1, 305} < 1.00$), so daß gegenüber der standardisierten Variante vor und unmittelbar nach der Programmdurchführung keine bedeutsamen Unterschiede festzustellen waren ($F_{1, 305} < 1.00$). Erst zum Follow-Up hebt sich die Kontrollgruppe durch den deutlichen und erwarteten Konsumanstieg ($F_{1, 305} = 4.50$, $p < .02$) gegenüber der standardisierten Programmvariante ab. Im Vergleich zu diesen beiden Gruppen zeigte sich in der unstandardisierten Programmvariante ein über die drei Erhebungszeitpunkte stetiger und bedeutsamer Konsumanstieg ($F_{1, 305} = 6.46$, $p < .005$).

Faßt man die Ergebnisse zum Medikamentenkonsum kurz zusammen, so ist zunächst festzustellen, daß der Medikamentenkonsum durch die standardisierte Programmvariante kurz- und langfristig auf dem zum Prätest vorgefundenen niedrigen Niveau stabil gehalten werden konnte. Da der Konsum auch in der Kontrollgruppe vom Prä- zum Posttest erwartungswidrig auf einem relativ niedrigen Niveau stabil war, kommt die positive Wirkung dieser Programmvariante allerdings erst langfristig zum Ausdruck. Solche verzögerten Programmeffekte sind aus der Literatur hinlänglich bekannt und von daher keineswegs ungewöhnlich (vgl. z.B. BRUVOLD & RUNDALL, 1988). Demgegenüber verweist der deutliche und stetige Konsumanstieg in der unstandardisierten Interventionsgruppe eindeutig auf die unzureichende bzw. mangelnde Wirksamkeit dieser Programmvariante. Damit hat sich die standardisierte Programmvariante aufgrund des erzielten Wirkungsgrades gegenüber der unstandardisierten Variante erneut als deutlich effektiver erwiesen.

Bedeutsame *geschlechtsspezifische Unterschiede* traten nur insoweit auf, als der Medikamentenkonsum bei Jungen stärker ausfiel als bei Mädchen ($F_{1, 298} = 4.62$, $p < .05$) und – ähnlich wie beim Alkoholkonsum (siehe Abschnitt 4.1) – über die drei Meßzeitpunkte ein stärkerer Konsumanstieg bei Jungen als bei Mädchen zu beobachten war ($F_{2, 596} = 5.31$, $p < .01$). Unterschiedliche Programmwirkungen in Abhängigkeit vom Geschlecht konnten dagegen nicht nachgewiesen werden. Die dreifache Wechselwirkung zwischen Geschlecht, Meßzeitpunkt und Interventionsgruppe erwies sich als statistisch unbedeutsam ($F_{4, 596} < 1.00$). *Alters- bzw. klassenstufenspezifische Unterschiede* konnten weder hinsichtlich des Gesamtniveaus im Medikamentenkonsum (Alterseffekt) noch im Hinblick auf differentielle Programmwirkungen festgestellt werden (F stets < 1.00).

5 Veränderungen in nicht verhaltensbezogenen, kognitiven Zielindikatoren

Die Zielsetzung verhaltensbezogener, sozial-kognitiver Präventionsprogramme besteht unter anderem darin, daß neben der Förderung allgemeiner personaler Kompetenzen auch spezifische soziale Fertigkeiten vermittelt werden, die den Jugendlichen helfen sollen, den Versuchungen zum Substanzgebrauch zu widerstehen. Von daher sollten von solchen Gesundheitsprogrammen auch im kognitiven Bereich Veränderungen erwartet werden, wobei insbesondere substanzbezogene Erwartungen und selbstbezogene Kognitionen von Interesse sind. Entsprechend wurde in der vorliegenden Studie überprüft, ob sich bei den substanzspezifischen Instrumentalitäts- und Wirksamkeitserwartungen ähnliche Programmwirkungen wie im Konsumverhalten beobachten lassen (Fragestellung IV). Als weiterer nicht verhaltensbezogener, kognitiver Zielindikator wurde der substanzspezifische Wissensstand der Jugendlichen in die Analysen einbezogen.

5.1 Alkoholbezogene, kognitive Zielindikatoren

Entgegen den Erwartungen konnten bedeutsame Programmwirkungen weder bei den alkoholbezogenen Instrumentalitäts- und Wirksamkeitserwartungen noch beim alkoholbezogenen Wissen festgestellt werden. Zwar zeigte sich bei den *alkoholbezogenen Instrumentalitätserwartungen* ein genereller Anstieg über die Zeit ($F_{2, 618} = 3.13$, $p < .05$), dieser war jedoch nicht nur bei den Jugendlichen aus der Kontrollgruppe, sondern in ähnlicher Weise auch bei den Jugendlichen aus den beiden Interventionsgruppen zu beobachten. Hinsichtlich der *alkoholbezogenen Wirksamkeitserwartungen* und des *Wissensstandes* traten dagegen weder zeitliche Veränderungen auf, noch ließen sich bedeutsame Programmwirkungen nachweisen (*F* stets < 1.00). Die Ergebnisse zu den alkoholbezogenen, kognitiven Zielindikatoren sind insoweit erwartungswidrig und überraschend, weil die Befunde aus anderen Evaluationsstudien zur Wirksamkeit schulischer Präventionsprogramme nahelegen, daß Veränderungen auf der Wissens- und Einstellungsebene leichter zu erzielen sind und oft deutlicher ausfallen als entsprechende Verhaltensänderungen (vgl. z.B. BRUVOLD & RUNDALL, 1988). Von daher wird im allgemeinen davon ausgegangen, daß Wissens- und Einstellungsveränderungen zwar keine hinreichende, aber doch eine notwendige Bedingung für nachfolgende Verhaltensänderungen darstellen. Folgt man dieser Annahme, dann hätten in der vorliegenden Untersuchung auf der Wissens- und Erwartungsebene ähnliche Programmwirkungen wie beim Alkoholkonsum auftreten müssen. Da solche Effekte ausgeblieben sind, bleibt zu fragen, ob und inwieweit diese kognitiven Variablen überhaupt mit dem Alkoholkonsum zusammenhängen.

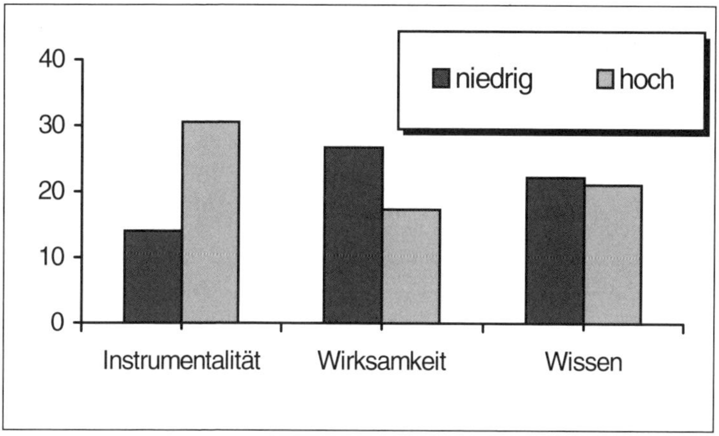

Abbildung 5: Mittlerer Alkoholkonsum in Abhängigkeit von den alkoholbezogenen Instrumentalitäts- und Wirksamkeitserwartungen sowie vom alkoholbezogenen Wissensstand

Abbildung 5 zeigt den mittleren Alkoholkonsum in Abhängigkeit von den zum Prätest ermittelten Ausprägungen in den beiden alkoholbezogenen Erwartungen und dem Wissensstand der Jugendlichen. Sowohl bei den alkoholbezogenen Instrumentalitätserwartungen als auch bei den alkoholbezogenen Wirksamkeitserwartungen zeigten sich die erwarteten Ergebnismuster. Jugendliche, für die Alkohol eine eher geringe Instrumentalität besitzt und die über eher hohe Wirksamkeitserwartungen verfügen, den Versuchungen zum Alkoholkonsum widerstehen zu können, konsumierten über alle Meßzeitpunkte hinweg deutlich weniger Alkohol als Jugendliche mit hohen alkoholbezogenen Instrumentalitätserwartungen und niedrigen alkoholbezogenen Wirksamkeitserwartungen ($F_{1, 311} = 18.66$, $p < .001$ bzw. $F_{1, 308} = 5.78$, $p < .02$). Lediglich beim alkoholbezogenen Wissen konnte keine Beziehung zum Alkoholkonsum festgestellt werden. Jugendliche mit einem niedrigen versus hohen Wissenstand konsumierten in etwa gleich viel Alkohol ($F_{1, 31} < 1.00$).

Die Ergebnisse dieser Analysen machen deutlich, daß der Alkoholkonsum durchaus zu den beiden erfaßten Erwartungstypen in Beziehung steht. Erwartungswidrig ist allerdings, daß sich keine entsprechende Beziehung zu alkoholbezogenem Wissen auffinden ließ. Darüber hinaus bleibt weiterhin klärungsbedüftig, warum sich bei den alkoholbezogenen Erwartungen trotz ihrer Beziehung zum Alkoholkonsum keine Programmwirkung feststellen ließ und der erwartete moderierende Einfluß dieser Variablen auf die verhaltensbezogenen Programmeffekte ausgeblieben ist.

5.2 Medikamentenbezogene, kognitive Zielindikatoren

Bei den *medikamentenbezogenen Instrumentalitätserwartungen* ließen sich ebenfalls keine bedeutsamen Programmwirkungen nachweisen ($F_{4, 604}$ = 1.56, p <.15). Darüber hinaus erwies sich dieser Erwartungstyp über die drei Erhebungszeitpunkte in allen drei Gruppen als weitgehend stabil. Daß aber auch die medikamentenbezogenen Instrumentalitätserwartungen einen Zusammenhang zum Alkoholkonsum aufweisen, wird aus Abbildung 6 deutlich. So lag der Medikamentenkonsum bei den Jugendlichen, für die der Gebrauch von Medikamenten eine eher hohe Instrumentalität besitzt, über alle Meßzeitpunkte gemittelt deutlich über dem Konsum von Jugendlichen mit niedrigen medikamentenbezogenen Instrumentalitätserwartungen ($F_{1, 301}$ = 4.44, p < .05).

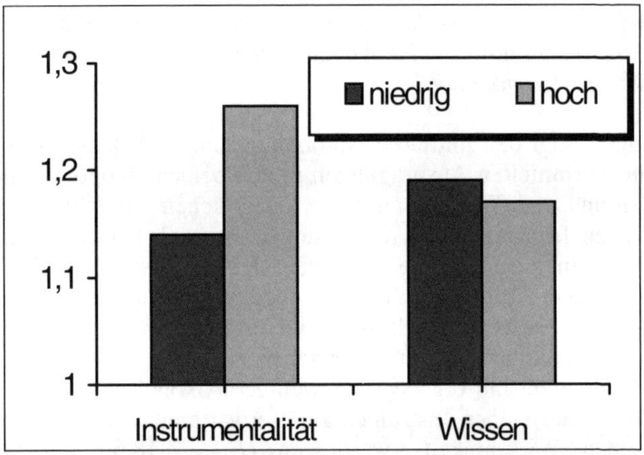

Abbildung 6: Mittlerer Medikamentenkonsum in Abhängigkeit von den medikamentenbezogenen Instrumentalitätserwartungen sowie vom medikamentenbezogenen Wissensstand

Zwischen *medikamentenbezogenem Wissen* und den Konsumverhalten ließ sich dagegen kein derartiger Zusammenhang beobachten ($F_{1, 303}$ < 1.00). Dafür zeigten sich beim medikamentenbezogenen Wissen in den beiden Interventionsgruppen und der Kontrollgruppe unterschiedliche Veränderungsverläufe über die drei Erhebungszeitpunkte ($F_{4, 606}$ = 2.46, p < .05).

Die genaue Analyse ergab für die unstandardisierte Programmvariante einen tendenziellen Wissenszuwachs vom Prä- zum Posttest ($F_{2, 606} = 2.58$, $p < .08$), während in der standardisierten Programmvariante und der Kontrollgruppe keine bedeutsamen Veränderungen im medikamentenbezogenen Wissen auftraten ($F_{2, 606}$ stets < 1.57 und p stets $> .20$). Allerdings ging der Wissensstand in der unstandardisierten Programmvariante in der Folgezeit – vermutlich infolge mangelnder Konsolidierung – zum Follow-Up wieder zurück, so daß sich die drei Gruppen nur zum Posttest signifikant voneinander unterschieden ($F_{2, 303} = 8.66$, $p < .001$), nicht dagegen zum Prätest und zum Follow-Up ($F_{2, 303}$ stets < 1.00).

Vergleicht man die Ergebnisse zum medikamentenbezogenen Wissen mit den Befunden zum Medikamentenkonsum, so wird deutlich, daß der Wissenszuwachs in der unstandardisierten Interventionsgruppe zum Teil mit einem entsprechenden Anstieg im Medikamentenkonsum einhergeht. Solche scheinbar paradoxen Programmeffekte sind jedoch nicht ungewöhnlich. Sie zeigen vielmehr an, daß positive und erwünschte Wissenszuwächse keine hinreichende Bedingung für entsprechende Veränderungen auf der Verhaltensebene sind. Entsprechende Ergebnisse fanden sich auch in einer Meta-Analyse zur Wirksamkeit von schulischen Interventionsprogrammen (BRUVOLD & RUNDALL, 1988), wonach positive Wissenszuwächse mit unerwünschten negativen Effekten auf der Einstellungs- und Verhaltensebene einhergehen können. Solche negativen Programmwirkungen traten allerdings eher bei traditionellen, überwiegend auf Wissensvermittlung ausgerichteten Interventionsprogrammen auf. In den beiden von uns untersuchten Interventionsvarianten wurden jedoch im Mittel gleich viele Unterrichtseinheiten zur Wissensvermittlung eingesetzt. Demnach scheinen solche vermeintlich paradoxen Programmeffekte nicht allein dann aufzutreten, wenn insgesamt mehr Wissensübungen eingesetzt werden. Bedeutsam erscheint unseren Analysen zufolge vielmehr, ob und in welchem Umfang auch Übungen und Unterrichtseinheiten zur Förderung allgemeiner Lebens- und Bewältigungskompetenzen zum Einsatz kommen.

6 Moderierende personbezogene Variablen

Bei unserer abschließenden Fragestellung (V) ging es darum, in welcher Beziehung die personbezogenen Variablen zur Intensität im Alkohol- und Medikamentenkonsum stehen und ob sich ein moderierender Einfluß dieser Variablen auf die Programmwirkungen nachweisen läßt. Bezogen auf die Depressivität und soziale Ängstlichkeit der Jugendlichen konnten entsprechende Zusammenhänge zum Substanzgebrauch aufgezeigt werden. Ein moderierender Einfluß dieser Variablen auf die Programmwirkungen blieb jedoch aus (siehe dazu: MITTAG & JERUSALEM, 1998). Demgegenüber traten in Abhängigkeit von der sozialen Unterstützung durch die Eltern einerseits sowie der Unterstützung durch die Mitschüler andererseits unterschiedliche Programmwirkungen auf, die im folgenden kurz dargestellt werden.

6.1 Soziale Unterstützung durch die Eltern

So erwies sich mangelnde oder fehlende Unterstützung von Seiten der Eltern in der vorliegenden Untersuchung als Risikofaktor für einen erhöhten Alkoholkonsum, wobei dies gleichermaßen für Jungen und Mädchen gilt. Jugendliche mit niedriger elterlicher Unterstützung konsumierten etwa doppelt soviel Alkohol wie Jugendliche mit hoher elterlicher Unterstützung. Darüber hinaus zeigte sich bei Jugendlichen mit niedriger elterlicher Unterstützung eine stetige und starke Zunahme im Alkoholkonsum, sofern sie nicht an dem Interventionsprogramm teilgenommen hatten (Kontrollgruppe). Bei den Jugendlichen der standardisierten Interventionsvariante konnte der Alkoholkonsum dagegen trotz der geringen sozialen Unterstützung von Seiten der Eltern durch die Präventionsmaßnahmen annähernd auf das Konsumniveau der Jugendlichen mit hoher elterlicher Unterstützung reduziert werden. Diese positive Programmwirkung der standardisierten Programmvariante ließ sich auch dann nachweisen, wenn auf kovarianzanalytischem Wege die Konsumunterschiede zwischen Interventions- und Kontrollgruppe zum Prätest kontrolliert wurden (zur genaueren Darstellung der Ergebnisse siehe: JERUSALEM & MITTAG, 1997). Aufgrund dieser Ergebnisse kann also auch langfristig von einer positiven Wirkung der standardisierten Programmvariante bei Jugendlichen mit niedriger elterlicher Unterstützung ausgegangen werden.

6.2 Soziale Unterstützung durch die Mitschüler

Geringe oder mangelnde soziale Unterstützung durch die Mitschüler erwies sich dagegen insbesondere bei Jungen als weiterer Risikofaktor für einen erhöhten Alkoholkonsum. So traten bedeutsame Veränderungen im Alkoholkonsum nur bei Jungen mit niedriger Unterstützung auf, nicht aber bei Jungen mit hoher Unterstützung durch die Mitschüler. Der Unterschied zwischen diesen beiden Unterstützungsgruppen war allerdings nur zum Follow-Up bedeutsam, was vor allem auf den starken Konsumanstieg der Jungen mit niedriger Unterstützung zurückzuführen war. Daß sich beide Gruppen nicht bereits zum Posttest voneinander unterscheiden, ist auf die Wirkung der standardisierten Programmvariante zurückzuführen. Hier zeigte die genaue Analyse der Prä-Posttest-Differenzen bei Jungen mit niedriger Unterstützung aus der standardisierten Interventionsgruppe und der Kontrollgruppe, daß ohne Intervention ein deutlicher Konsumanstieg auftrat, mit Intervention dagegen eine Abnahme zu beobachten war. Niedrige Unterstützung durch die Mitschüler führt bei Jungen offensichtlich dazu, daß der Alkoholkonsum langfristig ansteigt. Allerdings stieg auch der Alkoholkonsum der Jungen aus der standardisierten Interventionsbedingung in der Folgezeit zum Follow-Up wieder deutlich an. Das Programm konnte diesen Konsumanstieg also nur kurzfristig, nicht aber langfristig verhindern (zur genaueren Darstellung der Ergebnisse siehe JERUSALEM & MITTAG, 1997).

7 Diskussion

Die dargestellten Ergebnisse machen deutlich, daß der alters- bzw. entwicklungsbedingte Anstieg im Alkohol- und Medikamentenkonsum der Jugendlichen, wie er auch aus anderen Untersuchungen berichtet wird (siehe z.B. HESSE, 1993; KOLIP, 1997a,b; NORDLOHNE, 1992; SILBEREISEN, 1997), durch primärpräventive Maßnahmen und Programme reduziert werden kann. Trotz des insgesamt positiv zu bewertenden Ergebnisses sind auch die Grenzen der untersuchten Programmvarianten unter den üblichen schulischen Rahmenbedingungen deutlich geworden. So ergab die anfangs durchgeführte Analyse zu den Gesamtwirkungen beim Alkoholkonsum zunächst, daß lediglich durch die standardisierte Programmvariante eine kurzfristig positive Wirkung erzielt werden konnte, wobei dieses Ergebnis nach Kontrolle der bestehenden Ausgangsunterschiede schwächer ausfiel und mit einem über den üblichen statistischen Vertrauensgrenzen liegenden Fehlerrisiko behaftet war.

Durch weitere, zielgruppenspezifische Analysen konnte jedoch gezeigt werden, daß dieses Gesamtergebnis auf eine Verwischung durchaus vorhandener positiver Programmeffekte zurückzuführen ist. So konnte bei Jugendlichen, die vor der Programmdurchführung keinen Alkohol oder nur sehr geringe Mengen konsumierten, der unter »normalen Entwicklungsbedingungen« zu erwartende Konsumanstieg, wie er sich auch in der Kontrollgruppe zeigte, durch beide Programmvarianten sowohl kurz- als auch langfristig verhindert werden. In der Gruppe der bereits leicht alkoholkonsumierenden Jugendlichen ließ sich eine langfristig positive Programmwirkung jedoch nur noch in der standardisierten Interventionsbedingung nachweisen. Die Wirkung der unstandardisierten Programmvariante war in dieser Personengruppe dagegen deutlich schwächer und nur von kurzer Dauer. Dies weist darauf hin, daß klare und langfristig anhaltende Interventionseffekte offensichtlich eher von elaborierten und strukturierten Programmkonzeptionen zu erwarten sind. Berücksichtigt man ferner, daß in der unstandardisierten Interventionsgruppe weniger Übungen und Unterrichtseinheiten zu den Programmkomponenten »Selbstkonzept und Selbstwertgefühl«, »Selbstbehauptung«, »Konfliktbewältigung« sowie »Soziale und kommunikative Fertigkeiten« durchgeführt wurden, so verweist dieses Ergebnis auf die Bedeutsamkeit dieser Komponenten zur Prävention des Substanzgebrauchs.

Daß jedoch auch die Wirksamkeit der standardisierten Programmvariante unter den hier vorliegenden Rahmenbedingungen ihre Grenzen hat, zeigte sich in der Gruppe der bereits stark gefährdeten Jugendlichen. Offensichtlich waren die durchgeführten Programmaßnahmen nicht hinreichend, um auch bei solchen Jugendlichen langfristige Effekte zu erzielen, die schon vor Programmbeginn einen vergleichsweise starken Alkoholkonsum aufwiesen (vgl. MITTAG & JERUSALEM, 1998). Ob und inwieweit dies durch zusätzliche Unterrichtseinheiten (booster sessions) nach der eigentlichen Programmdurchführung hätte erreicht werden können, läßt sich im Rahmen der vorliegenden Evaluationsstudie nicht beantworten. Auch wenn der Einsatz zusätzlicher Unterrichtseinheiten im allgemeinen als nützlich angesehen wird, führt dies nicht grundsätzlich dazu, daß kurzfristige Programmeffekte langfristig stabilisiert werden, wie die Befunde aus einem anderen, groß angelegten Präventionsprojekt zeigen (siehe ELLICKSON & BELL, 1990). Darüber hinaus ist zu bedenken, daß die zentrale Zielsetzung primärpräventiver Programme darin besteht, Zuwachsraten bzw. Zunahmen in einem Risikoverhalten zu verhindern oder zu reduzieren, die ohne entsprechende Maßnahmen mit hoher Wahrscheinlichkeit auftreten würden. Entsprechend sind die Wirksamkeit und der Erfolg solcher Programme vornehmlich daran zu bewerten, ob und inwieweit dieses Ziel erreicht wird (vgl. z.B. BOTVIN & TORTU, 1988). Die Reduktion im Risikoverhalten bei bereits betroffenen Jugendlichen entspricht dagegen eher der Zielsetzung interventiver Behandlungsmaßnahmen und sollte von daher nicht als zentrales Kriterium zur Bewertung primärpräventiver Programme herangezogen werden. Folgt man diesen Überlegungen, so können langfristig positive Effekte bei bereits gefährdeten oder betroffenen Jugendlichen allenfalls dann erwartet werden, wenn primärpräventive Programme um interventive, speziell auf diese Risikogruppe zugeschnittene Maßnahmen ergänzt werden.

Zielgruppenspezifische Programmaßnahmen und ergänzende Unterrichtseinheiten scheinen auch angesichts der differentiellen Programmwirkungen bei Jungen und Mädchen empfehlenswert (siehe dazu JERUSALEM & MITTAG, 1997). Bei den Mädchen konnte der Alkoholkonsum durch die standardisierte Programmvariante sowohl kurz- als auch langfristig erfolgreich reduziert werden. Bei den Jungen war dagegen nur vom Prä- zum Posttest ein Konsumrückgang zu beobachten, der noch dazu weniger stark ausgeprägt war als bei den Mädchen und in der Folgezeit durch den starken Konsumanstieg zum Follow-Up wieder aufgehoben wurde. Demzufolge scheinen schulische Präventionsbemühungen bei Mädchen erfolgversprechender zu sein und dort auch längerfristige Programmwirkungen zu hinterlassen als bei Jungen. Vermutlich stellt der Konsum von Alkohol für Jungen ein geschlechtsrollenspezifisches Verhaltensmuster mit höherer psychosozialer Funktionalität dar, als dies für Mädchen der Fall ist (vgl. KOLIP, 1997c). Gestützt wird diese Vermutung dadurch, daß die Jungen in der von uns untersuchten Stichprobe deutlich höhere alkoholbezogene Instrumentalitätserwartungen aufwiesen als die Mädchen. Auch wenn keine bedeutsamen Veränderungen in den alkoholbezogenen Instrumentalitätserwartungen durch die standardisierte Interventionsvariante erzielt werden konnten, ist denkbar, daß die geschlechtsrollenspezifischen Verhaltensmuster der Jungen aufgrund der schulischen Maßnahmen kurzfristig in Frage gestellt wurden. Da jedoch entsprechende Erwartungsänderungen ausgeblieben sind, läßt sich der »alterstypische« Konsumanstieg nach Ende des Programms im Sinne eines »Rückfalls« in alte Verhaltensgewohnheiten interpretieren.

Folgt man diesen Überlegungen, so scheinen Jungen gegenüber dem Alkoholkonsum gefährdeter zu sein als Mädchen (vgl. auch KOLIP, 1997c), wobei das Gefährdungspotential kumuliert, wenn weitere Risikofaktoren wie mangelnde Unterstützung durch Eltern und Mitschüler hinzukommen. So hat sich mangelnde oder fehlende elterliche Unterstützung in der vorliegenden Untersuchung für Jungen wie für Mädchen als Risikofaktor für einen erhöhten Alkoholkonsum herausgestellt. Der durch die standardisierte Interventionsvariante bewirkte Konsumrückgang weist jedoch darauf hin, daß die ungünstigen Auswirkungen mangelnder elterlicher Unterstützung durch schulische Präventionsmaßnahmen sowohl kurz- als auch langfristig kompensiert werden können. Zumindest werden durch einzelne Maßnahmen alternative Bewältigungsmöglichkeiten vermittelt, so daß dysfunktionale Bewältigungsmuster wie der Konsum von Alkohol reduziert werden können. Hinzu kommen gruppenspezifische Aktivitäten sowie der Einbezug der Lehrer, wodurch alternative Quellen der sozialen Unterstützung angeboten werden, die zur Kompensation der Defizite elterlicher Unterstützung beitragen können. Im Gegensatz zur elterlichen Unterstützung erwies sich ein fehlender sozialer Rückhalt durch die Mitschüler nur bei den Jungen als weiterer Risikofaktor, der ohne primärpräventive Maßnahmen zu einem kontinuierlichen und drastischen Anstieg im Alkoholkonsum führt. Dies konnte durch die standardisierte Interventionsvariante zumindest kurzfristig verhindert werden, so daß statt des Anstieges ein leichter Konsumrückgang zu beobachten war. Nach Ende der Programmdurchführung wurde diese kurzfristige Wirkung jedoch wieder durch einen drastischen Konsumanstieg in der Folgezeit aufgehoben. Da sich bereits bei den Jungen insgesamt ein analoger Veränderungsverlauf ergab (vgl. Abbildung 3) und auch die Gesamtwirkung der standardisierten Interventionsvariante ein ähnliches Muster aufwies (vgl. Abbildung 1), dürften insbesondere die Ergebnisse der Jungen mit mangelnder sozialer Unterstützung durch die Mitschüler zur Verwischung der durchaus vorhandenen positiven Effekte dieser Programmvariante beigetragen haben.

Faßt man die Ergebnisse abschließend zusammen, so kann festgestellt werden, daß die hier vorgestellten schulischen Maßnahmen zur Prävention des Alkohol- und Medikamentengebrauchs geeignet sind, um bei vielen Kindern und Jugendlichen die gewünschten Effekte auf der Verhaltensebene zu erzielen. Der Wirkungsgrad eines Programmes hängt aber ganz wesentlich von vorbereitenden Maßnahmen wie etwa Lehrertrainings und vor allem von standardisierenden Instruktionen zur Zusammensetzung, zeitlichen Abfolge und Qualität der Programmdurchführung ab (siehe auch BOTVIN & DUSENBURY, 1989), wie sie insbesondere in der standardisierten Interventionsvariante dieser Studie realisiert wurden. Eine freie oder unstandardisierte Vorgabe der durchzuführenden Programmaßnahmen hat sich demgegenüber als deutlich weniger effektiv, überwiegend sogar als unwirksam erwiesen. Dies gilt sowohl für den Alkohol- als auch für den Medikamentenkonsum. Darüber hinaus sind auch Grenzen primärpräventiver schulischer Maßnahmen deutlich geworden, insbesondere dann, wenn die Programmaßnahmen aufgrund schulischer Rahmenbedingungen nur zeitlich begrenzt und außerhalb des normalen Unterrichts durchgeführt werden. Gerade angesichts der eher schwachen oder nur kurzfristigen Programmwirkungen bei besonders gefährdeten Kindern und Jugendlichen ist es notwendig, zukünftige Präventionsprogramme durch zielgruppenspezifische Maßnahmen und zusätzliche Unterrichtseinheiten zu erweitern und dauerhaft in den Schulalltag zu integrieren.

Klärungsbedürftig ist allerdings weiterhin, warum die gewünschten Effekte auf der Ebene der alkohol- und medikamentenbezogenen Erwartungen und im substanzspezifischen Wissen ausgeblieben sind. Dies gilt auch deshalb, weil im allgemeinen auf theoretischer Ebene davon ausgegangen wird, daß Verhaltensänderungen über entsprechende Erwartungs- bzw. Einstellungsänderungen vermittelt werden. Gleichwohl kann die in der vorliegenden Evaluationsstudie gefundene Unwirksamkeit der Programmaßnahmen auf der Erwartungsebene nicht als Kriterium für die Richtigkeit dieser theoretischen Annahme herangezogen werden. Da Programme nicht logisch aus wissenschaftlichen Theorien ableitbar sind, sondern lediglich durch sie angeregt bzw. unter Zuhilfenahme verschiedener Transformationen aus diesen gewonnen werden, sind dazu grundlagenwissenschaftliche Untersuchungen notwendig (vgl. KRAPP & HEILAND, 1994; PERREZ, 1991; MITTAG & HAGER, 1998).

8 Literatur

AJZEN, I. & FISHBEIN, M. (1980). *Understanding attitudes and predicting social behaviour.* Englewood Cliffs, NY: Prentice Hall.

BANDURA, A. (1986). *Social foundations of thought and action.* Englewood Cliffs: Prentice Hall.

BANGERT-DROWNS, R.L. (1988). The effects of school-based substance abuse education – A meta-analysis. *Journal of Drug Education, 18*, 243-265.

BECKER, M.H. (Ed.). (1974). *The health belief model and personal health behavior.* Thorofare, NJ: Slack.

BOTVIN, G. & DUSENBURY, L. (1989). Substance abuse prevention and the promotion of competence. In L.A. Bond & B.E. Compas (Eds.), *Primary prevention and promotion in the schools* (pp. 146-178). Newbury Park, CA: Sage.

BOTVIN, G.J., DUSENBURY, L., BAKER, E., JAMES-ORTIZ, S., BOTVIN, E.M. & KERNER, J. (1992). Smoking prevention among urban minority youth: Assessing effects on outcome and mediating variables. *Health Psychology, 11*, 290-299.

BOTVIN, G.J. & TORTU, S. (1988). Preventing adolescent substance abuse through life skills training. In R.H. Price, E.L. Cowen, R.P. Lorion, & J. Ramos-McKay (Eds.), *Fourteen ounces of prevention* (pp. 98-110). Washington: Hemisphere.

BOTVIN, G.J. & WILLS, T.A. (1986). Personal and social skills training: Cognitive-behavioral approaches to substance abuse prevention. In C. Bell & R. Battjes (Eds.), *Prevention Research: Deterring drug abuse among children and adolescents. NIDA Research Monograph No. 63* (pp. 8-49). Washington: US Government Printing Office.

BRUVOLD, W. H. (1993). A meta-analysis of adolescent smoking prevention programs. *American Journal of Public Health*, *83*, 872-880.

BRUVOLD, W.H. & RUNDALL, T.G. (1988). A meta-analysis and theoretical review of school based tobacco and alcohol intervention programs. *Psychology and Health*, 2, 53-78.

DONALDSON, S.I., GRAHAM, J.W., PICCININ, A.M. & HANSEN, W.B. (1995). Resistance-skills training and onset of alcohol use: Evidence for beneficial and potentially harmful effects in public schools and private Catholic schools. *Health Psychology*, *14*, 291-300.

DUSENBURY, L. & BOTVIN, G. (1990). Competence enhancement and the prevention of adolescent problem behavior. In K. Hurrelmann & F. Lösel (Eds.), *Health hazards in adolescence* (pp. 459-478). Berlin: de Gruyter.

ELLICKSON, P.L. & BELL, R.M. (1990). Drug prevention in junior high: A multi-site longitudinal test. *Science*, *247*, 1299-1305.

ELLICKSON, P.L., BELL, R.M. & MCGUIGAN, K. (1993). Preventing adolescent drug use: Long-term results of a junior high program. *American Journal of Public Health*, *83*, 856-861.

EVANS, R.I. (1988). Prevention of smoking in adolescence: Conceptualization and intervention strategies of a prototypical research program. In S. Maes, C.D. Spielberger, P.B. Defares & I.G. Sarason (Eds.), *Topics in health psychology* (pp. 107-125). Chichester: Wiley.

EVANS, R.I., ROZELLE, R.M., MITTELMARK, M.B., HANSEN, W.B., BANE, A.L. & HAVIS, J. (1978). Deterring the onset of smoking in children: Knowledge of immediate physiological effects and coping with peer pressure, media pressure, and parent modelling. *Journal of Applied Social Psychology, 8*, 126-135.

FUCHS, R. & SCHWARZER, R. (1997). Tabakkonsum: Erklärungsmodelle und Interventionsansätze. In R. SCHWARZER (Hrsg.), *Gesundheitspsychologie: Ein Lehrbuch* (2. Aufl.) (S. 209-244). Göttingen: Hogrefe.

GROB, A., LÜTHI, R., KAISER, F.G., FLAMMER, A., MACKINNON, A. & WEARING, A.J. (1991). Berner Fragebogen zum Wohlbefinden Jugendlicher (BFW). *Diagnostica*, *37*, 66-75.

HANSEN, W.B. (1992). School-based substance abuse prevention: A review of the state of the art in curriculum, 1980-1990. *Health Education Re search*, *7*, 403-430.

HESSE, S. (1993). *Suchtprävention in der Schule*. Opladen: Leske + Budrich.

HURRELMANN, K. (1991). *Sozialisation und Gesundheit.* Weinheim: Juventa.

JERUSALEM, M. (1997). Gesundheitserziehung und Gesundheitsförderung in der Schule. In R. Schwarzer (Hrsg.). *Gesundheitspsychologie* (2. überarb. und erweit. Aufl.; S. 576-593). Göttingen: Hogrefe.

JERUSALEM, M. & MITTAG, W. (1994). Gesundheitserziehung in Schule und Unterricht. *Zeitschrift für Pädagogik, 40*, 851-869.

JERUSALEM, M. & MITTAG, W. (1997). Schulische Gesundheitsförderung: Differentielle Wirkungen eines Interventionsprogramms. *Unterrichtswissenschaft, 25*, 133-149.

JESSOR, R., DONOVAN, J.E. & COSTA, F. (1990). Personality, perceived life chances, and adolescent health behavior. In K. Hurrelmann & F. Lösel (Eds.), *Health hazards in adolescence* (pp. 25-42). Berlin: de Gruyter.

JESSOR, R. & JESSOR, S.L. (1977). *Problem behavior and psychosocial development: A longitudinal study of use.* New York: Academic Press.

KELDER, S.H., PERRY, C.L., KLEPP, K.-I. & LYLE, L.L. (1994). Longitudinal tracking of adolescent smoking, physical activity, and food choice behavior. *American Journal of Public Health, 84*, 1121-1126.

KOLIP, P. (1997a). Medikamentenkonsum im Jugendalter. *Psychomed, 9*, 38-41.

KOLIP, P. (1997b). *Geschlecht und Gesundheit in Jugendalter. Die Konstruktion von Geschlechtlichkeit über somatische Kulturen.* Opladen: Leske & Budrich.

KOLIP, P. (1997c). Das gleiche ist nicht dasselbe: Zur Notwendigkeit geschlechtsspezifischer Suchtprävention im Jugendalter. *Unterrichtswissenschaft, 25*, 150-160.

LEPPIN, A. & NORDLOHNE, E. (1993). *Skalen zur Erfassung alkoholbezogener Funktionalitäts- und Wirksamkeitserwartungen.* Bielefeld: Universität Bielefeld, Sonderforschungsbereich 227.

LOHAUS, A. (1993). *Gesundheitsförderung und Krankheitsprävention im Kindes- und Jugendalter.* Göttingen: Hogrefe.

MITTAG, W. & HAGER, W. (1998). Entwurf zu einem integrativen Konzept zur Evaluation pädagogisch-psychologischer Interventionen. In M. Beck (Hrsg.), *Evaluation als Maßnahme der Qualitätssicherung. Pädagogisch-psychologische Interventionen auf dem Prüfstand* (S. 13-40). Tübingen: dgvt-Verlag.

MITTAG, W. & JERUSALEM, M. (1997). Evaluation von Präventionsprogrammen. In R. Schwarzer (Hrsg.). *Gesundheitspsychologie* (2. überarb. und erw. Aufl.; S. 595-611). Göttingen: Hogrefe.

MITTAG, W. & JERUSALEM, M. (1998). Gesundheitsförderung in der Schule: Evaluation eines Interventionsprogramms zur Alkoholprävention. In M. Beck (Hrsg.), *Evaluation als Maßnahme der Qualitätssicherung. Pädagogisch-psychologische Interventionen auf dem Prüfstand* (S. 121-144). Tübingen: dgvt-Verlag.

MITTAG, W. & JERUSALEM, M. (1999). Gesundheitsförderung bei Kindern und Jugendlichen. In B. Röhrle & G. Sommer (Hrsg.), *Prävention und Gesundheitsförderung* (S. 161-180). Tübingen: dgvt-Verlag.

MITTAG, W. & ONNEN, A. (1991). Rauchen, Alkohol- und Medikamentenkonsum: Zur Prävalenz von gesundheitlichem Risikoverhalten. *Psychomed*, *3*, 118-123.

MITTAG, W. & SCHWARZER, R. (1993). Interaction of employment status and self-efficacy on alcohol consumption: A two-wave study on stressful life transitions. *Psychology and Health*, *8*, 77-87.

NORDLOHNE, E. (1992). *Die Kosten jugendlicher Problembewältigung. Alkohol-, Zigaretten- und Arzneimittelkonsum im Jugendalter*. Weinheim: Juventa.

PEKRUN, R. & FEND, H. (Hrsg.). (1991). *Schule und Persönlichkeitsentwicklung*. Stuttgart: Enke.

SCHWARZER, R., JERUSALEM , M. & QUAST, H.-H. (1986). Schüchternheitsskala (SHY). In R. Schwarzer (Hrsg.), *Skalen zur Befindlichkeit und Persönlichkeit* (S. 107-118). Berlin: Freie Universität, Institut für Psychologie.

SILBEREISEN, R.K. (1997). Konsum von Alkohol und Drogen über die Lebensspanne. In R. Schwarzer (Hrsg.), *Gesundheitspsychologie* (2. überarb. und erw. Aufl.; S. 189-208). Göttingen: Hogrefe.

TELCH, M.J., MILLER, L.M., KILLEN, J.D. & COOKE, S. (1990). Social influence approach to smoking prevention: The effects of videotape delivery with and without same-age leader participation. *Addictive Behaviors*, *15*, 21-28.

TOBLER, N.S. & STRATTON, H.S. (1997). Effectiveness of school-based drug prevention programs. A meta-analysis of the research. *The Journal of Primary Prevention*, *18*, 71-128.

Sollten in Lebenskompetenzprogrammen geschlechtsbezogen unterschiedliche Inhalte zur Nikotinprävention vermittelt werden?[1]

Kerstin Walden

Lebenskompetenzprogramme (im folgenden: LKP) können den Gebrauch von Zigaretten zeitlich verzögern oder sogar ganz verhindern. Eine wichtige Frage bei der Durchführung und Evaluation ist, ob Jungen und Mädchen von primärpräventiven Programmen in unterschiedlichem Maße profitieren. Anders ausgedrückt: Es geht um die Frage nach der Notwendigkeit geschlechtsbezogener Maßnahmen zur Nikotinprävention.

Es gibt eine Reihe von Argumenten, die für den Einsatz geschlechtsbezogener Maßnahmen sprechen (FRANZKOWIAK, HELFFERICH & WEISE, 1996). Eine Begründung lautet, der Konsum psychoaktiver Substanzen unterscheide sich bei Männern und Frauen. Ein weiteres Argument bezieht sich auf unterschiedliche Beweggründe von Männern und Frauen zum Konsum. Und schließlich wird vermutet, daß Mädchen und Jungen unterschiedliche Ausprägungen in denjenigen Fertigkeiten haben, die durch präventive Maßnahmen gestärkt werden sollen, um einen eventuellen späteren Substanzkonsum zu verhindern. Auch SCHINKE (1994) fordert die Berücksichtigung geschlechtsspezifischer Aspekte bei der Nikotinprävention. Er begründet dies damit, daß Jungen und Mädchen unterschiedliche Interventionsarten bevorzugen würden.

Unabhängig von den beschriebenen Forderungen nach geschlechtsbezogener Prävention fehlen empirische Untersuchungen zu solchen Präventionsmaßnahmen fast völlig (FRANZKOWIAK, HELFFERICH & WEISE, 1996; TURNER, NORMAN & ZUNZ, 1995).

In diesem Beitrag werden zunächst geschlechtsspezifische Unterschiede in der Epidemiologie und der Ätiologie des Nikotinkonsums diskutiert. In einem weiteren Schritt wird die Frage nach der Notwendigkeit geschlechts-

[1] Die diesem Beitrag zugrundeliegenden Daten wurden im Rahmen der Interventionsstudie bei Schülern zur Prävention des Substanzmißbrauchs auf der Grundlage des »Lebenskompetenzkonzepts« erhoben. Die Studie wurde am Institut für Therapieforschung durchgeführt. Die Projektleitung übernahm DR. CHRISTOPH KRÖGER. Die Finanzierung wurde vom BUNDESMINISTERIUM FÜR BILDUNG, WISSENSCHAFT, FORSCHUNG UND TECHNOLOGIE (BMBF) im Rahmen des Förderschwerpunkts Sucht geleistet.

bezogener Maßnahmen auf der Grundlage von Daten der »ALF-Studie« des IFT Instituts für Therapieforschung überprüft. Innerhalb der Studie wurde das LKP ALF (Allgemeine Lebenskompetenzen und Fertigkeiten) entwikkelt und in Hauptschulen ab der fünften Jahrgangsstufe eingesetzt.

1 Geschlechtsspezifische Unterschiede des Nikotinkonsums

Ein Argument für die Durchführung geschlechtsspezifischer Maßnahmen bezieht sich auf die Unterschiede im Rauchverhalten der weiblichen und männlichen Bevölkerung. Werden jedoch empirische Daten zum Rauchverhalten von Männern und Frauen miteinander verglichen, so berichten verschiedene Autoren über eine Angleichung zwischen den Geschlechtern (u.a. SIMON, TAUSCHER & GESSLER, 1997; KOLIP, 1995; SILBEREISEN & KASTNER, 1985). Diese wird u.a. als Begleiterscheinung zunehmender weiblicher Emanzipation angesehen (HURRELMANN, 1998). In Deutschland ist die Angleichung der Raucherquoten von Männern und Frauen eher darauf zurückzuführen, daß Männer heutzutage weniger rauchen. Die Prävalenzraten der Frauen haben sich dagegen kaum verändert bzw. sind leicht angestiegen (vgl. SIMON, TAUSCHER & GESSLER, 1997). Dieses Ergebnis spricht eher für das Vorhandensein von »Emanzipationsprozessen« in der männlichen Bevölkerung.

Von Verfechtern geschlechtsbezogener Maßnahmen wird argumentiert, daß sich die Prävalenzen zwar annäherten, Männer und Frauen sich jedoch hinsichtlich ihrer Konsummengen unterschieden. Es wird vermutet, daß bei Jungen »härtere« Konsummuster überwiegen (HELFFERICH, 1994). Tatsächlich kann für das Erwachsenenalter bei den Starkrauchern ein Geschlechterunterschied konstatiert werden. Raucher, die mehr als 40 Zigaretten pro Tag rauchen, sind fast ausschließlich männlich (SIMON, TAUSCHER & GESSLER, 1997). In jüngeren Alterskohorten berichten hingegen verschiedene Autoren über ähnliche Konsummengen männlicher und weiblicher rauchender Jugendlicher (BZGA, 1994; KOLIP, 1995).

2 Geschlechtsspezifische Differenzen in der Ätiologie des Tabakkonsums

2.1 Selbstsicherheit als protektiver Faktor

In der Lebenskompetenzforschung wird »Selbstsicherheit« als ein zu fördernder protektiver Faktor behandelt (RHODES & JASON, 1988; DUSENBURY & FALCO, 1995). Damit ist ein relativ breites Konstrukt umrissen, welches Durchsetzungsfähigkeit und kommunikative Kompetenz in dyadischen und Gruppensituationen erfaßt.

Es wird angenommen, daß hohe Selbstsicherheit, wie sie in LKP gefördert wird, mit einer geringeren Wahrscheinlichkeit zum Substanzkonsum einhergehe (RHODES & JASON, 1988). Jedoch handelt es sich bei der beschriebenen Selbstsicherheit um ein breites Konstrukt, so daß von verschiedenen Autoren darauf hingewiesen wurde, daß unterschiedliche Facetten des Konstrukts verschieden eng in Zusammenhang zum Substanzkonsum stünden (BOTVIN, BAKER, GOLDBERG, DUSENBURY & BOTVIN, 1992; GOLDBERG & BOTVIN, 1993).

Häufig wird in Zusammenhang mit LKP auch die Fähigkeit zum »Nein-sagen« unter der Selbstsicherheit subsumiert. Für diese Arbeit wurden Items zum »Nein-sagen« ausdrücklich von der Erfassung der Selbstsicherheit ausgeschlossen, um Überschneidungen zur Beeinflußbarkeit zu vermeiden.

Aber auch wenn Zusammenhänge zwischen Selbstsicherheit und Konsumverhalten gefunden wurden und die Förderung der Selbstsicherheit als Bestandteil weitergefaßter LKP häufig genannt wird, so lassen sich kaum Belege für die Veränderung der Selbstsicherheit durch Präventionsprogramme finden (vgl. BOTVIN, BAKER, DUSENBURY, TORTU & BOTVIN, 1990).

Während Literatur zu Auswirkungen von Präventionsprogrammen auf Selbstsicherheit rar ist, fehlen Angaben zu geschlechtsspezifischen Auswirkungen auf Selbstsicherheit gänzlich.

Ein Hinweis zur geschlechtsspezifischen Rolle der Selbstsicherheit kann aus der »Resiliency-Forschung« abgeleitet werden. Diese stellt die Frage danach, warum viele Personen trotz ungünstiger Bedingungen eine positive und gesunde Entwicklung durchlaufen (vgl. TURNER, NORMAN & ZUNZ, 1995). Innerhalb der Resiliency-Forschung wird die Förderung von Androgynität für beide Geschlechter mit einer Erhöhung der Widerstandsfähigkeit assoziiert. Unter der Annahme, daß Selbstsicherheit eine eher »männliche« Eigenschaft sei und Jungen über eine größere Selbstsicherheit als Mädchen verfügen, müßte sich die Förderung derselben bei Mädchen protektiv auswirken. Hingegen bliebe die Förderung der Selbstsicherheit bei Jungen im besten Falle unwirksam (TURNER, NORMAN & ZUNZ, 1995). Danach wären Unterrichtseinheiten zur Selbstsicherheit im Rahmen eines LKP nur für

Mädchen suchtpräventiv wirksam. Für diese theoretische Annahme gibt es bislang jedoch keine empirischen Belege.

2.2 Beeinflußbarkeit / Sozialer Einfluß als protektiver Faktor

Der Einfluß anderer Personen auf das eigene Verhalten ist einer der prominentesten Prädiktoren des Nikotinkonsums (u.a. KNISKERN, BIGLAN, LICHTENSTEIN, ARY & BARRY, 1983). Die zentrale Rolle, die der Variable »Einfluß der Peers« in der Forschung zum Substanzkonsum zukommt, wird auch durch folgendes Zitat unterstrichen: *»The influence of peers has been posited as single most important factor in determining when and how cigarettes are first tried.«* (US DEPARTMENT OF HEALTH AND HUMAN SERVICES (1994); zitiert nach: BAUMAN & ENNETT, 1996, S. 186).

Der Einfluß der Gleichaltrigengruppe auf den Substanzkonsum wird meist über die Befragung des Jugendlichen erfaßt (BAUMAN & ENNETT, 1996). Der wahrgenommene Substanzkonsum im Freundeskreis wird mit dem Substanzkonsum des Jugendlichen korreliert. Die gefundenen Zusammenhänge zwischen dem wahrgenommenen Konsum der Gleichaltrigen und dem des Jugendlichen sind konsistent und erreichen eine ungefähre Höhe von $r = .50$ (BAUMAN & ENNETT, 1996).

Seltener wird der Einfluß anderer zusätzlich durch eine direkte Befragung der Peers erfaßt. Dabei erweist sich der wahrgenommene Konsum der Peers als stärkerer Prädiktor für den jugendlichen Substanzkonsum als der durch die Peers angegebene Konsum (IANOTTI, BUSH & WEINFURT, 1996; DIELMAN, BUTCHARD, SHOPE & MILLER, 1991). Daraus wird von einigen Autoren (IANOTTI, BUSH & WEINFURT, 1996; BAUMAN & ENNETT, 1996) gefolgert, der Einfluß der Peers auf den jugendlichen Substanzkonsum werde überschätzt.[2]

Auch im Hinblick auf die Beeinflußbarkeit sind Belege zu geschlechtsspezifischen Unterschieden relativ selten. Die gefundenen empirischen Studien kommen zu uneinheitlichen Ergebnissen. So berichten KNISKERN, BIGLAN, LICHTENSTEIN, ARY und BARRY (1983) in einer experimentellen Studie zum Einfluß eines rauchenden älteren Mitschülers, daß Jungen tendenziell eher beeinflußbar sind als Mädchen. BÖLCSKEI, HÖRMAN, HOLLEDERER, JORDAN und FENZEL (1997) stellten fest, daß Jungen der ersten bis vierten Klasse häufiger Überredungsversuchen ausgesetzt waren und diesen häufiger als Mädchen nachgaben. Andere Autoren berichten hingegen über einen stärkeren Einfluß anderer bei Mädchen (u.a. AMOS, 1992). Die unein-

[2] Zur Diskussion der Überschätzung des Peer-Einflusses wird auf BAUMANN & ENNETT (1996) sowie auf IANOTTI, BUSH & WEINFURT (1996) verwiesen.

heitliche Befundlage deutet darauf hin, daß die gefundenen Zusammenhänge auf bislang nicht untersuchte Variablen zurückgeführt werden könnten.

2.3 Lebenskompetenzprogramme in Schulen

LKP sollen Fertigkeiten fördern, die einen angemessenen Umgang sowohl mit Mitmenschen als auch mit Problemen und Streßsituationen im alltäglichen Leben ermöglichen (WHO, 1994). Der theoretische Hintergrund der LKP wird durch die soziale Lerntheorie BANDURAS (1976) sowie die Theorie des Problemverhaltens von JESSOR und JESSOR (1983) gebildet.

Die Vermittlung von Lebenskompetenzen in Schulen gilt als ein vielversprechender Präventionsansatz (u.a. TOBLER & STRATTON, 1997). Es können bedeutsame und anhaltende Reduktionen des Substanzkonsums erreicht werden (DUSENBURY & FALCO, 1995). Ob jedoch die Effekte von LKP geschlechtsspezifisch unterschiedlich ausfallen, ist bislang wenig erforscht.

MACKINNON, WEBER und PENTZ (1989) fanden bei ihrer Suche nach geschlechtsspezifischen Aspekten widersprüchliche Befunde. Mal wurden Programmeffekte nur für Jungen, mal nur für Mädchen und mal für beide Geschlechter berichtet. TOBLER (1986) kommt auf der Grundlage ihrer Metaanalyse von 143 Programmen zu dem Schluß, daß Jungen und Mädchen gleich viel profitierten. Allerdings definierte TOBLER (1986) das Outcome-Maß relativ global, so daß eine größere Differenzierung zu einem anderen Ergebnis führen könnte.

Eine der wenigen Publikationen, die unterschiedliche Programmeffekte im Hinblick auf das Geschlecht beschreibt, stammt von GRAHAM, JOHNSON, HANSEN, FLAY und GEE (1990). Die Ergebnisse der Evaluation des Programms »SMART = SELF MANAGEMENT AND RESISTANCE TRAINING« bei 5070 Schülern der siebten Klasse zeigten eine Programm-Geschlecht-Interaktion. Mädchen der Experimentalgruppe weisen einen geringeren Konsum von Zigaretten, Alkohol und Marihuana auf als Schülerinnen der Kontrollgruppe. Für Jungen liegen keine signifikanten Programmeffekte vor. Die Autoren vermuten, daß das bessere Abschneiden der Mädchen darauf zurückzuführen sei, daß Mädchen dieser Altersgruppe eher für »solche« Programme ansprechbar seien. Auch könne die Tatsache, daß die für das Projekt eingesetzten Gesundheitsberaterinnen alle weiblich waren, zum Ergebnis beigetragen haben. Schließlich räumen die Autoren ein, daß das Programm SMART Fertigkeiten lehren könne, die eher für Mädchen relevant seien.

Einer der wenigen Hinweise zu geschlechtsspezifischen Präferenzen in bezug auf Inhalte und Methoden von Präventionsprogrammen stammt von SCHINKE (1994). Junge Männer wünschen sich danach eher die Betonung von Ablehntrainings und das Erlernen weiterer sozialer Fertigkeiten. Junge

Frauen hingegen präferieren Programmbestandteile, die Wege zur Selbstdefinition und zum Selbstausdruck aufzeigen. Auch wünschen sie sich mehr Hilfe zur Reduktion von Anspannung und das Erlernen von Affektkontrolltechniken. Hinsichtlich der Didaktik bevorzugen Frauen eher Settings, die einen persönlichen, informellen, dyadischen Austausch oder Kleingruppenarbeit ermöglichen.

Zusammenfassend ist festzustellen, daß es kaum Belege für die geschlechtsspezifische Wirksamkeit von Suchtpräventionsprogrammen gibt. Die wenigen empirischen Befunde lassen keine Schlußfolgerung im Sinne einer Benachteiligung weiblicher Jugendlicher zu.

3 Methodik

3.1 Fragestellungen

Die Rolle der vermittelnden Variablen Selbstsicherheit und Beeinflußbarkeit bzw. des Einflusses anderer bei der Nikotinprävention bei männlichen und weiblichen Jugendlichen wird untersucht. Es sollen Aussagen darüber getroffen werden, ob Jungen und Mädchen hinsichtlich der genannten Mediatoren und in bezug auf das Rauchverhalten unterschiedlich stark von dem eingesetzten LKP profitieren. Dabei wird auch berücksichtigt, wie gut die Schüler die betreffenden Unterrichtseinheiten bewerten.

3.2 Das Präventionsprogramm

Das LKP ALF – Allgemeine Lebenskompetenzen und Fertigkeiten (WALDEN, KUTZA, KRÖGER & KIRMES, 1998) – umfaßt in der fünften Klasse zwölf Unterrichtseinheiten von 90-minütiger Dauer und je sechs Auffrischungs- und Vertiefungseinheiten in der sechsten und siebten Klasse. Ziel des Unterrichts ist die Entwicklung und Stärkung protektiver Lebensfertigkeiten und die Verhinderung des Ge- bzw. Mißbrauchs psychoaktiver Substanzen.

ALF für fünfte Klassen liegt in zwei verschiedenen Versionen vor. Die erste (im folgenden: E_1) beinhaltet drei substanzspezifische Einheiten zu Nikotin, zu Alkohol und zum Widerstehen von Gruppendruck beim Angebot von Zigaretten und Alkohol. In der zweiten vollständig substanzunspezifischen ALF-Version (im folgenden: E_2) behandeln diese drei genannten Unterrichtseinheiten die Themen Ernährung, Ozon und Widerstehen von Gruppendruck zum Ladendiebstahl und Vandalismus. Die neun in beiden Versionen enthaltenen substanzunspezifischen Unterrichtseinheiten behandeln folgende Themen: »Sich kennenlernen«, »Sich wohl fühlen«, »Kommunikationsfertigkeiten und soziale Kontakte I und II«, »Selbstsicherheit«, »Der Beeinflussung durch Medien widerstehen«, »Entscheidungen treffen und Probleme lösen«, »Verbesserung des Selbstbildes« und »Freizeitgestaltung«. Die Zielsetzungen und Inhalte der Unterrichtseinheiten zu »Gruppendruck widerstehen« und »Selbstsicherheit« sind in Abbildung 1 aufgelistet. Die Unterrichtseinheiten zielen direkt auf die Veränderung der beiden untersuchten Mediatorvariablen.

Besonderer Wert wird im ALF-Unterricht auf eine Reduzierung von Frontalunterricht bei gleichzeitigem Einsatz interaktiver Unterrichtsformen gelegt. Weitere Prämisse bei der Gestaltung war, daß das Programm für beide Geschlechter gleichermaßen geeignet sein sollte.

Bei ALF handelt es sich um ein hochstrukturiertes Manual, in dem Inhalte, Reihenfolge und Vorgehensweise der einzelnen Unterrichtseinheiten vorgegeben sind.

Die Lehrer der Experimentalgruppen wurden vorab innerhalb einer zwei mal zwei Tage dauernden Schulung in der Durchführung des Programms geschult.

Die Kontrollehrer hatten in der fünften Klasse die Vorgabe, in 12 Doppelstunden einen besonderen Unterricht durchzuführen, dabei jedoch nicht das Thema Drogen zu behandeln.

3.3 Beschreibung der Stichprobe

Die Evaluation bezieht sowohl Daten zur Bewertung der Effekte der Intervention (Ergebnis-Evaluation) als auch die Bewertung der Intervention (Prozeß-Evaluation) mit ein. Die Baseline-Erhebung T_0 fand zu Beginn des fünften Schuljahres statt. Ab November wurde das Präventionsprogramm ALF unterrichtet. Nach Beendigung des ALF-Unterrichts, im Mai/Juni 1996, wurde die Datenerhebung T_1 durchgeführt.

An den Datenerhebungen nahmen Schüler und Lehrer aus 12 Hauptschulen in München und im Landkreis München teil. Der Zugang zu den Schulen wurde durch das Bayerische Staatsministerium für Unterricht, Kultus, Wissenschaft und Kunst sowie durch die Regierung Oberbayern ermöglicht. Die Auswahl der Schulen erfolgte in Abstimmung mit Schulämtern der Stadt und des Landkreises München. Insgesamt 18 Klassen erhielten das ALF-Programm (9 Klassen pro ALF-Version), 11 Klassen bildeten die Kontrollgruppe.

UE 4: Gruppendruck widerstehen $E_1 \neq E_2$	UE 7: Selbstsicherheit $E_1 = E_2$
Ziele: für Gruppendrucksituationen sensibilisieren und Strategien gegen Gruppendruck vermitteln	**Ziele:** selbstsicheres Verhalten definieren, Abgrenzung gegen unsicheres und aggressives Verhalten, selbstsicheres Verhalten einüben
Inhalte: Vorgegebene Rollenspielsituationen: Jeweils drei Spieler setzen den vierten unter Druck E_1: Zigarettenangebot, E_2: Ladendiebstahl; Arbeitsblatt: eigene Gruppendrucksituationen der Schüler und was sie dagegen hätten tun können. Ergänzung der Strategien gegen Gruppendruck im Plenum und nochmaliges Durchführen der Rollenspiele	**Inhalte:** Es wird eine Geschichte mit verteilten Rollen vorgelesen; das Ende soll im Rollenspiel dargestellt werden: Es geht darum, entliehenes Geld zurückzufordern. Anhand der Rollenspiele werden Kriterien für selbstsicheres Verhalten erarbeitet und geübt; die Ergebnisse der Stunde werden auf einem Arbeitsblatt festgehalten.
Evaluationsbogen: Lehrer und Schüler bewerten die ALF-Stunde	**Evaluationsbogen:** Lehrer und Schüler bewerten die ALF-Stunde
Abschlußübung: Bewegungsübung, Entspannungsübung oder Gesprächsrunde	**Abschlußübung:** Bewegungsübung; Entspannungsübung oder Gesprächsrunde
Neue Hausaufgabe: Ich über mich: Arbeitsblatt, auf dem die Schüler ihre Vorlieben, Ängste, Hobbies etc. eintragen sollen.	**Neue Hausaufgabe:** Ein Gespräch soll mit den Eltern über die Gestaltung des nächsten Wochenendes geführt werden.

Abbildung 1: Die UE »Gruppendruck widerstehen« und »Selbstsicherheit«

Zu Beginn der fünften Klasse (T_0) wurden 675 Schüler befragt. Sie verteilten sich folgendermaßen auf die drei Gruppen: Experimentalgruppe 1: N = 230 (131 Jungen und 99 Mädchen), Experimentalgruppe 2: N = 239 (128 Jungen und 111 Mädchen), Kontrollgruppe: N = 206 (111 Jungen und 95 Mädchen).

Von den befragten Schülern waren 370 (54,8%) männlich und 305 weiblich. Der größte Teil der Kinder war zum Zeitpunkt der T_0-Befragung zehn (50%) und elf Jahre (41%) alt (Range: 9 bis 13 Jahre). Der Anteil ausländischer Kinder lag bei 30,1%. Die am häufigsten genannten Herkunftsländer sind Ex-Jugoslawien (12%) und Türkei (7%).

An der Datenerhebung zu T_1 im Juni / Juli 1996 nahmen von den ursprünglichen 675 noch 658 Schüler teil, was einem Anteil von 97,5% der

Ausgangsstichprobe entspricht. Insgesamt waren 17 Schüler durch Schul- oder Wohnortwechsel nicht mehr verfügbar.

Zum Zeitpunkt T_0 waren die Jungen in der Stichprobe durchschnittlich 1.8 Monate älter als die Mädchen ($t = 3.00$; $p < .01$). Keine Unterschiede ergaben die Vergleiche zwischen Jungen und Mädchen hinsichtlich der Nationalität und des Familienstatus (beide oder nur ein Elternteil im Haus).

Ein Vergleich der zwei Experimentalgruppen und der Kontrollgruppe zum Zeitpunkt T_0 auf Äquivalenz hinsichtlich der soziodemographischen Variablen, der Konsumvariablen und der Mediatorvariablen ergab keine Unterschiede bei der Überprüfung auf Anteils- und Mittelwertgleichheit mittels einfaktorieller Varianzanalysen. Die drei Gruppen sind also vergleichbar.

3.4 Datenerhebung und Meßinstrumente

Die Schüler wurden vor Beginn und nach Ende des Programms im Klassenverband mit dem ALF-Fragebogen befragt. Zur Prozeß-Evaluation wurden die Schüler jeweils am Ende einer ALF-Unterrichtseinheit befragt.

3.4.1 Erfassung des Einflusses der Peers

Zur Erfassung des »Einfluß der Peers« wurde zum einen der wahrgenommene Zigarettenkonsum der Peers erhoben. Die Schüler sollten angeben, wie viele ihrer Freunde rauchen (»keiner«, »wenige«, »viele« und »weiß ich nicht«). Zum anderen sollten die Schüler selbst einschätzen, wie beeinflußbar sie durch Gleichaltrige sind. Die so erhobene Beeinflußbarkeit erfaßt sowohl die Bereitschaft, nach Aufforderung durch Gleichaltrige deviantes Verhalten zu zeigen als auch eine generell stärkere Orientierung an Peers im Vergleich zu Erwachsenen. Die eingesetzte Skala »Beeinflußbarkeit« besteht aus insgesamt fünf Items und enthält Aussagen wie »Wenn andere Jugendliche rauchen, bekomme ich auch Lust zu rauchen« und »Ich höre eher auf meine Freunde/Freundinnen als auf meine Eltern«. Den Aussagen sollte jeweils auf einer vierstufigen Skala zugestimmt werden. Die Skala »Beeinflußbarkeit« erreicht eine interne Konsistenz von $\alpha = .69$ ($N =$ 657).

3.4.2 Erfassung der Selbstsicherheit

Die Selbstsicherheit wurde mit den Skalen »Durchsetzungsfähigkeit« und »Kommunikative Kompetenz« erfaßt. Die Items der Skalen stammen aus der Skala »Assertiveness« des »Life Skills Student Questionnaire« von BOTVIN (in: RHODES & JASON, 1988, S. 98f). Von der Auswertung für diese Untersuchung wurden Items ausgeschlossen, die die »Weigerungs-Assertivität« erfassen. Auf diese Weise sollten Überschneidungen zur Erfassung des Einflusses der Peers vermieden werden.

Die Schüler sollten sich bestimmte Situationen vorstellen und auf einer fünfstufigen Skala angeben, wie leicht oder wie schwer ihnen die betreffende Verhaltensweise fällt. Die Skala »Durchsetzungsfähigkeit« umfaßt sechs Situationen, in denen es um die Durchsetzung der eigenen Wünsche und Belange geht (z.B. »...Dich beschweren, wenn Du Dich ungerecht behandelt fühlst.«). Die Skala »Kommunikative Kompetenz« enthält fünf Situationen, in denen es um freundliches und unterstützendes Zugehen auf andere geht (z.B.: »... jemandem ein Kompliment machen.«). Die internen Konsistenzen betragen für die Skala »Durchsetzungsfähigkeit« $\alpha = .60$ und für die Skala »Kommunikative Kompetenz« $\alpha = .55$ ($N = 636$).

3.4.3 Erfassung des Konsums von Zigaretten

Der Konsum der Schüler wurde sowohl über die Lifetime-Prävalenz (»Hast Du schon einmal Zigaretten geraucht?«) als auch über die 30-Tage-Prävalenz zum Zigarettenrauchen (»Hast Du in den letzten 30 Tagen geraucht?«) erfaßt. Der Antwortmodus der Lifetime-Frage ist dreistufig (»ja, öfter«, »ja, aber nur mal probiert« und »nein, noch nie«), der Antwortmodus der 30-Tage-Prävalenz ist hingegen dichotom.

3.4.4 Bewertung des ALF-Unterrichts durch die Schüler

Die Schüler wurden nach jeder ALF-Unterrichtseinheit gebeten, die vergangene Stunde zu beurteilen. Die Skala »Emotionale Bewertung« besteht aus 5 Items, die jeweils auf einer fünfstufigen Antwortskala (von »stimmt völlig« bis »stimmt gar nicht«) beantwortet werden sollen. Sie enthält Items wie z.B. »Der heutige ALF-Unterricht war ... ›lustig‹, ... ›langweilig‹«. Die interne Konsistenz der Skala beträgt für die Unterrichtseinheit »Gruppendruck widerstehen« $\alpha = .78$ ($N = 398$). Bei der Beurteilung der Unterrichtseinheit »Selbstsicherheit« wurde ein Wert von $\alpha = .76$ ($N = 426$) erreicht.

Zusätzlich zu den Stundenbeurteilungsbögen wurden die Schüler am Ende der fünften Klasse gebeten, ALF global zu bewerten.

4 Ergebnisse

4.1 Selbstsicherheit und Beeinflußbarkeit bei Jungen und Mädchen

Zunächst wurde überprüft, ob sich Jungen und Mädchen zu Beginn der fünften Klasse in den Mediatorvariablen »Selbstsicherheit« und »Beeinflußbarkeit« unterscheiden. Insgesamt nehmen sich Jungen und Mädchen gemessen über die Skala »Beeinflußbarkeit« als relativ gering beeinflußbar wahr. Der Mittelwertvergleich ergibt signifikant höhere Werte bzw. eine höhere Beeinflußbarkeit der Jungen zu T_0. Der Mittelwert liegt für Mädchen bei 0.48 und für Jungen bei 0.74 ($t = 5.69$; $p \leq .0001$). Mit der Effektgröße $d = 0.44$ wird der Unterschied als klein klassifiziert.

Als weiterer Indikator für den Einfluß der Peers wurde die Korrelation des eigenen Rauchverhaltens mit dem wahrgenommenen Konsum der Freunde betrachtet. Dabei wurde das eigene Rauchverhalten über die 30-Tage-Prävalenz und die Lifetime-Prävalenz gemessen. Für die Berechnung des Zusammenhanges wurde der punktbiseriale Korrelationskoeffizient bzw. der Rangkorrelationskoeffizient nach Spearman verwendet.

Die Korrelation des aktuellen Rauchverhaltens mit dem Zigarettenkonsum der Peers beträgt für Jungen $r_{pbis} = .37$ ($p \leq .0001$) und für Mädchen $r_{pbis} = .19$ ($p = .002$). Das heißt, daß sowohl Jungen als auch Mädchen eher rauchende Freunde haben, wenn sie aktuell selber rauchen. Dieser Zusammenhang ist für Jungen stärker als für Mädchen.

Im Vergleich dazu liegt die Korrelation zwischen dem Lifetime-Konsum für Mädchen und Jungen in gleicher Höhe (Jungen: $r_{pbis} = .39$; $p = .001$; Mädchen: $r_{pbis}.= .39$; $p = .001$). Diejenigen Schüler, die selbst schon einmal Zigaretten probiert oder öfter geraucht haben, haben eher rauchende Freunde.

Auch hinsichtlich der selbst wahrgenommenen Selbstsicherheit unterscheiden sich Jungen und Mädchen zu Beginn der Intervention. Die Mittelwerte der Mädchen liegen in der Skala »Durchsetzungsfähigkeit« bei 2.3, die der Jungen bei 2.46 ($t = 2.93$; $p = .004$). Jungen schätzen sich zum Zeitpunkt T_0 durchsetzungsfähiger ein. Der Mittelwertsunterschied ist klein ($d = 0.22$). Keine Unterschiede ergeben sich hinsichtlich der Skala »Kommunikative Kompetenz« (Mädchen: $M = 2.52$; $s = 0.68$; Jungen: $M = 2.62$; $s = 0.74$; $t = 1.74$, n.s.).

4.2 Sind Selbstsicherheit und Beeinflußbarkeit protektive Faktoren?

Beeinflußbarkeit und Selbstsicherheit können dann als protektive Faktoren bezeichnet werden, wenn ihre Ausprägung zu T_0 einen günstigen Einfluß auf das Rauchverhalten zu einem späteren Zeitpunkt (T_1) hat. Es wurden logistische Regressionen für Jungen und Mädchen getrennt berechnet. Als abhängige Variable wurde der Lifetime-Konsum (dichotom, 1 = nie geraucht, 2 = probiert oder öfter geraucht) zu T_1 ausgewählt. Als unabhängige Variablen wurden der Zigarettenkonsum der Freunde, die Beeinflußbarkeit, die Durchsetzungsfähigkeit und kommunikative Kompetenz zum Zeitpunkt T_0 in die Berechnungen mit einbezogen. Dabei wurde die Variable »wahrgenommener Konsum der Freunde« jeweils dummy-kodiert. Zunächst wurde für beide Stichproben (Jungen und Mädchen) überprüft, ob die Berücksichtigung der Interaktionen zwischen den unabhängigen Variablen zu einer Modellverbesserung beiträgt. Der diesbezügliche Chi-Quadrat-Test wurde nicht signifikant. Die Ergebnisse der beiden logistischen Regressionen sind in Tabelle 1 aufgeführt.

Variable	B	Wald /df	Exp (B) / Odds Ratio
Mädchen			
Beeinflußbarkeit	0.58	4.11 * / 1	1.79
Konsum der Freunde		23.74 ***	
Konsum der Freunde (keiner)	-1.68	3.40 / 1	0.40
Konsum der Freunde (wenige)	-0.16	0.03 / 1	0.82
Durchsetzungsfähigkeit	-0.08	0.11 /1	0.93
Kommunikative Kompetenz	-0.49	4.09 */1	0.61
Jungen			
Beeinflußbarkeit	0.73	12.26 *** /1	2.07
Konsum der Freunde		25.04 *** /2	
Konsum der Freunde (keiner)	-1.88	5.63 * / 1	0.15
Konsum der Freunde (wenige)	-0.62	0.58 / 1	0.54
Durchsetzungsfähigkeit	0.17	0.85 /1	1.19
Kommunikative Kompetenz	-0.08	0.18 /1	0.93

* = $p \leq .05$ Model-χ^2 = 18.29 ($p < 0.01$) (Mädchen);
** = $p \leq .01$ Model-χ^2 = 26.12 ($p \leq 0.0001$) (Jungen)
*** = $p \leq .001$

Tabelle 1: Sind Selbstsicherheit und Beeinflußbarkeit für Mädchen und Jungen protektive Faktoren für das spätere Rauchverhalten?

Für Mädchen sind die errechneten Beta-Gewichte für drei von vier Variablen signifikant. Die Wahrscheinlichkeit, zu T_1 schon einmal geraucht zu haben, ist für Mädchen demnach höher, wenn sie sich zu Beginn der fünften Klassen beeinflußbarer einschätzen. Auch die wahrgenommene Anzahl rauchender Freunde zu Beginn der fünften Klasse ist ein signifikanter Prädiktor für das zu T_1 erfaßte Lifetime-Rauchverhalten. Jedoch wurden die Kontrast-Vergleiche dieser Variable nicht signifikant. Schließlich erhöht eine niedriger eingeschätzte kommunikative Kompetenz bei Mädchen die Wahrscheinlichkeit, zum Ende der fünften Klassen schon einmal geraucht zu haben. Die Durchsetzungsfähigkeit spielt, zusätzlich zu den genannten Prädiktoren, im Zusammenhang mit dem Lifetime-Rauchverhalten keine Rolle. Zusammenfassend geben diese Ergebnisse einen Hinweis darauf, daß die kommunikative Kompetenz und die Beeinflußbarkeit bei Mädchen protektive Faktoren hinsichtlich des Rauchverhaltens sein können.

Die Ergebnisse für Jungen zeigen ein anderes Bild. Die errechneten Beta-Gewichte sind nur für die Variablen »Beeinflußbarkeit« und »Anzahl rauchender Freunde« signifikant. Die Skalen zur Selbstsicherheit spielen demnach zusätzlich zum Einfluß der Peers bzw. zur Beeinflußbarkeit als Prädiktoren für das männliche Rauchverhalten zu T_1 keine Rolle.

4.3 Profitieren Jungen und Mädchen in gleichem Maß von der Intervention hinsichtlich der Mediatorvariablen?

Bei der Untersuchung von Interventionseffekten auf die Mediatorvariablen »Beeinflußbarkeit« und »Selbstsicherheit« konnten über Varianzanalysen mit Meßwiederholung keine Haupteffekte der Intervention nachgewiesen werden. Jedoch ergibt sich bei der Varianzanalyse mit Meßwiederholung mit den Faktoren Zeit, Gruppe und Geschlecht im Hinblick auf die Beeinflußbarkeit eine signifikante dreifache Wechselwirkung ($F = 3.98$; $p \leq .05$). Diese Wechselwirkung weist darauf hin, daß Mädchen von der Intervention hinsichtlich der wahrgenommenen Beeinflußbarkeit eher profitieren. Während ihre wahrgenommene Beeinflußbarkeit ohne Intervention mit der Zeit ansteigt, kann dieser Trend in der ersten Interventionsgruppe sogar umgedreht werden. Bei Jungen scheint die Intervention dagegen negative Folgen hinsichtlich der wahrgenommenen Beeinflußbarkeit haben zu können. Ohne Intervention kommt es bei ihnen zu einem Absinken der wahrgenommenen Beeinflußbarkeit. Die Intervention E_1 bewirkt dagegen sogar ein Ansteigen derselben. Für die unspezifische Intervention in der Gruppe E_2 konnte kein Effekt nachgewiesen werden.

Hinsichtlich der vermittelnden Variable »Beeinflußbarkeit« scheinen zunächst also nur die Mädchen von der Intervention in E_1 zu profitieren. Im Hinblick auf die wahrgenommene Durchsetzungsfähigkeit und kommunikative Kompetenz konnte kein Interventionseffekt nachgewiesen werden.

4.4 Vergleich des Rauchverhaltens zwischen Mädchen und Jungen

Zu T_0 befinden sich insgesamt 41 aktuelle Raucher (29 Jungen und 12 Mädchen) in den Klassen. Der Anteil beträgt bei Jungen 8,1% und ist bei Mädchen nur halb so hoch (4%). Der Unterschied ist, gemessen mit Fishers exaktem Test, statistisch signifikant ($p < .05$). Beide Angaben zum Lifetime-Rauchverhalten sind in Abbildung 2 dargestellt.

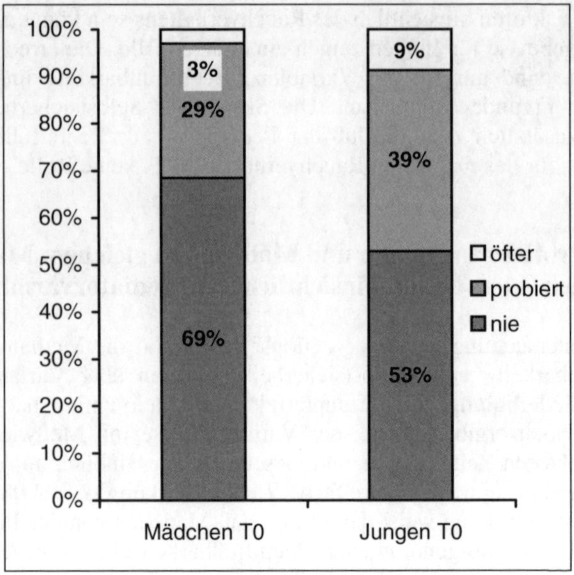

Abbildung 2: Lifetime-Konsum von Mädchen und Jungen zu T_0

Auch das Lifetime-Rauchverhalten unterscheidet sich zwischen den Geschlechtern zu T_0 signifikant (Pearsons $\chi^2 = 19.95$, $p \leq .0001$). Es verfügen zu Beginn der fünften Klasse signifikant mehr Jungen über Raucherfahrung als dies bei Mädchen der Fall ist.

4.5 Profitieren Jungen und Mädchen in gleichem Maß von der Intervention hinsichtlich des Rauchverhaltens?

Zunächst wurde überprüft, ob die Intervention Effekte auf das aktuelle Rauchverhalten zu T_1 bei Jungen und Mädchen hatte. Dazu wurden zwei logistische Regressionen für beide Geschlechter getrennt berechnet (Tabelle 2).

Variable	B	Wald /df	Exp (B) / Odds Ratio
Mädchen			
30-Tage-Zig. zu T_0	-2.83	13.55 *** / 1	0.06
Interventionsgruppe		6.11 * / 2	
Experimentalgruppe 1	-1.97	5.24 * / 1	0.14
Experimentalgruppe 2	-.95	2.17 / 1	0.39
Jungen			
30-Tage-Zig. zu T_0	-2.21	25.08 *** / 1	0.11
Interventionsgruppe		3.74 / 2	
Experimentalgruppe 1	-0.92	3.56 / 1	0.40
Experimentalgruppe 2	-0.20	0.22 / 1	0.82

* = $p \leq .05$
** = $p \leq .01$
*** = $p \leq .001$

Model-χ^2 = 17.60 ($p \leq 0.001$) (Mädchen);
Model-χ^2 = 25.92 ($p \leq 0.0001$) (Jungen)

Tabelle 2: Profitieren Jungen und Mädchen in gleichem Maß von der Intervention hinsichtlich des aktuellen Rauchverhaltens?

Als abhängige Variable ging die 30-Tage-Prävalenz zu T_1 in die Analyse ein. Die Gruppenzugehörigkeit und das Rauchverhalten zu T_0 wurden als unabhängige Variablen eingesetzt. Zunächst wurde jeweils überprüft, ob die Berücksichtigung der Interaktion zwischen den unabhängigen Variablen zu einer Modellverbesserung führt. Dies war nicht der Fall.

Die errechneten Exp (B) sind mit Odds Ratio gleichzusetzen, weil die unabhängigen Variablen kategorial sind. Für Jungen und Mädchen erweist sich das Rauchverhalten zu Beginn der fünften Klassen als stärkster Prädiktor für die 30-Tage-Prävalenz zu T_1. Jungen haben ein fast 10fach erhöhtes Risiko zum Zeitpunkt T_1 zu rauchen, wenn sie zu Beginn der fünften Klasse schon geraucht hatten. Für Mädchen ist das Risiko sogar mehr als 16fach erhöht, wenn sie zu Beginn der fünften Klasse angaben, in den letzten 30 Tagen geraucht zu haben. Betrachtet man den Einfluß der Gruppenzugehörigkeit (Intervention versus Kontrolle), so wird dieser nur bei Mädchen auf dem 5%-Niveau signifikant. Nur bei Mädchen kann ein rauchpräventiver Effekt der Intervention auf das aktuelle Rauchverhalten nachgewiesen werden. Teilnehmerinnen der Interventionsgruppe E_1 haben ein 7.19mal geringeres Risiko zu rauchen als Schülerinnen der Kontrollgruppe. Das Konfidenzintervall (95%) für diesen Wert beträgt für die Experimentalgruppe 1: *KI* 0.013 ≤ *Exp (B)* ≤ 0.753. In der Interventionsgruppe E_2 kann weder für Mädchen noch für Jungen ein rauchpräventiver Effekt nachgewiesen werden.

4.6 Wie gut gefällt Jungen und Mädchen die Intervention?

Die Schüler wurden am Ende der 12ten Unterrichtseinheit dazu befragt, wie gut ihnen ALF insgesamt gefallen habe. Die Antwortskala war fünfstufig und reichte von »sehr gut« bis »gar nicht«. Diese Frage wurde insgesamt von 453 Schülern beantwortet. Die Antworten der Jungen und Mädchen unterscheiden sich nicht voneinander (t = .641; n.s.). Jedoch fallen die Werte der beiden Experimentalgruppen unterschiedlich aus (t = -3.20; p = .001). Die substanzspezifische Version ist bei den Schülern beliebter. Insgesamt wird aber das Programm in beiden Gruppen sehr positiv bewertet. So beurteilen insgesamt 85,5% der Schüler der E_1 und 76,3% der Schüler der E_2 ALF als »sehr gut« oder »gut«.

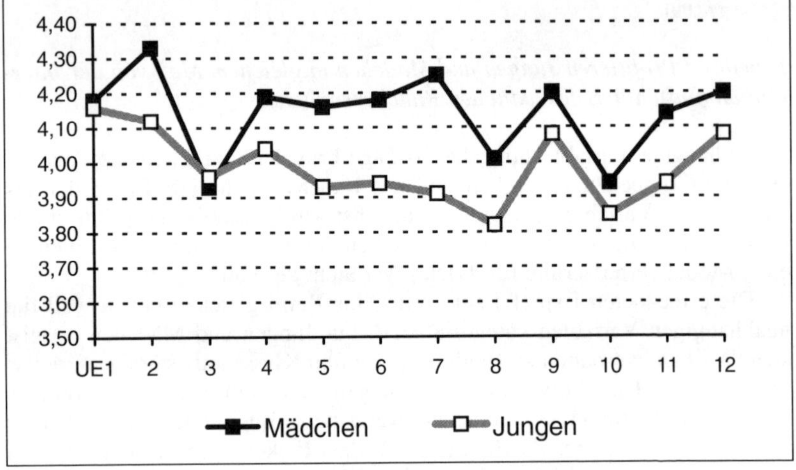

Abbildung 3: »Emotionale Bewertung« des ALF-Unterrichts von Jungen und Mädchen in E_1

Wird die »Emotionale Bewertung« der einzelnen Unterrichtseinheiten von Jungen und Mädchen miteinander verglichen, so ergeben sich nur in der ersten Interventionsgruppe signifikante Unterschiede. Dieser Sachverhalt ist in Abbildung 3 dargestellt.

Alle Beurteilungen der von eins bis fünf reichenden Skala sind sehr positiv. Die Bewertungen der Mädchen liegen fast durchgehend über denen der Jungen. Die Unterschiede sind durchweg sehr gering und sind, bis auf drei Ausnahmen, statistisch nicht signifikant. Nur drei der Unterrichtseinheiten werden von Jungen und Mädchen unterschiedlich eingestuft. Dies sind die fünfte und sechste (Kommunikationsfertigkeiten Teil I und II) und siebte (Selbstsicherheit) Unterrichtseinheit. In der zweiten Interventionsgruppe unterscheiden sich die Beurteilungen zwischen Mädchen und Jungen nicht und liegen insgesamt ein wenig niedriger als in E_1.

Um zu überprüfen, ob die bessere Beurteilung der Unterrichtseinheit »Selbstsicherheit« der Mädchen in E_1 auf deren geringere Durchsetzungsfähigkeit zurückgeht, wurde eine mehrfaktorielle Varianzanalyse mit den unabhängigen Variablen Geschlecht und hohe versus niedrige Durchsetzungsfähigkeit zu T_0 berechnet. Die Aufteilung in hohe und niedrige Durchsetzungsfähigkeit erfolgte, für Jungen und Mädchen getrennt, am Median der Selbsteinschätzung zu T_0. Dieser lag für Jungen bei 2.5 und für Mädchen bei 2.33. Als unabhängige Variable ging die emotionale Bewertung der Unterrichtseinheit »Selbstsicherheit« mit ein. Die Ergebnisse lassen sich folgendermaßen zusammenfassen: Die emotionale Bewertung der siebten Unterrichtseinheit ist statistisch signifikant beeinflußt durch das Geschlecht (Jungen: $M = 3.9$; $s = 0.95$; Mädchen: $M = 4.25$; $s = 0.62$). Mädchen beurteilen die Stunde besser ($F = 10.98$, $p \leq .001$). Es handelt sich hierbei um einen kleinen Effekt ($\varepsilon = 0.23$). Die Höhe der Durchsetzungsfähigkeit weist keinen statistisch signifikanten Zusammenhang zur Beurteilung des Unterrichts auf. In diesem Modell besteht keine Wechselwirkung zwischen der Selbstsicherheit und dem Geschlecht.

5 Diskussion

Ein rauchpräventiver Effekt der Intervention konnte statistisch signifikant nur bei Mädchen nachgewiesen werden. Ein möglicher Grund für den Geschlechterunterschied könnte sein, daß nur Mädchen im Hinblick auf die Beeinflußbarkeit profitieren. Die gestärkte Standfestigkeit der Mädchen könnte somit den Interventionseffekt auf das Rauchverhalten vermitteln.

Ein weiterer Grund für den Geschlechterunterschied könnte die unterschiedliche Beurteilung der Selbstsicherheit im Rahmen der Nikotinprävention bei Jungen und Mädchen sein. Nur bei Mädchen spielt die wahrgenommene Selbstsicherheit bzw. kommunikative Kompetenz im Hinblick auf das Rauchverhalten eine Rolle. Zudem wird die Unterrichtseinheit »Selbstsicherheit« in der ersten Gruppe von den Mädchen besser beurteilt. Es ist denkbar, daß die bessere Beurteilung durch den Kontext »Nikotinprävention« begründet ist. Werden zunächst Informationen zu Nikotin gegeben (UE 3 in E_1), so bewerten Mädchen die nachfolgende Unterrichtseinheit zu Selbstsicherheit besser, weil diese in Zusammenhang mit dem Rauchen für Mädchen eine Rolle spielt. Werden Informationen zu Ozon gegeben (UE 3 in E_2), so ergeben sich keine Unterschiede in der Beurteilung der Unterrichtseinheit »Selbstsicherheit« zwischen Mädchen und Jungen, da diese für beide Geschlechter im Zusammenhang »Umweltschutz« eine geringe Bedeutung hat. Die Beurteilungen der Unterrichtseinheit »Selbstsicherheit« durch Jungen unterscheiden sich nicht zwischen den Experimentalgruppen, da für Jungen der Unterrichtsinhalt in beiden Kontexten anscheinend wenig Bedeutsamkeit besitzt. Unter der Voraussetzung, daß eine bessere Bewertung des Unterrichts mit einem größeren Lernerfolg einhergeht, müßten Mädchen der E_1 im Vergleich zu Jungen eher von den Unterrichtseinheiten zu Selbstsicherheit und Kommunikationsfertigkeiten profitiert haben. Die Lernziele der genannten Unterrichtseinheiten könnten wiederum den rauchpräventiven Effekt vermitteln, ohne daß dies durch die Skalen zur Selbstsicherheit erfaßt worden wäre.

Selbstsicherheit und Beeinflußbarkeit werden in diesem Beitrag als Mediatoren verstanden. In diesem »Mediatoren-Modell« wird angenommen, daß eine Veränderung der Ausprägung der Selbstsicherheit und der Beeinflußbarkeit einen Einfluß auf das spätere Rauchverhalten hat. Um diese Annahme adäquat zu überprüfen, ist ein Versuchsplan mit drei Meßzeitpunkten wünschenswert. Während der ersten zwei Meßzeitpunkte würden Veränderungen in den Mediatorvariablen beschrieben werden. Deren Auswirkungen auf das Rauchverhalten könnten zum dritten Meßzeitpunkt überprüft werden.

In diesem Zusammenhang ist auch auf mögliche »sleeper-Effekte« hinzuweisen. Es könnte sein, daß sich verschiedene Effekte der Intervention erst mit zeitlicher Verzögerung nachweisen lassen. Um dies zu überprüfen, sind follow-up-Untersuchungen im weiteren Verlauf des Projekts geplant.

Eine grundlegende Frage bei der Entwicklung von LKP ist die Suche nach protektiven Faktoren für den Nikotinkonsum. Im vorliegenden Beitrag wurde die protektive Wirksamkeit der Variablen »Selbstsicherheit« und »Beeinflußbarkeit« untersucht. Während eine geringere Beeinflußbarkeit für beide Geschlechter protektiv ist, wirkt sich eine höhere Selbstsicherheit nur bei Mädchen zusätzlich zur Beeinflußbarkeit protektiv auf das Rauchverhalten aus. Diese Ergebnisse liefern einen Hinweis darauf, daß Standfestigkeitstrainings für beide Geschlechter im Rahmen der Nikotinprävention angemessen erscheinen. Hingegen scheint die Selbstsicherheit für Mädchen eine besondere Rolle zu spielen. Die Ergebnisse können dahingehend interpretiert werden, daß Mädchen eher rauchen, um Selbstsicherheit zu demonstrieren. Wenn Mädchen selbstsicheres Verhalten vermittelt wird, verliert die Zigarette für Mädchen als »Selbstsicherheitsquelle« an Wert.

Allerdings ist an dieser Stelle darauf hinzuweisen, daß sich die Einschätzung der Selbstsicherheit auf Selbstauskünfte der Schüler/innen gründet. Es ist wahrscheinlich, daß Jungen ihre eigene Durchsetzungsfähigkeit aus Gründen der sozialen Erwünschtheit höher einschätzen als Mädchen dies tun. So kann aus der höheren Durchsetzungsfähigkeit der Jungen nicht geschlossen werden, daß die Förderung derselben für Jungen nicht sinnvoll und notwendig sei.

Ein weiteres Ergebnis der Untersuchung sind die höheren Prävalenzzahlen des Zigarettenkonsums bei Jungen (sowohl 30-Tage-Prävalenz als auch Lifetime-Prävalenz). Dieses Ergebnis steht im scheinbaren Gegensatz zu den zitierten epidemiologischen Daten, die von einer Angleichung der Prävalenzzahlen zwischen den Geschlechtern u.a. im Jugendalter berichten. Ein Grund hierfür kann in der untersuchten Stichprobe von Hauptschülern liegen. Die Aussagen dieser Arbeit können sich nur auf diese selektive Stichprobe beziehen und haben keinen repräsentativen Anspruch.

Die Erfassung des Rauchverhaltens macht jedoch ein Problem deutlich: Welcher Indikator kann in der untersuchten Altersgruppe als sensibel und angemessen für das Rauchverhalten betrachtet werden? Die 30-Tage-Prävalenz führt zu verschwindend geringen Fallzahlen. Auch ist das Rauchverhalten dieser Altersgruppe wahrscheinlich nicht stabil genug, um sich auf die 30-Tage-Prävalenz zu begrenzen. Hingegen ist die Lifetime-Prävalenz zu ungenau. Es ist auch die Frage, inwieweit das Probieren von Zigaretten zu stabilem Rauchverhalten führt oder durch präventive Interventionen verändert werden soll. Gleichgültig welcher Rauchindikator gewählt wird, ist es eine Aufgabe zukünftiger Forschung, geeignete, altersentsprechende Erfassungsmethoden zu finden.

Betrachtet man die vermittelnden Variablen, so kann hinsichtlich des Einflusses der Peers festgestellt werden, daß die gefundenen Korrelationen zwischen dem Rauchverhalten der Jugendlichen und dem wahrgenommenen Konsum ihrer Freunde niedriger sind als in der Literatur berichtet. Ein Grund hierfür könnte in der untersuchten Altersgruppe liegen. Die meist amerikanischen Untersuchungen beziehen sich in der Regel auf ältere Jugendliche. Es ist anzunehmen, daß der Einfluß der Peers im Verlauf des Jugendalters noch zunimmt. Abgesehen davon ist es möglich, daß der Einfluß der Gleichaltrigengruppe in den USA einen größeren Stellenwert hat als in Deutschland.

In diesem Zusammenhang ist auch interessant, daß sich die Korrelationen zwischen eigenem Rauchverhalten und Konsum der Freunde bei Jungen und Mädchen hinsichtlich der 30-Tage-Prävalenz unterscheiden. Dieser Unterschied, wie auch die selbst eingeschätzte Beeinflußbarkeit, weisen auf eine größere Beeinflußbarkeit der Jungen hin. Die höheren Werte in der Skala »Beeinflußbarkeit durch Peers« könnten aber auch dadurch erklärt werden, daß mit der Skala z.T. die Bereitschaft zu deviantem Verhalten erfaßt wird. Diese ist bei Jungen dieser Altersgruppe stärker ausgeprägt als bei Mädchen. Zu beachten ist in diesem Zusammenhang auch, daß Jungen in der vorliegenden Untersuchung ihre Beeinflußbarkeit und ihre Selbstsicherheit, gemessen über die Skala »Durchsetzungsfähigkeit«, höher einschätzen. Üblicherweise weist die Erfassung der Selbstsicherheit

Überschneidungen mit der Beeinflußbarkeit auf. Bei inhaltlichen Überschneidungen der Erhebungsinstrumente hätte es passieren können, daß bestehende Unterschiede in den Ausgangswerten von Mädchen und Jungen »verschwunden« wären. Abgesehen von der methodischen Seite des Problems, weist die Überschneidung auch darauf hin, daß in der Präventionsforschung einzelne Konzepte besser voneinander abgegrenzt werden sollten. Wünschenswert wäre auch eine genauere Beschreibung der vermittelnden Variablen, die innerhalb der Programme gefördert werden sollen.

Ein Aspekt, der nicht im Zentrum der Betrachtung stand, jedoch auch deutlich wurde, ist das bessere Abschneiden der E_1 (bei Ergebnis- und Prozeßevaluation). Die Ergebnisse weisen darauf hin, daß substanzspezifische Informationen ein wesentlicher Bestandteil von schulischen LKP für die fünfte Klasse sind.

Zusammenfassend unterstreichen die Ergebnisse die Notwendigkeit der Untersuchung differentieller Wirkfaktoren von LKP. Um die Effekte präventiver Interventionen zu verbessern, ist es wichtig, die vermittelnden Variablen zu untersuchen. Ein wesentlicher Faktor ist dabei das Geschlecht. Ziel sollte es sein, protektive Faktoren für Jungen und Mädchen zu identifizieren und gegebenenfalls durch geschlechtsspezifische Interventionen zu fördern. Dies hat nicht unweigerlich reine Mädchen- und Jungenprogramme zur Folge. Vielmehr gehe ich davon aus, daß es Interventionsbausteine gibt, die für beide Geschlechter nützlich sind (wie z.B. Standfestigkeitstraining) und Programmbausteine, die für Mädchen und Jungen unterschiedliche Bedeutsamkeit besitzen (wie z.B. Selbstsicherheit). Ob Jungen von der Unterrichtseinheit zur Selbstsicherheit ausgeschlossen werden sollten, um dafür andere Lebenskompetenzinhalte zu erhalten, kann auf der Grundlage der vorliegenden Daten nicht entschieden werden. Zur Untersuchung dieser Frage wäre ein experimentelles Design mit einer Intervention mit und ohne Selbstsicherheitsbaustein notwendig. Für den zukünftigen Einsatz von LKP zur Nikotinprävention in der Schule sollten Programmgestalter und Durchführende jedoch im Blick haben, daß es nicht die Mädchen sind, die notwendigerweise bei der Intervention benachteiligt sind. Vielmehr gilt es, Inhalte zu finden, deren Förderung auch für Jungen im Rahmen der Nikotinprävention sinnvoll ist. Insgesamt können die Ergebnisse als Plädoyer für die Berücksichtigung geschlechtsspezifischer Aspekte in der Suchtprävention gewertet werden.

6 Literatur

AMOS, A. (1992). Commentaries / »Why children start smoking«. *British Journal of Addiction, 87*, 17-25.

BANDURA, A. (1976). *Lernen am Modell. Ansätze zu einer sozial-kognitiven Lerntheorie*. Stuttgart: Klett.

BAUMAN, K.E. & ENNETT, S.T. (1996). On the importance of peer influence for adolescent drug use: Commonly neglected considerations. *Addiction, 91*, 185-198.

BÖLCSKEI, P.L., HÖRMANN, A., HOLLEDERER, A., JORDAN, S. & FENZEL, H. (1997). Suchtprävention an Schulen – Besondere Aspekte des Nikotinabusus – Effekte nach einer vierjährigen Intervention durch das Suchtpräventions- und Gesundheitsförderungsprogramm der Klasse 2000. *Prävention und Rehabilitation, 9*, 82-88.

BOTVIN, G.J., BAKER, E., DUSENBURY, L., TORTU, S. & BOTVIN, E. (1990). Preventing adolescent drug abuse through a multimodal cognitive-behavioral approach: results of a 3-year study. *Journal of Consulting and Clinical Psychology, 58*, 437-446.

BOTVIN, G.J., BAKER, E., GOLDBERG, C.J., DUSENBURY, L. & BOTVIN, E.M. (1992). Correlates and predictors of smoking among black adolescents. *Addictive Behaviors, 17*, 97-103.

BUNDESZENTRALE FÜR GESUNDHEITLICHE AUFKLÄRUNG (Hrsg.) (1994). *Die Drogenaffinität Jugendlicher in der Bundesrepublik Deutschland. Wiederholungsbefragung 1993 / 94*. Köln: Autor.

DIELMAN, T.E., BUTCHARD, A.T., SHOPE, J.T. & MILLER, M. (1991). Environmental correlates of adolescent substance use and misuse: Implications for prevention programs. *The International Journal of the Addictions, 25*, 855-880.

DUSENBURY, L. & FALCO, M. (1995). Eleven components of effective drug abuse prevention curricula. *Journal of School Health, 65*, 420-425.

FRANZKOWIAK, P., HELFFERICH, C. & WEISE, E. (1996). *Praxisansätze und Theorieentwicklung der geschlechtsbezogenen Suchtprävention in der Jugendphase. Ein Forschungsprojekt im Auftrag der Bundeszentrale für gesundheitliche Aufklärung*. Köln: Bundeszentrale für gesundheitliche Aufklärung.

GOLDBERG, C.J. & BOTVIN, G.J. (1993). Assertiveness in hispanic adolescents: relationship to alcohol use and abuse. *Psychological Reports, 73*, 227-238.

GRAHAM, J.W., JOHNSON, C.A., HANSEN, W.B., FLAY, B.R. & GEE, M. (1990). Drug use prevention programs, gender and ethnicity: Evaluation of three seventh-grade project SMART cohorts. *Preventive Medicine, 19*, 305-313.

HELFFERICH, C. (1994). *Jugend, Körper und Geschlecht. Die Suche nach sexueller Identität.* Opladen: Leske & Budrich.

HURRELMANN, K. (1998). Tabakprävention und Tabakentwöhnung bei Kindern und Jugendlichen. *Sucht, 44*, 4-14.

IANOTTI, R., BUSH, P.J. & WEINFURT, K.P. (1996). Perceptions of friends' use of alcohol, cigarettes, and marijuana among urban school children. A longitudinal analysis. *Addictive Behaviors, 21*, 615-623.

JESSOR, R. & JESSOR, S. (1983). Ein sozialpsychologisches Modell des Drogenkonsums. In D.J. Lettieri & R. Welz (Hrsg.), *Drogenabhängigkeit – Ursachen und Verlaufsformen* (110 -117). Weinheim: Beltz.

KNISKERN, J., BIGLAN, A., LICHTENSTEIN, E., ARY, D. & BARRY, J. (1983). Peer modeling effects in the smoking behavior of teenagers. *Addictive Behaviors, 8*, 129-132.

KOLIP, P. (1995). Prävalenz des Zigarettenkonsums und Image des Rauchens im Jugendalter: Alters- und geschlechtsspezifische Aspekte. *Sucht, 41*, 323-333.

MACKINNON, D.P., WEBER, M.D. & PENTZ, M.A. (1989). How do school-based drug prevention programs work and for whom? *Drugs and Society, 3*, 125-143.

RHODES, J. & JASON, L. (1988). *Preventing substance abuse among children and adolescents.* New York: Pergamon Press.

SCHINKE, S.P. (1994). Prevention science and practice: an agenda for action. *The Journal of Primary Prevention, 15*, 45-57.

SILBEREISEN, R.K. & KASTNER, P. (1985). Entwicklungspsychologische Perspektiven für die Prävention des Drogengebrauchs Jugendlicher. In J. Brandstätter & H. Gräser (Hrsg.) *Entwicklungsberatung unter dem Aspekt der Lebensspanne* (83-102). Göttingen: Hogrefe.

SIMON, R., TAUSCHER, M. & GESSLER, A. (1997). *Suchtbericht Deutschland 1997.* Schneider: Hohengehren.

TOBLER, N.S. (1986). Meta-analysis of 143 adolescent drug prevention programs: Quantitative outcome results of program participants compared to a control or comparison group. *Journal of Drug Issues, 16*, 537-567.

TOBLER, N. S. & STRATTON, H. (1997). Effectiveness of school-based drug prevention programs: A meta-analysis of the research. *The Journal of Primary Prevention*, 18, 71-119.

TURNER, S., NORMAN, E. & ZUNZ, S. (1995). Enhancing resiliency in girls and boys: A case of gender specific adolescent prevention programming. *The Journal of Primary Prevention, 16*, 25-38.

WALDEN, K., KUTZA, R., KRÖGER, C. & KIRMES, J. (1998). *ALF – Allgemeine Lebenskompetenzen und Fertigkeiten. Programm für Schüler und Schülerinnen der 5. Klasse mit Informationen zu Nikotin und Alkohol.* Hohengehren: Schneider.

WORLD HEALTH ORGANISATION (WHO) (1994). *Life skills education in schools*. Geneva: WHO.

Prävention von Rauchen durch Lebenskompetenzförderung: Welche Rolle spielt die schulische Umwelt?

Anja Leppin und Klaus Hurrelmann

Der systematische Einbezug ätiologischer Erkenntnisse über Beginn und Verlauf von Substanzkonsum in Präventionsprogramme für Jugendliche hat wesentlich zu dem Erfolg beigetragen, den solche Programme im letzten Jahrzehnt verzeichnen konnten. Der Verzicht darauf, Substanzkonsum und Substanzmißbrauch lediglich als deviantes Verhalten zu betrachten, sondern stattdessen darin auch einen Versuch der Bewältigung normativer Entwicklungsanforderungen und spezifischer Belastungen zu sehen, hat dazu beigetragen, daß diese Programme nicht nur, wie oft zuvor, Wissen und Einstellungen sondern auch Konsumverhalten beeinflussen konnten. Die Vermittlung von Kompetenzen und Bewältigungsstrategien im Rahmen von »*Life-Skills-Programmen*«, scheint Kinder und Jugendliche verstärkt in die Lage zu versetzen, auf Zigarettenkonsum zu verzichten und seltener Alkohol zu konsumieren (siehe hierzu den Beitrag von LEPPIN, HURRELMANN & PETERMANN, dieser Band sowie TOBLER & STRATTON, 1997) .

Besonders die Prävention von Tabakkonsum ist darüber hinaus in den letzten Jahrzehnten sicherlich auch durch den starken säkularen Trend in den westlichen Industrieländern hin zum Nichtrauchen begünstigt worden. Neuere Zahlen der repräsentativen Drogenaffinitätsstudie der BUNDESZENTRALE FÜR GESUNDHEITLICHE AUFKLÄRUNG zeigen allerdings, daß der seit 1973 bestehende Abwärtstrend für die Raucherquoten bei Jugendlichen – zumindest fürs erste – gebrochen scheint (siehe hierzu auch den Beitrag von KOLIP, dieser Band). Insofern spricht sowohl die Bedarfssituation wie auch die positive Erfolgsbilanz der neuen Programmansätze dafür, kompetenzorientierte Programme systematischer als bisher geschehen an deutschen Schulen einzuführen.

1 Schule als Setting für Gesundheitsförderung

Trotz der grundsätzlich ermutigenden Evaluationsergebnisse der lebenskompetenzorientierten Programme gibt es jedoch auch bezüglich dieser

Ansätze noch Fragen (siehe hierzu LEPPIN, HURRELMANN & PETERMANN, dieser Band). Nach wie vor ungeklärt ist vor allem eine mögliche Abhängigkeit der Programmwirkung von den Charakteristiken der jeweiligen Settings, in denen sie implementiert werden. Welche Anforderungen an die unmittelbare Umwelt stellen kompetenzorientierte Programme wirklich? Präventionsmaßnahmen sind – wie es TRICKETT (1997) formuliert hat – keineswegs »neutrale Technologien«, sondern komplexe und durch den jeweiligen Kontext beschränkte oder auch geförderte Aktivitäten. So wird die Bedeutung, die präventive Maßnahmen in der subjektiven Wahrnehmung spezifischer Zielpopulationen erhalten, variieren, ihre Relevanz und Angemessenheit von den Betroffenen abhängig von den situativen Umständen unterschiedlich beurteilt werden. Je nachdem wie dieses Urteil ausfällt, wird die Implementation der Maßnahmen einfacher oder schwieriger sein, werden diese auf Widerstände stoßen oder durch eine breite Zustimmung getragen werden. Je nachdem wird auch ihre Chance variieren, eine mögliche Wirkung über die Zeit ihrer direkten Implementation hinweg auch längerfristig aufrechtzuerhalten.

Während sich die pädagogische Präventionsforschung schon länger mit den Auswirkungen unterschiedlicher schulklimatischer Bedingungskonstellationen auf den Erfolg präventiver Maßnahmen auseinandergesetzt hat (ANDERSON, 1982; HOY, TARTER & KOTTKAMP, 1991; PEKRUN & FEND, 1991), sind solche Kontextfaktoren in der Evaluation schulischer Gesundheitsförderungsmaßnahmen bisher meist ausgeklammert worden. Gerade bei den kompetenzorientierten Progammen dürfte der Erfolg jedoch wesentlich davon abhängen, wie günstig oder ungünstig die unmittelbaren sozialen und ökologischen Rahmenbedingungen sind, unter denen sich die curricularen Inhalte behaupten müssen.

Zu berücksichtigen ist dabei vor allem, daß die Institution Schule bei allen Vorteilen, die sie als Präventionsort bietet – hierzu gehören u.a. der starke sozialisatorische Einfluß, den sie auf Entwicklungsprozesse hat, die fast perfekte Erreichbarkeit der relevanten Alterskohorten sowie der strukturierte organisatorische Rahmen, den sie präventiven Maßnahmen offerieren kann – potentiell immer auch ambivalent ist (siehe hierzu auch das Einführungskapitel zur schulischen Suchtprävention von LEPPIN, HURRELMANN & PETERMANN, dieser Band). Für viele Kinder und Jugendliche ist Schule selbst ein Streßfaktor und trägt dazu bei, daß zu psychoaktiven Substanzen gegriffen wird. Tatsächlich konnte z.B. Schulversagen immer wieder als Prädiktor für Substanzkonsum und -mißbrauch identifiziert werden (HUNDLEBY & MERCER, 1987; JESSOR, 1976; MÜLLER & KERSCH, 1996; NORDLOHNE, 1992; SIMONS-MORTON ET AL., 1999). Dies gilt anscheinend besonders dann, wenn solche Versagenserlebnisse mit anderen problematischen Konstellationen zusammentreffen. So fanden PEKRUN und FEND (1991), daß die Kombination von geringem Selbstwertgefühl, schlechten

Schulleistungen und sozialer Ablehnung ein besonders hohes Risiko birgt, während umgekehrt, ein positives Merkmalsprofil geprägt von hohem Selbstwertgefühl, guter sozialer Einbettung und guten Schulleistungen protektiv wirkte. Ein weiteres wichtiges Merkmal eines protektiven Profils ist auch die Identifikation mit der Schule. Eine Vielzahl empirischer Studien konnte deutliche Zusammenhänge zwischen einer emotionalen Distanz bzw. Nähe zur Schule und dem Konsum psychoaktiver Substanzen nachweisen (BAILEY & HUBBARD, 1990; BLOCK, BLOCK & KEYES, 1988; KUMPFER & TURNER, 1991; NUTBEAM & AARÖ, 1991; NUTBEAM, SMITH, MOORE & BAUMAN, 1993; SIMCHA-FAGAN, GERSTEN & LANGER, 1986).

Wie solche Merkmalsprofile sich entwickeln, hängt aber nicht nur von individuellen Determinanten sondern auch von den Charakteristiken der jeweiligen schulischen Lernumwelt ab (siehe JERUSALEM, 1997; PEKRUN & FEND, 1991). Es gibt inzwischen eine Reihe von Ätiologiemodellen zum jugendlichen Substanzkonsum und –mißbrauch, die sich explizit mit einer solchen Interaktion zwischen Individuen und ihrem sozialen Milieu auseinandersetzen und dabei auch schulische Faktoren berücksichtigen.

Auf der Basis eines transaktionalen Streßverständnis` gehen z.B. RHODES und JASON (1990) in ihrem »*Modell des sozialen Streß*« davon aus, daß die Wahrscheinlichkeit, daß ein Jugendlicher zu psychoaktiven Substanzen greift sowohl von den Anforderungen, denen er oder sie ausgesetzt ist, abhängt als auch von den Ressourcen, die ihm oder ihr zur Verfügung stehen. Danach können z.B. positive Beziehungen zu Eltern und Lehrern soziale Kompetenzen und Widerstandsfähigkeit fördern. Dadurch betrachten Jugendliche bestimmte Umweltanforderungen z.B. auch durch die Schule eher als Herausforderungen denn als Bedrohung und zeigen adäquates Bewältigungsverhalten, so daß der Griff zu Tabak, Alkohol oder anderen Substanzen unnötig wird.

HAWKINS und WEISS (1985) haben im Rahmen ihres »*Modells der sozialen Entwicklung*« postuliert, daß die soziale Bindung an konventionelle Werte und die Institutionen, die diese vertreten, wie vor allem Familie und Schule, eine entscheidende Rolle für jugendlichen Substanzkonsum spielt. Jugendliche, die sich z.B. wenig mit der Schule und ihren Zielsetzungen identifizieren und für die Lehrer und Lehrerinnen keine Rollenvorbilder sind, übernehmen auch nicht deren Wertvorstellungen in puncto Substanzkonsum (die in der Regel eine Abstinenz für Jugendliche vorgeben) und suchen eher die Gesellschaft von anderen Jugendlichen, die ebenfalls unkonventionelle Positionen vertreten. Deren sozialisatorischer Einfluß erhöht wiederum die Wahrscheinlichkeit von Substanzge- und -mißbrauch. Das Risiko, in Peer-Gruppen zu geraten, in denen Substanzkonsum üblich ist, wächst diesem Modell zufolge besonders dann, wenn Jugendliche in den der Adoleszenz vorausgehenden Jahren wenig positiv verstärkende Interak-

tionen mit Eltern und Lehrern erlebt haben und insofern auch nur geringe soziale Kompetenzen entwickeln konnten.
ELLIOTT, HUIZINGA und MENARD (1989) vertreten mit ihrer »*Theorie sozialer Kontrolle*« eine ähnliche Position. Hier wird ebenfalls die schwache Bindung und die als gering empfundene Verpflichtung gegenüber konventionellen Institutionen und konventionellen Rollenmodellen als entscheidender Faktor gesehen. Die Ursachen für solche fehlenden Bindungen vermuten Elliott et al. zum einen in sozialisatorischen Defiziten, vor allem aber in spezifischem Belastungserleben, das aus einer wahrgenommenen Diskrepanz zwischen Aspirationen und realen Möglichkeiten (z.B. hinsichtlich akademischer oder beruflicher Zielsetzungen) oder aus sozialer Disorganisation resultiert.

Schließlich gehen auch KUMPFER UND TURNER (1991) in ihrem »*Modell der sozialen Ökologie*« davon aus, daß durch das Familien- und das Schulklima persönliche Kompetenzen, Selbstwirksamkeitserwartungen sowie die Bindung an die Schule beeinflusst werden. Diese Faktoren wirken ihrerseits auf die Auswahl der Peers, die dann wiederum unmittelbar den Substanzkonsum beeinflussen.

Schulklimatische Konstellationen werden in allen diesen Modellen also weniger als direkte Einflußgrößen gesehen, sondern repräsentieren indirekte Determinanten, die ihren Einfluß vermittelt über Faktoren wie Selbstwirksamkeitserwartungen, soziale Bindung vs. nonkonformistische Haltung, Schulversagenserlebnisse, Leistungsmotivation oder den Peereinfluß ausüben (siehe hierzu z.B. die Klassifikation von PETRAITIS, FLAY & MILLER, 1995). Kompetenzorientierte Programme zielen genau auf einige dieser direkten Einflußfaktoren ab: auf soziale Kompetenzen und Selbstwirksamkeitserwartungen oder die Resistenz gegenüber Gruppendruck und die Fähigkeit zur Bewältigung von Streß. Insofern dürfte ihre Wirksamkeit nicht zuletzt auch davon abhängen unter welchen sozial-ökologischen Rahmenbedingungen sie zum Einsatz kommen, d.h. wie leicht oder schwer diese es den jeweiligen Programmen machen, positive Effekte zu initiieren.

Eine wichtige Rolle dürfte dabei zum einen das konkret erlebte Klima im jeweiligen Klassenkontext spielen. Aus der schulischen Selbstkonzeptforschung ist bekannt, daß die Mitschüler und Mitschülerinnen als soziale Bezugsgruppe eine wichtige Rolle bei der Entwicklung des jugendlichen Selbstkonzepts spielen (SCHWARZER & JERUSALEM, 1983). Vergegenwärtigt man sich in diesem Zusammenhang die einzelnen Elemente von kompetenzorientierten Programmen wie dem »*Life-Skills-Ansatz*«, dann wird deutlich, daß der dort durch die Methode vorgegebene starke Gruppenbezug, wie auch die inhaltlichen Zielvorgaben, z.B. konstruktive Auseinandersetzung, Konfliktlösung, Selbstbildstärkung vor allem dort wirksam werden können, wo ein Klassenklima herrscht, das zumindest bis zu einem gewissen Grad von Vertrauen, gegenseitiger Akzeptanz und Unterstützung und nicht ausschließlich oder primär von Konkurrenz, Konflikten und Ausgrenzung geprägt ist. Wo nicht wenigstens eine minimale positive Basis des Sozialgefüges gegeben ist, scheint ein solches Programm von vorneherein geringere Erfolgsaussichten zu haben. Auch die Beziehung, die die Jugendlichen zu ihren Lehrern und Lehrerinnen haben, dürfte in diesem Zusammenhang eine wichtige Rolle spielen (McLellan, Rissel, Donnelly & Bauman, 1999; Samdal, Nutbeam, Wold & Kannas, 1998). Dies gilt vor allem dort, wo solche Programme von den Lehrern und Lehrerinnen selbst durchgeführt werden. Wird nur ein geringer sozialer Rückhalt durch die Lehrer wahrgenommen, fehlt das grundsätzliche Vertrauen in die Zielsetzungen von Lehrern und der Institution Schule, dann ist ein Präventionsprogramm, das eben nicht primär Wissen, sondern Lebensbewältigungskompetenzen vermitteln will, nur schwer zu realisieren, weil die Gefahr besteht, daß die vermittelnden Instanzen als wenig glaubwürdig und die Inhalte konsequenterweise als inkongruent erlebt werden.

Ob und inwieweit sich solche schulklimatischen Rahmenbedingungen tatsächlich auf die Effekte eines kompetenzorientierten Präventions- und Gesundheitsförderungsprogamms auswirken, war eine der Fragen, die mit der im folgenden dargestellten Studie beantwortet werden sollte. Untersucht werden sollte also, inwieweit mögliche Effekte eines Präventionsprogramms durch die schulischen Rahmenbedingungen moderiert werden. Spezifisch ging es darum zu klären, ob: 1. Programmeffekte auf kognitive Zielvariablen (Wissen, Einstellungen und Selbstwirksamkeitserwartungen bezüglich Tabakkonsum) vom wahrgenommenen Klassenklima und/oder vom wahrgenommenen sozialen Rückhalt durch die Lehrer und Lehrerinnen abhängen. Zweitens sollte geprüft werden, ob solche Moderatoreffekte auch für den Vorsatz, zukünftig nicht zu rauchen und für das tatsächliche Rauchverhalten nachweisbar sind.

2 Methode

2.1 Studiendesign und Stichprobe

Die Studie zugrunde lag ein quasi-experimentelles Längsschnittdesign mit parallelisierter Interventions- und Kontrollgruppe. Verglichen wurden diese Gruppen über drei Meßzeitpunkte hinweg: einen Prätest, einen Posttest und einen Follow-Up nach einem Jahr. An der Intervention beteiligt waren acht Klassen aus acht verschiedenen Schulen der Stadt Dortmund, wobei alle vier Regelschularten vertreten waren. Es nahmen je zwei Haupt-, zwei Real-, zwei Gesamtschul- sowie zwei Gymnasialklassen teil. Beide Gymnasial- und beide Gesamtschulklassen sowie je eine Hauptschul- und eine Realschulklasse entstammten der Jahrgangsstufe 8. Die beiden anderen Real- und Hauptschulklassen gehörten dem neunten Jahrgang an. Die Rekrutierung der Interventionsklassen erfolgte über einen städtischen Lehrerarbeitskreis für Drogen- und Suchtprävention, in dessen Rahmen interessierte Lehrer und Lehrerinnen gebeten wurden, sich mit ihren Klassen am Interventionsprogramm zu beteiligen. Um »spill-over«-Effekte zu vermeiden, wurden die Kontrollklassen aus anderen Schulen des gleichen Schultyps gewonnen. Die Kontrollschulen wurden so ausgewählt, daß eine Vergleichbarkeit bezüglich der Sozialstruktur der Schülerklientel aus den jeweiligen Interventionsklassen gewährleistet werden konnte.

In den 16 Klassen nahmen zum ersten Meßzeitpunkt 388 Schüler und Schülerinnen im Alter von 12 bis 17 Jahren ($M = 14.5$; $SD = .96$) an der Befragung teil. 52,6% der TeilnehmerInnen waren weiblich. 193 Schüler und Schülerinnen befanden sich in der Interventionsgruppe, die Kontrollgruppe umfaßte 195 Jugendliche. Prätestvergleiche für die relevanten Untersuchungsvariablen zeigten, daß es keine Ausgangswertunterschiede in den abhängigen Variablen gab. Der einzige signifikante Unterschied ergab sich bei einer der schulklimatischen Variablen. Schüler und Schülerinnen der Interventionsklassen nahmen zum ersten Meßzeitpunkt ein etwas höheres Maß an Rückhalt durch ihre LehrerInnen wahr als die Kontrollschüler ($t(1,384) = -2.3$; $p < .05$). An der Befragung zum dritten Meßzeitpunkt nahmen noch 322 SchülerInnen der Ausgangsstichprobe teil. Dies entspricht einem Anteil von 83%.

2.2 Programm

Die Unterrichtsreihe basierte auf dem Suchtpräventionsprogramm des Nordrhein-Westfälischen Landesinstituts für Schule und Weiterbildung in Soest (LSW, 1988) für die Sekundarstufe I, das als Grundlage für die Ausbildung von Beratungslehrern und -lehrerinnen für die Suchtprävention in NRW dient. Das Programm verfolgt einen life-skills-orientierten Ansatz, setzt also an Alltagsanforderungen an und versucht, über den Aufbau von Handlungskompetenzen und Problemlösefähigkeiten alternative Verhaltensoptionen zum Drogenkonsum zu eröffnen. Es wird davon ausgegangen, daß der Konsum psychoaktiver Substanzen funktionaler Bestandteil jugendlichen Alltagslebens ist, bzw. daß psychoaktive Substanzen als Mittel zur Bewältigung entwicklungsrelevanter Anforderungen und Probleme eingesetzt werden. Die Materialien sind in ihrer Gestaltung ganzheitlich und fächerübergreifend ausgerichtet, lebensweltbezogen sowie stark verhaltensorientiert. Enthalten sind – neben einigen traditionellen Elementen zur Wissensvermittlung- z.B. Bausteine zur Selbstwahrnehmung, zur Entwicklung psychosozialer Identität, zur Reflexion von Werten und Normen, zur

Bewältigung von Streß, zum konstruktiven sozialen Umgang und zum Widerstand gegenüber Gruppendruck. Fähigkeiten und Fertigkeiten in diesem Bereich werden mittels zahlreicher praktischer Übungen trainiert. Das Programm enthält somit einen hohen Anteil drogenunspezifischer Elemente, sucht aber immer wieder den Bezug auf die Funktionen gesundheitsgefährdender Verhaltensweisen im jeweiligen Lebenskontext.

In Zusammenarbeit mit den Lehrern und Lehrerinnen, die das Programm durchführten, wurde aus diesem Gesamtcurriculum eine Kurzversion mit insgesamt 15 Bausteinen erstellt. Dabei wurden sowohl substanzspezifische wie unspezifische Elemente einbezogen, wobei eine Beschränkung auf die Alltagsdrogen Tabak und Alkohol vorgenommen wurde. Zu den ausgewählten Bausteinen gehörten drei Elemente zur Wissensvermittlung (Wirkungen und Folgen von Tabak- und Alkoholkonsum: z.B. ein physiologisches Experiment zur Wirkung von Nikotin auf Herzrate/Pulsfrequenz). Drei weitere Bausteine bezogen sich auf die Erwartungen, die Jugendliche an den Konsum von Tabak und Alkohol knüpfen (z.B.: Interviews mit rauchenden Mitschülern, Beobachtung von Trinkanlässen im sozialen Umfeld). Neun Bausteine bezogen sich auf den Aufbau genereller Handlungskompetenzen. Dies waren primär Elemente zur Selbstreflexion (eigene Werte und Lebensentscheidungen), zur konstruktiven Lösung von sozialen Konflikten (Feedback, Gesprächsführung), zum Umgang mit Gruppendruck und zur Streßreduktion. Bei den Vermittlungsmethoden wurde Wert auf eine aktive Partizipation aller Schüler und Schülerinnen gelegt. Es wurde überwiegend mit praktischen Übungen und Rollenspielen gearbeitet.

Das Programm erstreckte sich im Rahmen von 28 Unterrichtsstunden, die aus dem normalen Unterrichtskontingent entnommen waren, über einen Zeitraum von circa 10 Wochen und wurde je nach Klasse von einem bis drei LehrerInnen durchgeführt. Um einen möglichst hohen Grad an Standardisierung bei der Durchführung zu gewährleisten, wurden in einer Reihe von Vorbereitungssitzungen mit den beteiligten Lehrern und Lehrerinnen die Details des Programmablaufs diskutiert, festgelegt und trainiert. Der Prozentsatz der vollständig durchgeführten Elemente lag bei sieben der acht Interventionsklassen über 90%. Nur in einer Klasse mußte das Programm aufgrund massiver Stundenplanausfälle vorzeitig abgebrochen werden, so daß nur 60% der Programmelemente durchgeführt werden konnten.

2.3 Befragungsdurchführung und Instrumente

Die schriftliche Befragung sowohl der Schüler und Schülerinnen aus den Interventions- und Kontrollklassen erfolgte jeweils eine Woche vor (Prätest) und eine Woche nach Beendigung des Programms (Posttest) sowie ein Jahr später (Follow-Up). Zur Befragung wurde ein standardisierter Fragebogen eingesetzt, der von geschulten UntersuchungsleiterInnen eingeführt wurde und dessen Beantwortung im Durchschnitt circa zwei Schulstunden dauerte. Enthalten waren u.a. folgende Instrumente/Skalen:

Wahrgenommener Sozialer Rückhalt durch die LehrerInnen wurde mit Hilfe einer vierstufigen 10-Item-Skala mit einem Antwortformat von »stimmt gar nicht« bis »stimmt genau« gemessen (NORDLOHNE, LEPPIN & HESSE, 1993). Die eindimensionale Skala erfaßt den aus Schülersicht wahrgenommenen Grad an positiver, vertrauensvoller Akzeptanz durch die Lehrer (Bsp.: »Meinen Lehrern kann ich vertrauen«. Die interne Konsistenz der Skala lag bei Cronbach's alpha = .81 zum ersten Meßzeitpunkt. Das *wahrgenommene Klassenklima* wurde u.a. mit einer 4-Item-Skala zur Bewertung der *Kohäsion* in der Klasse erfaßt (FREITAG, HESSE, LEPPIN & NORDLOHNE, 1993). Hierbei ging es darum, inwieweit positive, hilfreiche Beziehungen in der Klasse vorherrschen (Bsp.: »In unserer Klasse halten alle zusammen«). Das Antwortformat war auch hier vierstufig. Cronbach's alpha betrug .81.

Zur Erfassung des *Wissens über die Wirkungen von Tabakkonsum* wurden sieben dichotome (falsch/richtig) Items eingesetzt (Bsp.: »Rauchen kann zur Verkalkung von Blutgefäßen führen«) und ein Summenscore für die richtig beantworteten Items gebildet.

Ergebnis- oder Funktionserwartungen bezüglich Zigarettenkonsum wurde mit Hilfe einer 16-Item-Skala mit einem vierstufigen Antwortformat von »stimmt gar nicht« bis »stimmt genau« gemessen (LEPPIN & NORDLOHNE, 1993). Auf die Einleitung »Wenn ich Zigaretten rauche... « folgten Statements über mögliche Folgen dieses Konsums. (Bsp.: »kann ich mich gut entspannen« oder »gibt mir das ein cooles Aussehen«). Cronbach's alpha für die Gesamtsskala lag bei .85.

Selbstwirksamkeitserwartungen bezüglich Tabakkonsum wurden durch eine 14-Item-Skala erfaßt (LEPPIN, 1993). Gemessen wurde die Sicherheit, mit der die befragten Jugendlichen glaubten, daß sie in den vorgegebenen Situationen nicht zur Zigarette greifen würden. (Bsp.: »Du willst Dich entspannen« oder »Du hast Angst, nicht für voll genommen zu werden«). Auf die Aussage »Auf das Zigarettenrauchen zu verzichten fällt mir in dieser Situation...« konnte auf einer siebenstufigen Skala von »sehr leicht« bis »sehr schwer« geantwortet werden. Die interne Konsistenz lag bei Cronbach's alpha = .96. Zusätzlich wurden zwei Subdimensionen unterschieden: »soziale Selbstwirksamkeitserwartungen« (Erwartungen, sozialem Druck widerstehen zu können) und »streßbezogene Selbstwirksamkeitserwartungen« (Erwartungen, einer entspannenden Wirkung von Zigaretten widerstehen zu können). Beide Skalen enthielten je sechs Items. Cronbach's alpha betrug .85 bzw. .88.

Die *Konsumintention* wurde mit Hilfe eines einzelnen – negativ formulierten – Items erfragt (»Hast Du Dir vorgenommen, in den nächsten Mo-

naten nicht zu rauchen?«), das auf einer siebenstufigen Skala von »überhaupt nicht« bis »ganz fest« zu beantworten war.
Der *Konsumstatus bezüglich Zigaretten* wurde zu allen Meßzeitpunkten durch die Frage erfaßt, ob schon einmal Zigaretten geraucht worden seien. Das dazugehörige Antwortformat reichte von »nein, noch nie«, bis »ja, ich rauche regelmäßig«.

3 Ergebnisse

Zur Vorhersage der kognitiven Kriterien, also von Wissen, Ergebnis- und Selbstwirksamkeitserwartungen bezüglich Zigarettenkonsum sowie der Intention zum Zigarettenkonsum wurden separate Varianzanalysen mit Meßwiederholung über die drei Meßzeitpunkte gerechnet. Neben dem Zeitfaktor dienten die Gruppenzugehörigkeit (Treatment- vs. Kontrollgruppe) sowie jeweils eine der beiden am Median gesplitteten Klimavariablen, also Klassenkohäsion und Lehrerrückhalt zum ersten Meßzeitpunkt, als Prädiktoren. Das Alter ging als Kovariate in die Analyse ein.

Eine Überprüfung möglicher Programmeffekte auf die Entwicklung von *Wissen über die Wirkung von Tabak und die Folgen von Tabakkonsum* zeigte einen Interaktionseffekt zwischen dem Treatment und dem Zeitfaktor ($F(2,282) = 7.4$; $p = .001$). Während der Wissensstand in der Kontrollgruppe über die drei Meßzeitpunkte hinweg unverändert blieb, zeigte sich bei gleichem Ausgangsniveau in der Treatmentgruppe ein kleiner Anstieg zwischen Prä- und Posttest, der auch ein Jahr später beim Follow-Up noch erhalten war. Dieser Effekt trat unabhängig von den schulklimatischen Rahmenbedingungen auf. Das heißt weder der soziale Rückhalt durch die Lehrer noch die wahrgenommene Klassenkohäsion zeigten eine Moderatorwirkung. Klassenkohäsion interagierte allerdings ihrerseits mit dem Zeitfaktor ($F(2,282) = 5.3$; $p < .01$). Ein positives Klassenklima führte zu einem höheren Grad an Wissen, wobei hier allerdings im wesentlichen Ausgangswertunterschiede zuungunsten der Gruppe mit hoher Kohäsion ausgeglichen wurde, so daß der Wissensstand zum Follow-Up in beiden Gruppen gleich hoch war.

Ergebnis- oder Funktionserwartungen insgesamt wurden ebenfalls allein durch Treatment und Zeitfaktor beeinflußt ($F(2,267) = 3.3$; $p < .05$). In der Kontrollgruppe wurden zum Follow-Up etwas optimistischere Ergebniserwartungen verzeichnet, das heißt die Erwartungen an mögliche Konsequenzen des Rauchens wurden etwas positiver (wobei das Niveau absolut gesehen allerdings immer noch niedrig lag), während die Interventionsgruppe in ihren Werten stabil blieb. Interaktionseffekte mit den Schulklimavariablen konnten nicht festgestellt werden.

Selbstwirksamkeitserwartungen in puncto Resistenz gegen Zigarettenkonsum wurden ebenso durch die Intervention beeinflußt ($F(2,269) = 6.7$; $p = .001$), wobei hier der Effekt nicht zum Post-Test, sondern erst zum einjährigen Follow-Up nachweisbar wurde. Während in der Kontrollgruppe im Verlauf eines Jahres ein deutlicher Rückgang in der Resistenzgewißheit (gekennzeichnet durch einen Anstieg in der Punktzahl auf dieser Skala) deutlich wurde, konnte die Interventionsgruppe ihr Ausgangsniveau beibehalten. Gleichzeitig zeigte sich auch ein Haupteffekt für Kohäsion ($F(2,267) = 3.1$; $p < .05$). Bei niedriger Kohäsion war ein mäßiges, aber kontinuierliches Absinken der Selbstwirksamkeitserwartungen über die Zeit hinweg zu verzeichnen, bei hoher Kohäsion war zum dritten Meßzeitpunkt ebenfalls ein Abfall zu verzeichnen, der allerdings geringer ausfiel als in der Gruppe mit niedrigem Kohäsionserleben. Eine weitere Interaktion zwischen dem Lehrerrückhalt und dem Zeitfaktor ($F(2,269) = 3.4$; $p < .05$) ergab, daß ein hohes Maß an Lehrerrückhalt protektiv wirkte. Bei Schülern und Schülerinnen mit hohem Rückhalt war ein geringerer Verlust an Selbstwirksamkeit zu beobachten als bei Schülern und Schülerinnen mit wenig Rückhalt.

Weitere Analysen ergaben eine Abhängigkeit des Treatmenteffekts von Niveau des wahrgenommenen Rückhalts durch die Lehrer und Lehrerinnen ($F(2,269) = 4.1$; $p < .05$). Der Unterschied zwischen Kontroll- und Interventionsgruppe trat danach vornehmlich bei hohem Lehrerrückhalt auf ($F(2,216) = 10.0$; $p < .001$), während die Intervention bei niedrigem Rückhalt keine signifikant andere Entwicklung als in der Kontrollgruppe verursachte. Es war vor allem die Gruppe, die das Treatment erhalten und gleichzeitig hohen Lehrerrückhalt wahrgenommen hatte, die zum dritten Meßzeitpunkt nach wie vor stabil hohe Selbstwirksamkeitserwartungen in puncto Nichtrauchen demonstrierte, während bei den anderen drei Gruppen zum Follow-Up reduzierte Werte für ihre Selbstwirksamkeitserwartungen registriert werden konnten. Bei differenzierter Betrachtung der verschiedenen Arten von Selbstwirksamkeitserwartungen zeigte sich dieser Effekt besonders für die Erwartungen, in Situationen sozialen Drucks standhaft bleiben zu können ($F(2,262) = 4.1$; $p = .01$) (siehe Abb. 1 und Abb. 2) sowie als Trend für die streßbezogenen Erwartungen ($F(2,271) = 2.7$; $p < .07$) (siehe Abb. 3 und Abb. 4; zu beachten ist bei den Abbildungen jeweils, daß niedrigere Werte eine höhere Selbstwirksamkeit widerspiegeln, bzw. höhere Werte signalisieren, daß es den Betreffenden schwerer fällt, nicht zu rauchen bzw. Zigaretten abzulehnen).

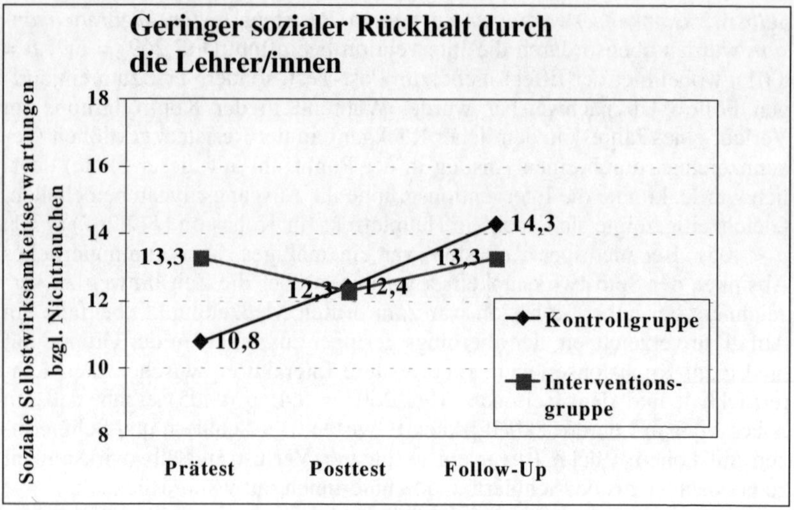

Abbildung 1 Wirkung des Interventionsprogramms bei niedrigem sozialen Rückhalt durch die Lehrer/innen auf die sozialen Selbstwirksamkeitserwartungen bezüglich Nichtrauchen im Zeitverlauf

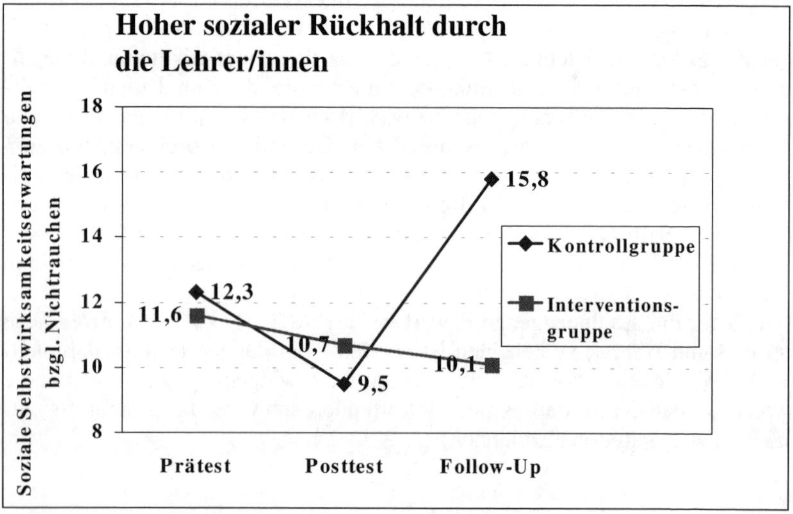

Abbildung 2: Wirkung des Interventionsprogramms bei hohem sozialen Rückhalt durch die Lehrer/innen auf die sozialen Selbstwirksamkeitserwartungen bezüglich Nichtrauchen im Zeitverlauf

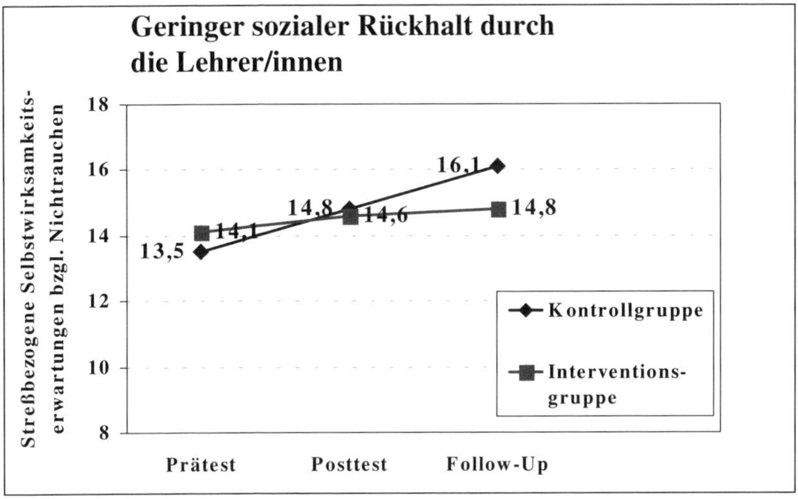

Abbildung 3: Wirkung des Interventionsprogramms bei niedrigem sozialen Rückhalt durch die Lehrer/innen auf die streßbezogenen Selbstwirksamkeitserwartungen bezüglich Nichtrauchen im Zeitverlauf

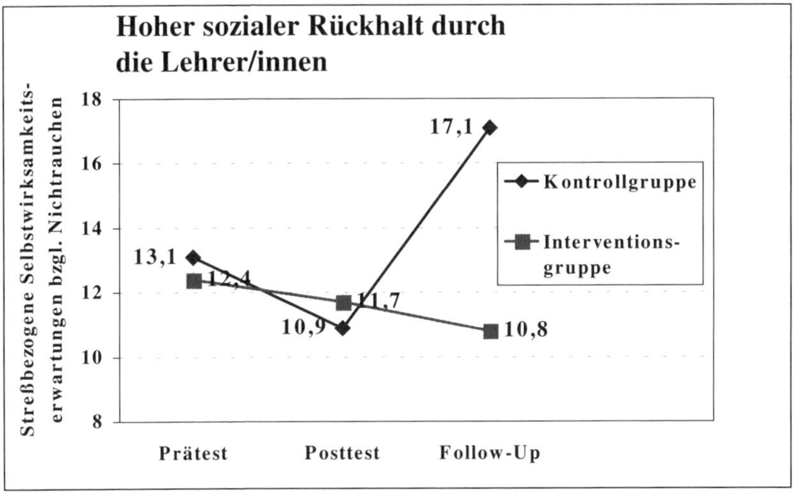

Abbildung 4: Wirkung des Interventionsprogramms bei hohem sozialen Rückhalt durch die Lehrer/innen auf die streßbezogenen Selbstwirksamkeitserwartungen bezüglich Nichtrauchen im Zeitverlauf

Hinsichtlich des *Vorsatzes, zukünftig nicht zu rauchen*, konnte die Intervention allein keinen Effekt erzielen. Stattdessen zeigte sich eine Interventionswirkung in Abhängigkeit vom wahrgenommenen Lehrerrückhalt ($F(2,239) = 4.0$; $p < .05$). Bei niedrigem Lehrerrückhalt nahm die Vorsatzgewißheit über die Zeit hinweg in beiden Gruppen ab. Bei hohem Lehrerrückhalt war ein Ausgangswertunterschied zuungunsten der Interventionsgruppe gegeben ($p < .05$). Dieser glich sich im Laufe der Zeit nicht nur aus, sondern kehrte sich um. Das heißt, in der Treatmentgruppe wurde der Vorsatz, nicht zu rauchen eher etwas stärker, während er in der Kontrollgruppe deutlich schwächer wurde (siehe Abb. 5 und Abb. 6).

Wie zu erwarten, hat sich der *Anteil der völlig Tabakabstinenten* zum Follow-Up etwas verkleinert. Gaben zum ersten Meßzeitpunkt noch 30% an, noch nie geraucht zu haben, waren es zum dritten Meßzeitpunkt nur noch 24%. Der Prozentsatz der gelegentlichen Raucher erhöhte sich dagegen von 10% auf 17%, der der regelmäßigen Konsumenten von 13% auf 22%.

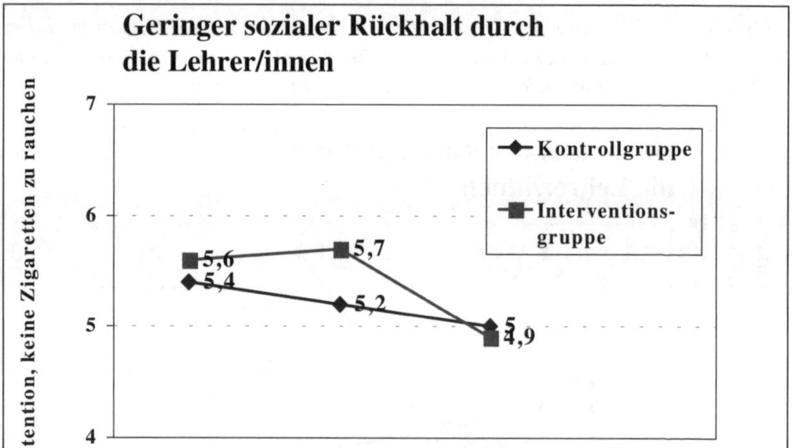

Abbildung 5: Wirkung des Interventionsprogramms bei niedrigem sozialen Rückhalt durch die Lehrer/innen auf die Intention, nicht zu rauchen im Zeitverlauf

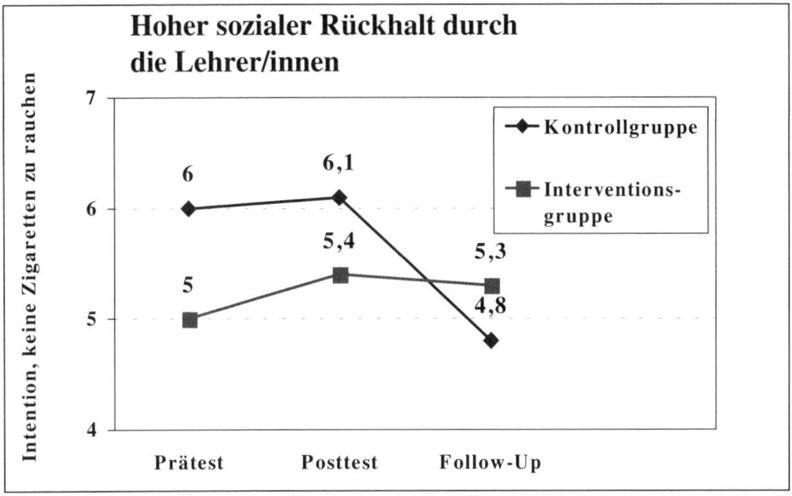

Abbildung 6: Wirkung des Interventionsprogramms bei hohem sozialen Rückhalt durch die Lehrer/innen auf die Intention, nicht zu rauchen im Zeitverlauf

Zur Vorhersage des *Zigaretten-Konsumstatus* zum Follow-Up wurde eine logistische Regression durchgeführt. Um tatsächlich ausschließlich präventive Effekte zu überprüfen, wurden nur diejenigen in diese Analyse einbezogen, die zum ersten Meßzeitpunkt angegeben hatten, sie hätten noch keine Zigaretten geraucht oder nur probiert. Entsprechend wurden auch zum Follow-Up diejenigen, die nur mal probiert hatten, zur Gruppe der Abstinenten gezählt, während alle die, die angegeben hatten, geraucht zu haben, unabhängig von der Häufigkeit oder Regelmäßigkeit zu den Konsumenten gerechnet wurden. Als Prädiktoren dienten neben der Kontrollvariable Alter die Gruppenzugehörigkeit (Intervention/ Kontrolle), der wahrgenommene Rückhalt durch die Lehrer und die Klassenkohäsion zum ersten Meßzeitpunkt. In einem hierarchischen Modell wurden im ersten Block die Haupteffekte, anschließend die Zwei-Weg-Interaktionsterme zwischen Treatment und Lehrerrückhalt sowie Treatment und Kohäsion getestet.

Wie aus Tabelle 1 ersichtlich, wurde das Haupteffektmodell allein nicht signifikant; es zeigte sich lediglich ein signifikanter Effekt für das Treatment. 39% aus der Kontrollgruppe waren im Verlauf eines Jahres zu (mehr als nur Probier-) Konsumenten geworden, in der Interventionsgruppe waren es nur 24%. Wurden die Interaktionsterme einbezogen, überschritt das Modell die Signifikanzgrenze. Die Einzelbefunde zeigten, daß beide Interaktionen, also sowohl die zwischen Treatment und sozialem Rückhalt als auch die zwischen Treatment und Klassenkohäsion signifikant wurden.

Prädiktorvariable	Wald[1]	p
Alter	.67	n.s.
Treatment	5.40	.02
sozialer Rückhalt/Lehrer	1.40	n.s.
Klassenkohäsion	.98	n.s.
Treatment x sozialer Rückhalt	4.00	.04
Treatment x Klasenkohäsion	3.70	.05

Step Variablenset	Veränderung Likelihood	-2Log Likelihood	Model χ^2	df
Haupteffekte		243.3	7.4	4
Interaktionen	7.3	236.0	14.7*	6

* p < .05

Tabelle 1: Vorhersage des Konsumstatus bzgl. Zigaretten zum Follow-Up

Bei niedriger Kohäsion machte das Treatment keinen Unterschied bzgl. Abstinenz. 68% in der Kontroll- und 73% in der Interventionsgruppe waren nach wie vor abstinent. War die Kohäsion dagegen hoch, zeigte sich eine deutlich höhere Abstinenzrate in der Interventions- als in der Kontrollgruppe (79% versus 52%). Auch Lehrerrückhalt erwies sich als differenzierendes Merkmal, wobei hier der entscheidende Unterschied allerdings in der Gruppe mit geringem Rückhalt zu lokalisieren war. Bei geringem Lehrerrückhalt standen 42% Konsumierende in der Kontrollgruppe einem entsprechenden Prozentsatz von nur 19% in der Interventionsgruppe gegenüber. Wurde hoher Lehrerrückhalt wahrgenommen, lag der Anteil der Abstinenten bei 36% in der Kontroll- und 29% in der Interventionsgruppe (siehe Abb. 7 und Abb. 8).

[1] Die Wald-Statistik indiziert die Bedeutsamkeit einzelner Prädiktoren; es handelt sich (bei einem Freiheitsgrad) um das Quadrat des Quotienten von Regressionskoeffizient und seinem Standardfehler.

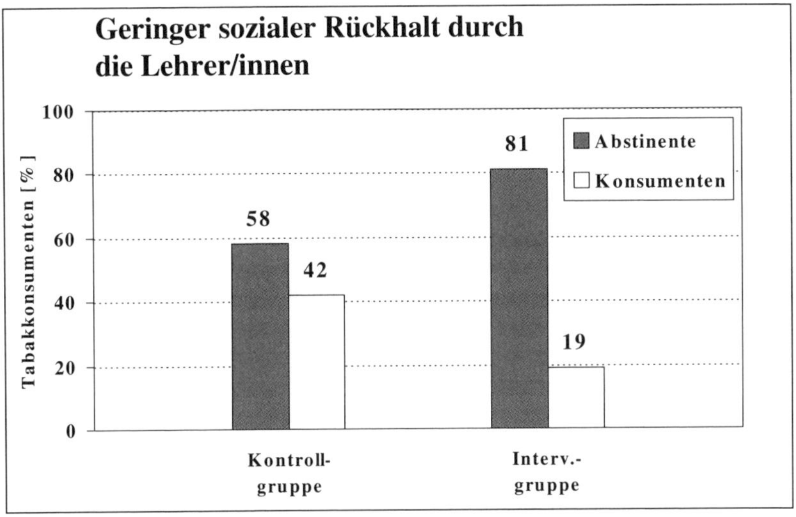

Abbildung 7: Wirkung des Interventionsprogramms bei geringem sozialen Rückhalt durch die Lehrer/innen auf den Tabakkonsum zum Follow-Up

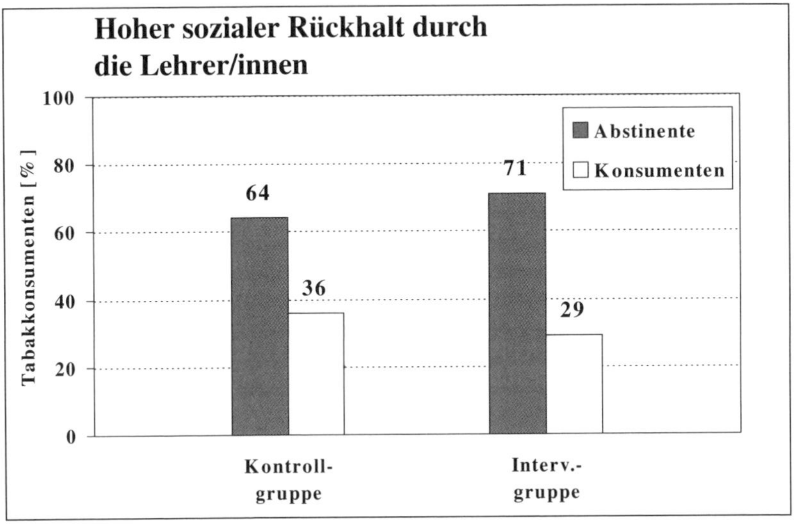

Abbildung 8: Wirkung des Interventionsprogramms bei hohem sozialen Rückhalt durch die Lehrer/innen auf den Tabakkonsum zum Follow-Up

4 Diskussion

Sowohl für die kognitiven Zielvariablen: Wissen-, Funktions- und Selbstwirksamkeitserwartungen als auch für die Intention, zukünftig keine Zigaretten zu rauchen sowie den Tabakkonsum selbst konnte die Wirksamkeit des eingesetzten Gesundheitsförderungsprogramms nachgewiesen werden. Während die Effekte auf das Wissen bereits zum Post-Test nachweisbar waren, galt dies für die Wirkung auf die verhaltensnahen Selbstwirksamkeitserwartungen und die Funktionserwartungen sowie das Rauchverhalten selbst erst für den dritten Meßzeitpunkt, den Follow-Up. Zurückzuführen sein dürfte dies primär auf die insgesamt niedrige Prävalenz des Tabakkonsums zum ersten und auch noch zum zweiten Meßzeitpunkt, drei Monate später. Auch die Ausgangswerte für Selbstwirksamkeitserwartungen und Ergebniserwartungen an das Rauchen lagen zum Beginn der Untersuchung insgesamt so hoch bzw. niedrig, daß bei den Selbstwirksamkeitserwartungen weitere Erhöhungen, bei den Funktionserwartungen weitere Reduktionen zum Post-Test realistischerweise kaum erwartet werden konnten. Erst der allgemeine altersbedingte Trend hin zu geringeren Selbstwirksamkeitserwartungen und positiveren Erwartungen an die Wirkung von Zigaretten, der im Verlauf eines Jahres bis zum Follow-Up eintrat, schuf hinreichend Varianz, um das Programm wirksam werden zu lassen.

Deutlich wurde darüber hinaus, daß schulklimatische Bedingungskonstellationen zumindest für einige der untersuchten Kriterien eine Rolle für die Programmwirkung spielen, wobei der Lehrerrückhalt insgesamt bedeutsamer zu sein scheint als das Klassenklima. Das Wissen über die Auswirkung von Tabakkonsum wie auch die Ergebniserwartungen wurden direkt durch das Programm beeinflußt. Schüler und Schülerinnen der Interventionsgruppe zeigten ein größeres Wissen und hatten weniger positive Erwartungen an die Wirkung von Zigaretten als Schüler und Schülerinnen der Kontrollgruppe. Anders sah dies im Fall des Kriteriums »*Selbstwirksamkeitserwartungen bezüglich Zigarettenkonsum*« sowie bezüglich der Konsumintentionen und des Konsums selbst aus. Hier spielte die Ausprägung des wahrgenommenen Schulklimas durchaus eine Rolle. So moderierte der wahrgenommene soziale Rückhalt durch die Lehrer und Lehrerinnen die Wirkung des Programms auf soziale, tendenziell auch auf streßbezogene Selbstwirksamkeitserwartungen. Ein hoher wahrgenommener sozialer Rückhalt war in diesem Fall Voraussetzung dafür, daß eine Programmwirkung auftreten konnte. Das heißt, nur dort, wo ein hoher Rückhalt wahrgenommen wurde, blieben die Selbstwirksamkeitserwartungen über die Zeit hinweg stabil hoch, statt alters- und erfahrungsbedingt abzunehmen.

Dies könnte darauf hindeuten, daß die Vermittlung von Stoff, der näher an traditionellen schulischen Themen liegt (z.B. Wissen über die Wirkung von Tabak) weniger abhängig von sozialen Randbedingungen ist als dies bei Inhalten der Fall ist, die stärker im individuell-persönlichen Bereich verankert sind (z.B. Selbstwahrnehmung, sozialer Umgang). Denkbar ist darüber hinaus, daß auch der Erfolg aktiver Lernformen (z.B. Rollenspiel), die an Lehrinhalte wie ein Training von Selbstwirksamkeitserwartungen geknüpft sind, stärker von der Qualität des Lehrer-Schüler-Verhältnis' abhängt als dies bei einem Thema wie »Wirkung von Zigaretten« und den entsprechenden Lernformen (Vortrag/Diskussion) der Fall ist.

Ein ähnlicher Effekt konnte auch für den Verhaltensvorsatz, nicht zu rauchen festgestellt werden. Während bei niedrigem Lehrerrückhalt der Vorsatz, nicht zu rauchen unabhängig von der Gruppenzugehörigkeit bis zum dritten Meßzeitpunkt abnahm, war eine solche Entwicklung bei hohem Rückhalt nur für die Schüler und Schülerinnen der Kontrollgruppe sichtbar. Die Interventionsschüler und -schülerinnen, die ein schlechteres Ausgangsniveau als die Kontrollschüler gehabt hatten, blieben dagegen in ihrer Abstinenzenabsicht stabil, bzw. konnten sogar leicht zulegen.

Für das Konsumverhalten selbst erwies sich die Programmwirkung ebenfalls als abhängig von beiden schulklimatischen Faktoren. Der Trend für den Interaktionseffekt des Treatments mit der Klassenkohäsion zeigte, daß das Programm seine protektive Wirkung vor allem bei hoher Kohäsion entfaltete; in keiner Gruppe waren die Abstinenzraten höher als dort, wo bei wahrgenommener Kohäsion das Programm durchgeführt worden war. Anders als bei den Effekten für die kognitiven Variablen handelte es sich hier aber um einen kompensatorischen Effekt. Entgegen der ursprünglichen Annahme war hier nicht die niedrige sondern die hohe wahrgenommene Klassenkohäsion der Risikofaktor. Das heißt bei hoher Kohäsion ohne den gleichzeitigen Einfluß des Programms traten die höchsten Konsumquoten auf, während eine geringe wahrgenommene Kohäsion das Konsumrisiko, unabhängig davon, ob interveniert worden war oder nicht, nicht wesentlich erhöhte. Zu vermuten ist, daß sich in diesem negativen Effekt der Kohäsion Peer-Effekte widerspiegeln. Ein starker Zusammenhalt in der Klasse kann bezüglich einer Kriteriumsvariable wie Zigarettenrauchen auch ungünstige Effekte haben – dann nämlich, wenn die Gruppennorm bezüglich Substanzkonsum positiv ist und aufgrund einer starken Homogenität in der Klasse besonders intensiv Einfluß auf die einzelnen Gruppenmitglieder nehmen kann.

Ein kompensatorischer Effekt des Programms bezüglich des Zigarettenkonsums zeigte sich auch, wenn der Lehrerrückhalt als zusätzliche Variable berücksichtigt wurde, wobei hier – erwartungsgemäß – eher ein niedriger Rückhalt das höhere Risiko mit sich brachte, das Treatment also bei niedrigem Rückhalt protektiv wirkte. So wurden in der Interventionsgruppe mit niedrigem Rückhalt zum Follow-Up die höchsten Abstinenzquoten registriert, während sich die KontrollgruppenschülerInnen mit wenig Rückhalt am gefährdetsten erwiesen. Sie hatten am häufigsten von allen Gruppen den Wechsel von der Abstinenz zum Probierkonsum vollzogen. Bei starkem Rückhalt war der Prozentsatz der Abstinenten in der Interventionsgruppe ebenfalls größer als in der Kontrollgruppe, die Differenz fiel jedoch weniger deutlich aus.

Wie Schüler und Schülerinnnen das Schulklima wahrnehmen, spielt nach den vorliegenden Befunden also durchaus eine Rolle. Wie sich diese Wahrnehmung allerdings konkret auswirkt, scheint weniger eindeutig. Für die kognitive Variable »*Selbstwirksamkeitserwartungen bezüglich Rauchen*« wie auch für den Verhaltensvorsatz war eine positive Ausprägung des Lehrerrückhalts Bedingung für einen protektiven Effekt. Ging es dagegen um das Verhalten selbst, also um das Rauchen, dann profitierten vor allem SchülerInnen mit negativeren Ausgangsbedingungen – als diejenigen mit dem höchsten Risiko – vom Programm. Schüler und Schülerinnen, die von vorneherein günstigere Konstellationen wahrnahmen, schienen einer solchen Intervention aber auch weniger zu bedürfen, das heißt ihr Risiko, zu RaucherInnen zu werden, war insgesamt von vorneherein geringer, das heißt der Spielraum für mögliche Programmeffekte war hier geringer als in der Gruppe mit negativeren Ausgangsbedingungen.

Hiernach scheint es, als seien Kognitionen schwerer zu verändern als Verhalten. Zu berücksichtigen ist dabei aber, daß Selbstaussagen über zukünftiges Verhalten, wie sie sich in Selbstwirksamkeitserwartungen und Verhaltensvorsätzen widerspiegeln unter Umständen veränderbarer durch soziale Einflüsse (hohen Lehrerrückhalt) und damit auch zugänglicher für Tendenzen sozialer Erwünschtheit sind als dies auf Aussagen über die Häufigkeit dieses Verhaltens in der Vergangenheit zutrifft. Umgekehrt mögen Jugendliche unter ungünstigeren Ausgangsbedingungen stärker dazu neigen, verbales Protestverhalten zu zeigen, das sich aber nicht unbedingt im Verhalten niederschlägt.

In diesem Zusammenhang stellt sich in jedem Fall die Frage, inwieweit Effekte von Präventions- oder Interventionsmaßnahmen auf gesundheitsrelevantes Verhalten bei Jugendlichen tatsächlich über analoge kognitive Prozesse vermittelt werden (siehe hierzu auch den Beitrag von MITTAG & JERUSALEM, dieser Band). In einer Lebensphase, in der sowohl mit ungewohnten Verhaltensweisen wie mit unterschiedlichen Selbsteinschätzungen und Selbstbildern experimentiert wird, ist eine hohe Kongruenz und eine entsprechende Stabilität solcher kognitiven Einschätzungen vielleicht auch wenig wahrscheinlich. Insofern mag das Verhalten selbst hier auch ein besserer Indikator für die Wirksamkeit des Programmes sein.

Bei der Interpretation der Befunde ist einschränkend zu beachten, daß es sich bei den Lehrern und Lehrerinnen, die das Programm durchführten, um eine selektive Gruppe handelt, insofern sich wohl gerade besonders motivierte, engagierte und auf dem Gebiet der Suchtprävention vorgebildete

LehrerInnen zur Teilnahme bereit erklärt hatten. Während dies einerseits der Güte der Programmimplementation zugute kam, bedeutet dies andererseits, daß die Varianz gerade in einer Variable wie Lehrerrückhalt von vorneherein eingeschränkt war. Dies zeigte sich auch im Ausgangswertunterschied in dieser Variablen zwischen Kontroll- und Interventionsgruppe zugunsten der letzteren (s.o.). Die Aufteilung in eine Gruppe mit geringem und eine Gruppe mit hohem wahrgenommenen Lehrerrückhalt ist also gerade für die Interventionsgruppe sehr relativ zu sehen. Hemmenden Einfluß auf die Wirkungen eines Präventionsprogramms mag das soziale Klima aber vor allem dort haben, wo es es stark negativ ausgeprägt ist.

Insgesamt bleibt festzuhalten, daß die Rahmenbedingungen der Implementation von schulischen Gesundheitsförderungs- und Präventionsprogrammen bei der Wirkungseinschätzung mehr Berücksichtigung als bisher verdienen. Die deutsche und europäische Diskussion um die Merkmale einer »gesunden Schule« zeigen, daß ein Prozeß des Umdenkens hin zu einer mehr kontextbezogenen Sichtweise eingesetzt hat, in der nicht nur die SchülerInnen, sondern das gesamte Setting als Zielgröße gesundheitsfördernder Maßnahmen verstanden werden (siehe z.B. BARKHOLZ & HOMFELDT, 1994; PARSONS, STEARS & THOMAS, 1996). Auch einige der US-amerikanischen kompetenzorientierten Programme berücksichtigen inzwischen explizit eine verhältnisorientierte Präventionsdimension. So schließt z.B. das »*Programm zur Förderung Sozialer Kompetenz*« von WEISSBERG, BARTON und SHRIVER (1998) die Schüler-Lehrer-Interaktion explizit als Zieldimension ein, und die Autoren fordern, daß ein solches Präventionsprogramm auch systemische Ressourcen zu schaffen habe, die es Kindern und Jugendlichen ermöglichen, die im Rahmen der Unterrichtsinhalte erlernten neuen Fähigkeiten im normalen Schulalltag umzusetzen und anzuwenden. Nach wie vor beschränken sich die meisten Maßnahmen jedoch auf curriculare Elemente, während eine Restrukturierung der schulischen Umwelt, ein Wandel der Organisationskultur eher selten Bestandteil von Gesundheitsförderung ist (siehe hierzu auch HAWKINS & CATALANO, 1992; RUDD & WALSH, 1993). Wie die vorliegenden Befunde zeigen, können auch rein curriculare Veränderungen negative Ausgangsbedingungen kompensieren – vielleicht sogar indem sie auf die Strukturen zurückwirken. Es scheint aber sinnvoll, nicht allein auf solche eher spontanen Rückkoppelungseffekte zu setzen, sondern eine systematischere Restrukturierung von Settingeinflüssen zum festen Bestandteil gesundheitsfördernder Maßnahmen zu machen.

5 Literatur

ANDERSON, C.S. (1982). The search for school climate: A review of the research. *Review of Educational Research, 52,* 368-420.

BAILEY, S. & HUBBARD, R.L. (1990). Developmental variation in the context of marijuana initiation among adolescents. *Journal of Health and Social Behavior, 31*, 58-70.

BLOCK, J., BLOCK, H.J. & KEYES, S. (1988). Longitudinally foretelling drug usage in adolescence: Early childhood personality and environmental precursors. *Child Development, 52*, 452-464.

BOTVIN, G.J., BAKER, E., FILAZZOLA, A.D. & BOTVIN, E.M. (1990). A cognitive-behavioral approach to substance abuse prevention: One year follow-up. *Addictive Behaviors, 15*, 47-63.

BOTVIN, G.J. & TORTU, S. (1988). Preventing adolescent substance abuse through life skills training. In R.H. Price, E.L. Cowen, R.P. Lorion, & J. Ramos-Kay (Eds.). *Fourteen ounces of prevention* (pp. 98-110). Washington, DC: American Psychological Association.

DONALDSON, S.U., GRAHAM, J.W., PICCININ, A.M. & HANSEN, W.B. (1995). Resistance-skills training and onset of alcohol use: Evidence for benefical and potentially harmful effects in public schools and in private catholic schools. *Health Psychology, 14,* 291-300.

DURLAK, J.A. & WELLS, A.M. (1997). Primary prevention mental health programs for children and adolescents: A meta-analytic review. *American Journal of Community Psychology, 25,* 115-152.

ELLICKSON, P.L., BELL, R.M. & HARRISON, E.R. (1993). Changing adolescent propensities to use drugs: Results from Project Alert. *Health Education Quarterly, 209*, 227-242.

ELLIOTT, D.S., HUIZINGA, D. & MENARD, S. (1989). *Multiple problem youth: Delinquency, substance use, and mental health problems.* New York: Springer.

FREITAG, M., HESSE, S., LEPPIN, A. & NORDLOHNE, E. (1993). *Skala zur Erfassung des Klassenklimas* (SEKL). Bielefeld: Universität Bielefeld, SFB 227.

HAWKINS, J.D. & WEISS, J.G. (1985). The social development model: An integrated approach to delinquency prevention. *Journal of Primary Prevention, 6,* 73-97.

HOY, W.K., TARTER, J., & KOTTKAMP, B. (1991). *Open schools – healthy schools: Measuring organizational climate*. Newbury Park. Sage.

HUNDLEBY, J.D. & MERCER, G.W. (1987). Family and friends as social environments and their relationship to young adolescents' use of alcohol, tobacco, and marijuana. *Journal of Clinical Psychology, 44*, 125-134.

JERUSALEM, M. (1997). Gesundheitserziehung und Gesundheitsförderung in der Schule. In R. Schwarzer (Hrsg.), *Gesundheitspsychologie. Ein Lehrbuch* (2. überarb. und erw. Aufl., S. 575-595). Göttingen: Hogrefe.

JERUSALEM, M. & MITTAG, W. (1997). Schulische Gesundheitsförderung: Differentielle Wirkungen eines Interventionsprogramms. *Unterrichtswissenschaft, 25*, 133-150.

JESSOR, R. (1976). Predicting time of onset of marijuana use: A developmental study of high school youth. *Journal of Consulting and Clinical Psychology, 44*, 125-134.

KUMPFER, K.L. & TURNER, C.W. (1991). The social ecology model of adolescent substance abuse: Implications for prevention. *The International Journal of the Addictions, 25*, 435-1463.

LANDESINSTITUT FÜR SCHULE UND WEITERBILDUNG (LSW). *Sucht und Drogenvorbeugung in der Schule. Materialien und Medien.* Soest 1988.

LEPPIN, A. & NORDLOHNE, E. (1993). *Skala: Tabakspezifische Funktionserwartungen (FEW-Tabak).* Bielefeld: SFB 227, Universität Bielefeld.

LEPPIN, A. (1993). *Skala: Tabakspezifische Selbstwirksamkeitserwartungen (SWE-Tabak).* Bielefeld: SFB 227 Universität Bielefeld.

LEPPIN, A., HURRELMANN, K. & FREITAG, M. (1994). Schulische Gesundheitsförderung im Kontext von Klassenklima und sozialem Rückhalt durch die Lehrer. *Zeitschrift für Pädagogik, 40*, 871-889.

MCLELLAN, L., RISSEL, C., DONNELLY, N. & BAUMAN, A. (1999). Health behaviour and the school environment in New South Wales, Australia. *Social Science and Medicine, 49*, 611-619.

MÜLLER, H. & KERSCH, B. (1996). Problembelastungen – Drogengebrauch – Prävention. In R. Möller, J. Abel, G. Neubauer & K. Treumann (Hrsg.), *Kindheit, Familie und Jugend: Ergebnisse empirischer Forschung* (S. 130-141). Münster: Waxmann.

NORDLOHNE, E. (1992). *Die Kosten jugendlicher Problembewältigung: Alkohol-, Zigaretten-und Arzneimittelkonsum im Jugendalter.* Weinheim: Juventa.

NORDLOHNE, E., LEPPIN, A. & HESSE, S. (1993). *Skala zum Wahrgenommenen Sozialen Rückhalt (Lehrer)* (WASU-L). Bielefeld: Universität Bielefeld, SFB 227.

NUTBEAM, D. & AARÖ, L.E. (1991). Smoking and pupil attitudes towards school: The implications for health education with young people. *Health Education Research, 6*, 415-421.

NUTBEAM, D., SMITH, C., MOORE, L. & BAUMAN, A. (1993). Warning! Schools can damage your health. Alienation from school and its impact on health behaviour. *Journal of Pediatric and Child Health, 29*, 25-30.

O'DONNELL, M., HAWKINS, D., CATALANO, R., ABBOTT, R.D. & DAY, E. (1995). Preventing school failure, drug use, and delinquency among low income children. *American Journal of Orthopsychiatry, 65*, 87-100.

PARSONS, C., STEARS, D. & THOMAS, C. (1996). The health promoting school in Europe: Conceptualising and evaluating the change. *Health Education Journal, 55*, 311-321.

PEKRUN, R. & FEND, H. (1991) (Hrsg.), *Schule und Persönlichkeitsentwicklung: Ein Resümee der Längsschnittforschung*. Stuttgart: Kohlhammer.

PETRAITIS, J., FLAY, B. & MILLER, T. (1995). Reviewing theories of adolescent substance use: Organizing pieces in the puzzle. *Psychological Bulletin, 117*, 67-86.

RHODES, J.E. & JASON, L.A. (1990). A social stress model for substance abuse. *Journal of Consulting and Clinical Psychology, 58*, 395-401.

SAMDAL, O., NUTBEAM, D., WOLD, B. & KANNAS, L. (1998). Achieving health and educational goals through schools – a study of the importance of the school climate and the students' satisfaction with school. *Health Education Research, 13*, 383-397.

SCHWARZER, R. & JERUSALEM, M. (1983). Selbstkonzeptentwicklung in schulischen Bezugsgruppen – eine dynamische Mehrebenenanalyse. *Zeitschrift für personenzentrierte Psychologie und Psychotherapie, 2*, 79-87.

SIMCHA-FAGAN, O., GERSTEN, J.D. & LANGER, T.S. (1986). Early precursors and concurrent correlates of patterns of illicit drug use in adolescents. *The Journal of Drug Issues, 16*, 7-28.

SIMONS-MORTON, B., DAVIS CRUMP, A., HAYNIE, D.L., SAYLOR, K.E., EITEL, P. & YU, K. (1999). Psychosocial, school, and parent factors associated with recent smoking among early-adolescent boys and girls. *Preventive Medicine, 28*, 138-148.

TOBLER, N.S. (1992). Drug prevention programs can work: Research findings. *Journal of Addictive Diseases, 11*, 1-28.

TOBLER, N.S. & STRATTON, H.S. (1997). Effectiveness of school-based drug prevention programs: A meta-analysis of the research. *The Journal of Primary Prevention, 18*, 71-128.

TRICKETT, E.J. (1997). Ecology and primary prevention: Reflections on a meta-analysis. *American Journal of Community Psychology, 25*, 197-206.